資料でみる教育学

改革と心の時代に向けての

篠田　弘　編著

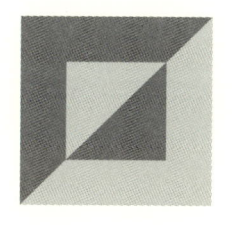

福村出版

[JCOPY] 〈(社)出版者著作権管理機構 委託出版物〉
本書の無断複写は著作権法上での例外を除き禁じられています。複写される場合は、そのつど事前に、(社)出版者著作権管理機構(電話 03-3513-6969、FAX 03-3513-6979、e-mail: info@jcopy.or.jp)の許諾を得てください。

まえがき

　教育の病理現象ということが言われ，一億総教育評論家となり，「学校はいかにあるべきか」など教育について盛んに論じられるようになってから久しい。
　しかし現実は，教育が基盤としている社会そのものが，政治的にも，経済的にも，また社会的にも病んでいるように思える。そして，教育の基礎・基盤である家庭は，どこに行ってしまったのであろうか。

　「知識基盤社会」の時代と言われる21世紀において，天然資源に恵まれない我が国が，真に豊かで教養のある国家として更に発展し，活力を維持していくためには，優れた人材を育成していくことが重要です。しかしながら，子どもたちの学力については，読解力など知識や技能を活用する力が必ずしも十分には身に付いていないなどの課題があります。また，特に憂慮すべきことは，我が国の子どもたちの学ぶ意欲が乏しく，学習習慣が身に付いていないことです。子どもたちに基礎・基本をしっかりと身に付けさせ，それを活用しながら自ら学び自ら考え，より良く問題を解決する力などの「確かな学力」を育成する必要があると考えられます。
　また，規範意識や倫理観，命を大切にする心，他人を思いやる心，豊かな感性など，豊かな人間性や社会性をはぐくむことが重要です。このため，学校などにおいて，道徳教育の充実，奉仕・体験活動や読書活動，キャリア教育，文化芸術体験の推進を図るとともに，問題行動や不登校に適切に対応することも重要な課題です。

　これは，平成17年度の『文部科学白書』の「教育改革の基本的考え方」にある「教育改革の視点」の初めの部分である。ここでは，天然資源に恵まれないわが国が発展を続けていくためには，優れた人材の育成が重要であると述べる。しかし現実の子どもたちの状況を見て，まず「確かな学力」を育成する必要があるとする。そして，「豊かな人間性や社会性をはぐくむ」ための重要課題を示している。
　同項ではさらに，21世紀の教育改革の目標として，次の4点を提示する。
　①　自ら考え行動するたくましい日本人の育成。

② 知の世紀をリードするトップレベルの人材の育成。
③ 心豊かな文化と社会を継承・創造する日本人の育成。
④ 国際社会を生きる教養ある日本人の育成。

そして，確かな学力の育成，倫理観，公共心と思いやりの心など豊かな心の育成，健やかな体の育成，大学改革などの諸改革を推進するとしている。

多くの大学や短期大学などでは，「教育学」という科目が開設されており，私の研究室で共に学んだ人たちも教育学を教えている。さきに，おのおのが関心をもっているところを叙述して，『教育学入門』（1985年）がまとめられた。その後，数年間この本が使用されていくなかで，学習を生き生きと進めるために，資料に接することの重要性が痛感された。このような反省に立って，資料を読みながら教育を考えることが意図され，原則として「本文3ページ・資料4ページ」を1ユニットとする構成をとる『資料でみる教育学』（1990年）が編集された。数年を経て，資料の中には，すでに過去のものとなってしまったものも多く存在し，また取り上げるべき教育問題にも変化が見られた。そのため，前書の構成を基本的に踏襲し，新しく，「情報化と教育」および「国連『子どもの権利条約』」の2章を加え，そして多くの章において，資料を新しくするとともに本文を修正，加筆して，『新訂　資料でみる教育学』（1997年）を刊行した。

その後10年が経過した。教育的病理現象と言うより，社会的病理現象とも言うべきものが深刻化し，日本の社会は大きな変革期を迎えている。このような状況のなかで，前書の構成を抜本的に改訂することが求められた。本書は，その内容を大きく2部に分け，第Ⅰ部「教育とはなにか」においては，教育入門的な諸問題を取り上げ，第Ⅱ部「現代社会と教育」では，改革を視点として，教育に関する今日的な諸問題を取り上げた。各章の構成は，これまでの方式を踏襲している。

関連する資料の掲載を快く承諾いただいた関係各位に，心から御礼申し上げる。本書が，教育や学校について考える際に一助となれば幸いである。

2007年　初春

篠　田　　弘

目　次

まえがき

Ⅰ　教育とはなにか

1　人間形成と教育 …………………………………………………………10
　　人間とはなにか　　教育の目的　　脳研究のあゆみ　　脳研究と学習

2　人間の発達と教育 ………………………………………………………17
　　発達の諸特徴　　発達観の変遷　　発達段階と発達課題　　発達の敏感期と最近接領域

3　子どもの生活 ……………………………………………………………23
　　「新しい荒れ」と社会性の低下　　変わる家族と子ども　　電子メディア接触　　遊び集団の形成力　　子どもの仕事・労働

4　教育の思想 ………………………………………………………………34

　　1節　近代教育の思想　34
　　　近代教育思想の成立——コメニウス　　市民革命期の教育思想——ロックとルソー　　教育方法の探究——ペスタロッチとその継承者たち　　資本主義の矛盾に立ち向かう教育思想——オーエン　　公教育の原則——コンドルセの「報告」　　公教育と教育の自由——H.マン

　　2節　現代教育の思想　45
　　　新教育運動の起こり　　教育改革への志向——デューイ　　近代教育に対する批判的まなざし——イリッチとフレイレ　　生涯学習社会に向けて——ラングラン

5　近代公教育と義務教育制度 ……………………………………………52
　　近代公教育とは　　日本における近代学校の成立　　義務教育制度の確立過程　　教育の義務から教育を受ける権利へ

6　目　次

6　教育課程の編成 …………………………………………………59
　　カリキュラムの諸類型　　教育課程編成の原則
7　教育の内容と方法 ………………………………………………66
　1節　学習指導要領と教科書　66
　　学習指導要領——小・中学校を中心として　　教科書
　2節　教育方法・学習の諸理論　73
　　一斉指導と習熟度別指導　　系統学習と問題解決学習
8　道徳教育から心の教育へ………………………………………81
　　道徳教育とは　　道徳教育のあゆみ　　現代社会と道徳教育
9　教師の仕事 ………………………………………………………88
　　教師とは　　教師の仕事の本質　　教師の養成

II　現代社会と教育

10　教育改革の動向 …………………………………………………96
　1節　世界各国の教育改革　96
　　現代における教育改革の特徴　　アメリカ合衆国　　イギリス　　ドイツ　　フランス
　2節　日本の教育改革の動向——臨教審から現在まで　103
　　臨時教育審議会と「ゆとり」の教育　　学校スリム化論から公教育のスリム化論へ　　「21世紀日本の構想」懇談会と教育改革国民会議　　地方分権と教育行政
11　少子化対策と幼児教育改革 …………………………………110
　　少子化とはなにか　　少子化の原因と対策　　幼稚園と保育所　　認定こども園
12　義務教育制度の今日的課題 …………………………………117
　　通学区域の弾力化　　教育バウチャー制度　　義務教育費国庫負担制度　　学校・家庭・地域の連携　　小中連携・一貫教育

　　　　　　　　　　　　　　　　　　　　　　　　目　次　7

13　新しいタイプの高校 …………………………………………124
　　　新制高等学校の定着　　高校中途退学者問題　　「準義務化」状態と
　　　生徒多様化への対応　　新タイプの高校教育――単位制・総合学科・
　　　中高一貫教育校　　スーパー高校

14　大学の大衆化と高等教育改革 ………………………………131
　　　高等教育の大衆化と大学「冬の時代」　　大学設置基準の大綱化
　　　改革の基本方針――高度化・個性化・活性化

15　障害者と教育 …………………………………………………137
　　　障害者教育のあゆみ　　障害とは　　分離教育から統合教育そして包
　　　括教育へ　　サラマンカ宣言　　特殊教育から特別支援教育へ

16　教員養成制度の改革 …………………………………………144
　　　教員の資質向上政策　　学校教育における社会人の活用　　教職大学
　　　院

17　生涯学習社会と学習機会 ……………………………………150
　　　生涯学習社会とは　　ライフステージ変化と学習ニーズ　　生涯学習
　　　ニーズへの取り組み

18　教育改革への試行――教育特区の実践から―― ……………157
　　　構造改革特別区域法の制定と教育特区　　群馬県太田市のぐんま国際
　　　アカデミー――英語で授業を行う学校　　東京都八王子市の高尾山学
　　　園――不登校児童・生徒の学校　　岡山県岡山市の朝日塾中学校――
　　　株式会社立の学校　　北海道清水町の「文化のまちの心の教育特
　　　区」――少人数学級の導入

19　高度情報社会と教育 …………………………………………171
　　　情報教育のあゆみと目的　　学習環境の情報化　　ネットワーク社会
　　　と子ども

20　国際化と教育 …………………………………………………179
　　　「国際化教育」施策の流れ　　海外・帰国子女教育　　在日外国人子
　　　女の教育　　教室の中での国際化

8　目　次

21　現代教育のひずみ ……………………………………………185
　　　入学者選抜の改善　　不登校（登校拒否）　　いじめ　　暴力行為
　　　子どもの自殺　　非行

22　「子どもの権利条約」 ………………………………………199
　　　条約成立の経緯　　訳語問題と内容上の特徴　　条約実質化の現状

参考文献
索　　引

I

教育とはなにか

1 人間形成と教育

人間とはなにか

「人間とはなにか」。この問題は人類の歴史がはじまって以来考えられ論じられているが、生物に関する学問は、生命をもっていない物質に関しての学問よりはるかに遅れており、現代においても「人間の科学」を樹立するために、あらゆる分野から、あらゆる角度から分析・総合が試みられている。

スイスの動物学者ポルトマン（Portmann, A., 1897-1982）は、『人間はどこまで動物か』のなかで、動物学の立場から、人間は動物であって動物ではない、質的に違ったものであることを明らかにした。彼は人間と動物の本能体制の相違について述べるなかで、人間は動物に比べ本能体制が弱体化しているが、それは他の中枢的な動機体系が非常に高揚されていることで補われ、それが人間の特殊性を生み出していると考え、人間特有の「意志」というものに注目している。また彼は、生活空間としての環境について、人間と動物とを比較して、ある動物にはたいていその動物にふさわしい環境というものがあるが、人間にはそういう意味のものはなく、むしろ人間は自然のなかに特別な世界「文化」を創りだすのであると述べ、このような創造的な行動は「偉大な能力」であり「宝」であるとした。

このように、ポルトマンは動物学の立場から人間の特殊性――人間の本質――を明らかにしたが、ドイツの哲学者カッシーラー（Cassirar, E., 1874-1945）は、その著書『人間』のなかで、人間の本性または本質の定義について述べ、それは実体的なものではなく機能的なものであると考えて、人間独特の性質は人間の仕事であり、人間活動の組織であるとしたのである。

二人は人間についての分析の視点を異にするが、カッシーラーの述べるように、人間がその仕事や活動の組織の点において他の動物と明確に区別されうるとすれば、このような人間の顕著な特性は、ポルトマンのいう動物と異なる人間の特殊性を基盤として形成されるといえよう。森宏一編『哲学辞典』によれ

ば，「人間は地球上の生物の発展での最高段階とされる」と述べられ，人間の本質は「労働をもって自然を変えていく」ことに見いだされるとしている。そして人間の特徴である意識活動，精神生活，さまざまな労働用具の工夫や使用の能力などは，生存のための社会的な労働から発展させられたものであり，また人間は人類の歴史から形成されているとしている(**資料1-1**)。

教育の目的

教育は，人間形成という個人的側面と，文化を伝達し社会を維持・発展させるという社会的側面をもっている。また，視点をかえれば，教育には保守性と進歩性の二側面がみられる。すなわち文化遺産の伝達は，現状の社会の肯定につながり保守的側面となる。しかし，教育により知識・技術などを得ることは，現状の社会の諸矛盾を知り社会を改革する能力を与えることとなり，これは進歩的側面であり，教育が「諸刃の剣」ともいわれるゆえんである。

資料1-2は，ルソー(Rousseau, J. J., 1712-1778)が『エミール』のなかで述べていることである。ルソーは，フランスの思想家であり，自然主義の教育を唱導した。彼は，教育の理想は人間本来の自然性を完全に発達させることであると考え，従前の教育を厳しく批判するとともに，合自然の教育を唱え「人々よ人間らしくあれ」と訴えている。このようなルソーの考え方は，教育における人間形成の側面を主張した代表的な教育論である。**資料1-3**は，デュルケム(Durkheim, É., 1858-1917)が『道徳教育論』のなかで述べていることである。デュルケムはフランスの社会学者であり，現代フランス社会学の基礎を築いた。彼は教育を社会的な事実としてとらえ，その実証的研究方法として「教育の科学」を唱えた。そして，教育を社会がその固有のあり方を更新するための手段として位置づけた。**資料1-3**のなかにある「(教育は)若い世代を組織的に社会化することである」との主張は，教育のもつ社会的側面を明示する代表的な見解である。教育についての考え方は，世界観あるいは社会観により異なり，さらに，現実の教育は，それが成立している歴史的・社会的諸条件によって異なっている。たしかに，教育はその成立の基盤をこれら諸条件のなかにもっているが，その目的は，本来，国家(権力)のあり方いかんによって方向を与えられたり，変更されたりすべきものではない。しかし，欧米の歴史

をみても，わが国の歴史をみても，教育の目的は国家のあり方いかんによって規定され，その方向が与えられてきた事実は否定できない。とくに近代学校が国家の統治過程のなかで成立してきたことは，このことを明らかにしている。

脳研究のあゆみ

　人間の脳は，重さ約1400グラムの小さな器官である。しかし，その構造や機能は実に複雑であり，また，人間をして人間たらしめているものである。約20年前，NHK教育TVスペシャルで，『ザ・ブレイン～知られざる脳の世界』が放映された。この番組は，世界的に脳の研究が進む中で，1980年に制作に着手され，85年に放送されたものである。

　21世紀になり，立花隆著『脳を究める　脳研究最前線』が出版された。それによれば，著者は，1993年10月に開催された第1回「脳の世紀」シンポジウムで「脳研究に期待する」と題する講演を行い，その後この本をまとめた。シンポジウムのテーマである「脳の世紀」というのは，脳科学者たちが日本の脳研究の振興を図るために，脳研究の重要性を広く一般に訴えかけていこうという啓蒙運動であるという。アメリカでは，すでに1990年に，「脳の10年」という宣言が上院で議決され，国家的プロジェクトとして脳研究が推進され始めた。ヨーロッパにおいても，「欧州，脳の10年」運動が始まり，各国で国家的な脳研究推進策が進められている。しかし日本では，脳研究はやや立ち遅れ，それに危機感をもった脳科学者たちが，先の運動を起こしたという。

　先に述べたNHK教育TVの特集より以前に，脳のはたらきと教育について，坂野登著『脳の働きと子どもの教育』が出版されている。すでに脳のはたらきについて書いている本は多数あるが，教育とのかかわりで書いているものは少数であることから，「脳のはたらきと教育のかかわりあいを知ることは，子どもの発達の可能性をよりよく知るうえで何かの役に立つのではないか」と考えて，親や教師たち，また教育に関心をもつ人たちにとって，「一つの新しい考え方」を提起することを意図したものである。

脳研究と学習

　2005年になり，OECD教育研究革新センター（CERI）による『脳を育む

学習と教育の科学』(明石書店)が,翻訳・出版された。それは,近年の学習科学と脳研究の世界の動向および国際的協力のあり方について,詳細に報告している。学習科学と脳研究のプロジェクトは,1999年に,OECDの,教育研究革新センターによって始められた。この新しいプロジェクトは,学習科学と脳研究の連携の促進だけでなく,研究者と政策立案者の協力を促進する目的をもっていた。

　脳研究は,過去10年間に,基本的な領域では著しく発展したが,学習の領域では,まだその方向性を模索し始めたばかりである。その理由として,「脳科学者と学習科学者との間で直接連絡をとりあうことが今までにあまりなかったこと,そして研究を学習科学に応用することに関しての合意がなかったこと」などが指摘されている。しかし,生涯を通じて新しいことを学習する「脳の可塑性」についての新しい知見も示され,脳研究と学習科学をもっと密接につなげる必要があろう。

　また同書には,「脳の本質を知って,いつかはそれを人間理解や社会問題の解決に結びつけることは,長い間脳科学者の夢であった」として,最近になって,非侵襲的(全く身体を傷つけることなく,完全に無害な)脳機能イメージング法が急速に発展したため,脳科学を学習や教育に役立てるという夢が実現する兆しが見えつつあると述べられている。

　また,これまで,思想や心の動き,愛や憎しみ,美・醜の意識やその表現などに関することは,人文科学や芸術の問題であり,政治,経済,社会等に関することは,社会科学の分野であった。しかし,人間の思考,判断,創造等すべての事柄は,脳のはたらきによるものである。「今,脳科学の仲立ちによって,自然科学と人文社会科学,さらには芸術の世界が互いに架橋・融合される兆候が顕在化しつつある」という(**資料1-4**)。

　国際プログラム「脳科学と学習研究」は,2002年4月,英国王立研究所において,最初の会議が開催された。現在は次に示す3つの研究ネットワークがあり,約30の国際研究チームが研究を進めていると報告されている。

　①読み書き(literacy)——米国が取りまとめる研究ネットワーク
　②計算(numeracy)——EUが取りまとめる研究ネットワーク
　③生涯学習(life-long learning)——アジアが取りまとめる研究ネットワーク

資料

資料1-1　人間　man

人間は地球上の生物の発展での最高段階とされる。
（中略）
　人間はもっとも発達した動物からも，その心理的働きおよび音節に分かれた言語をもっていることで区別される。人間の行動は思考・感情・意志，それに自然や社会や自分じしんについて多かれ少なかれもっている法則の知識でなされるが，他の動物の行動は本能・環境にたいする反応できめられている。この人間に特有な心理的働きをとくにとりあげ，絶対化し，これにもとづいて人間の本性をきめて，理性や意志の力や宗教的信仰などにその本質を見いだすと，観念論者の主張になる。ところが実際には，人間と動物との差は，後者がただ自然条件にみずからを適応させるにすぎないのに，人間は労働用具をつかって自然に働きかけて，これを自分に適応させるところにある。すなわち人間が労働をもって自然を変えていくところに，人間の本質が見いだされるのである。

（森　宏一編『哲学辞典』青木書店，1980）

資料1-2　ルソーの教育論

　生まれたときにわたしたちがもってなかったもので，大人になって必要となるものは，すべて教育によってあたえられる。
　この教育は，自然か人間か事物によってあたえられる。わたしたちの能力と器官の内部的発展は自然の教育である。この発展をいかに利用すべきかを教えるのは人間の教育である。わたしたちを刺激する事物についてわたしたち自身の経験が獲得するのは事物の教育である。
　だからわたしたちはみな，三種類の先生によって教育される。これらの先生のそれぞれの教えがたがいに矛盾しているばあいには，弟子は悪い教育をうける。そして，けっして調和のとれた人になれない。それらの教えが一致して同じ目的にむかっているばあいにだけ，弟子はその目標どおりに教育され，一貫した人生を送ることができる。こういう人だけがよい教育をうけたことになる。
　ところで，この三とおりの教育のなかで，自然の教育はわたしたちの力ではどうすることもできない。事物の教育はある点においてだけわたしたちの自由になる。人間の教育だけがほんとうにわたしたちの手ににぎられているのだが，それも，ある仮定のうえに立ってのことだ。子どものまわりにいるすべての人のことばや行動を完全に指導することをだれに期待できよう。
　だから，教育はひとつの技術であるとしても，その成功はほとんど望みないと言っていい。そのために必要な協力はだれの自由にもならないからだ。慎重に考えて

やってみてようやくできることは、いくらかでも目標に近づくことだ。目標に到達するには幸運に恵まれなければならない。

この目標とはなにか。それは自然の目標そのものだ。これはすでに証明ずみのことだ。完全な教育には三つの教育の一致が必要なのだから、わたしたちの力でどうすることもできないものにほかの二つを一致させなければならない。

(ルソー、今野一雄訳『エミール 上』岩波文庫、1962)

資料1-3 デュルケムの教育論

　教育は、個人およびその利益をもって、唯一もしくは主要な目的としているのではまったくなくて、それは何よりもまず、社会が、固有の存在条件を不断に更新するための手段なのである。社会は、その成員間に充分な同質性があって、はじめてよく存続することができる。そして教育は、集合生活が予想する基本的類似性を子どもの心にあらかじめ定着せしめることによって、この同質性を永続的かつ強固なものにするのである。しかしながら、他方においては、ある程度の多様性がなくては、協同はすべて不可能であろう。そこでまた、教育は、自己を多様化し特殊化することによって、この必要な多様性の永続を確保する。それゆえ、教育とは、このいずれの面においても、若い世代を組織的に社会化することなのである。

(デュルケム、麻生　誠・山村　健訳『道徳教育論Ⅰ』明治図書出版、1964)

資料1-4 脳の機能組織

　脳のそれぞれの部位は、それに対応した異なる情報処理課題を遂行する。この機能局在の原理は、脳組織のほとんどの部位でみることができる。脳は脊髄の上に位置する一組の構造物といえる。下層構造部位は、基本的な身体機能を調整し(例：呼吸、消化、随意運動)、基本的欲求を表現し(例：飢え、性的喚起)、そして一次性情動を処理(例：恐れ)している。下層構造部位の上に位置し、後に進化した上層構造部位は、他のどの動物よりも人間において発達している。上層構造部位のなかでも、最も新しく進化した部位である大脳新皮質(neocortex)は、回旋状(convoluted)の脳の表面を覆うニューロン群の層である。大脳新皮質は思考の中心であり、人間の脳では、そこに4分の3のニューロンが集中している。

　大脳新皮質は、左と右、2つの大脳半球に分かれる。その中間にある脳梁(corpus callosum)と呼ばれる神経の線維束が左右の半球の橋渡しをしているので、左脳と右脳は情報を交換することができる。それぞれの大脳半球は異なる機能を専門とする葉(lobes)にさらに分かれている。前頭葉(frontal lobe)は計画立案・意思決定と行動・実行を司っている。側頭葉(temporal lobe)は聴覚、記憶、物体認識を司っている。頭頂葉(parietal lobe)は知覚と空間情報処理を司っている。後頭葉(occipital lobe)は視覚を司っている(図)。

人間の脳の表面構造

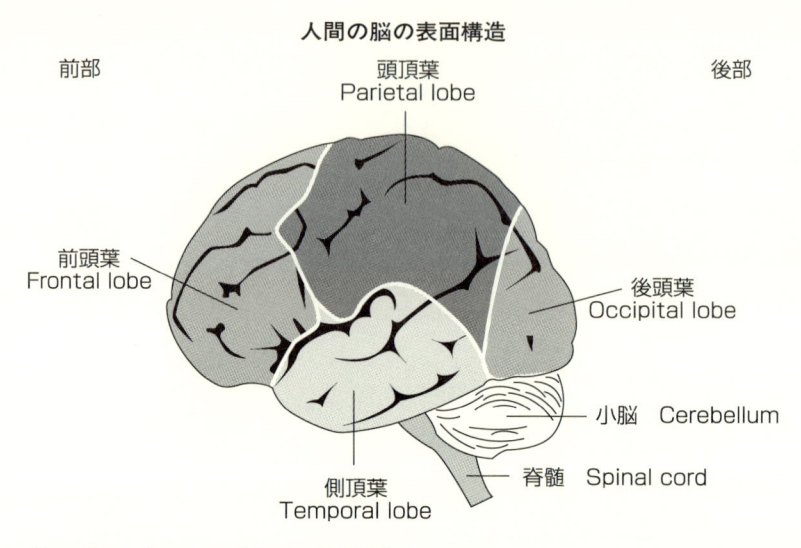

前部　　　　　頭頂葉　　　　　　　　　　　　　　後部
　　　　　　Parietal lobe

前頭葉
Frontal lobe

後頭葉
Occipital lobe

小脳　Cerebellum

脊髄　Spinal cord

側頭葉
Temporal lobe

(Jean-Pierre Souteyrand for the OECD.)

(OECD教育研究革新センター（CERI）編著『脳を育む　学習と教育の科学』明石書店，2005年2月)

2 人間の発達と教育

発達の諸特徴

　発達とは，受精の瞬間から死に至る人間のライフサイクルでの，個体の心身における機能や構造の前進的変化を意味し，遺伝的・生得的な要因による比較的自然な変化としての「成熟」と，生後の経験により行動様式や慣習を獲得したり変容させたりする「学習」によって成立する。

　人間の発達はきわめて複雑な過程であるが，一般的には次のような基本的諸特徴のあることが知られている。①発達は連続的な過程である。②発達は分化と統合の過程である。③発達には一定の方向と順序がある。④発達には段階がある。⑤発達には敏感期がある。⑥発達には個人差がある。そして⑦発達は個体と環境の相互作用である。

　なお近年では，青年期以前のいわば上昇的変化のみでなく，成人期および老年期に至る人間的変化を含めた生涯発達の観点から，発達をとらえるようになった。「結晶性知能」の考え方はその一例である。

発達観の変遷

　人間の発達を規定する要因として，よく遺伝と環境があげられる。現在では両者の単純な機械的決定論は退けられ，遺伝と環境とが相互に発達を規制し，促進するとの考え方が一般的である。だが，いわゆる「生まれか育ちか（Nature-Nurture）論争」は20世紀に至るまで論議されてきた。

　20世紀前半における遺伝説の代表的なものとしてゲゼル（Gesell, A, L., 1880-1961）の「成熟優位説」をあげることができる。彼は，発達は本質的には生物的なものであり，子どもの内的な自然法則としての成熟により規定されると主張した。すなわち，個体の形質の出現である発達は環境要因とは無関係に進行するとしたのである。それに対して，環境を重視する考え方はワトソン（Watson, J.B., 1878-1958）に代表される。健康な子どもと適切な環境さえあ

れば，その子どもの遺伝要因とは関わりなく，いかなる人間にでもしてみせるという彼の主張は，センセーショナルであった（**資料2-1**）。

こうした遺伝と環境のどちらか一方のみを極端に強調する考え方は，ともに正しいとはいえない。一卵性双生児の研究からもわかるように，同じ遺伝要因をもっていても同じように発達するわけではない。また，同一の環境条件のもとで生育したとしても，その発達の様態は異なったものとなるであろう。

そこで，遺伝論，環境論の両者がもつ二元的一面性を克服する試みがみられる。その1つがシュテルン（Stern, W., 1871-1938）の「輻輳説」とよばれるものである。彼は，人間の発達を，内的・遺伝的な資質と外的・環境的な作用との輻輳によるとし，従来の＜遺伝か環境か＞の論議を＜遺伝も環境も＞という形で収束させようとした。輻輳説では遺伝要因および環境要因がともに良好の場合には良好な発達が得られるが，どちらか一方が良好で他方が不良であった場合の発達は普通であるとされる。すなわち，遺伝と環境の両要因が個体の発達に対して，どの程度寄与したのかを加算的にとらえようとしたのである。

しかし，人間の発達は単に加算的関連としてとらえられるほど単純で静的なものではない。それは，より複雑でダイナミックなものであり，環境に能動的に働きかけていく個体と環境との相互（交互）の作用により進行する。このような考え方を相互作用説という。遺伝要因および環境要因は人間的発達を可能にする前提条件となるにしても，両者から個体の発達が自動的に導かれるものではない。主体的努力・意図的積極的経験といった個体自らの能動的な働きかけが重要とされる（**資料2-2**）。

1980年代以降の遺伝子科学や脳科学の進展は，人間の心と脳と遺伝子の密接な関係に言及している。例えば，マーカス（Marcus, G., 1970- ）は，心の源が脳にあり，脳の元になるのは遺伝子であるとの立場から，遺伝子が人間の精神生活に影響しているのは明白であるとし，人間の発達（心の形成）への遺伝子の重要性を指摘した。その一方で，遺伝子（ゲノム）は個体の将来の青写真ではなく，単一のゲノムが幾通りにも発現する可能性をもつとし，遺伝論への安易な傾斜を強く戒めている。そして，遺伝か環境のどちらが優位にあるというのでははく，遺伝子が環境とともに人間の発達にとってどのように働くかが重要な課題であるとしている（G・マーカス著，大隅典子訳『心を生みだす遺伝子』）。

発達段階と発達課題

発達は連続的な過程であるが，量的な変化のみではなく，質的・構造的変容をともなう。発達段階とは，「ある心理的機能を中心に，ある時期の特徴が前後の時期の特徴と異なり，かつ，機能間の連関のパターンにも前後の時期と区別される特徴がみられるとき，これを1つの段階として区切り，それを系統的に並」べたものをいう（久世妙子ほか『子どもの発達心理学』）。たとえば，ピアジェ（Piaget, J., 1896-1980）は知的発達の過程を，①感覚運動期（0～2歳），②前操作期（2～7歳），③具体的操作期（7～12歳），④形式的操作期（12～13, 14歳）各段階に区分している。

ハヴィガースト（Havighurst, R.J., 1900-91）は，発達段階のスムーズな移行のためには，各発達段階で個体が達成すべき発達の課題が存在し，それらは①個人の成熟の度合い，②社会からの要請，③個人の願望・期待・価値観により決定されるとした。ただし，発達課題は固定的なものではなく，個体差，時代差，文化差等を考慮した総合的な観点から，個体の力量や可能性を引き出すものとして設定されなければならない。**資料2-3**には，発達課題の具体例と課題の不達成により生ずる特別な発達ニーズを示した。

発達の敏感期と最近接領域

動物の場合，ある種の能力の形成には，特定の時期を逃すと取り返しのきかない「臨界期」がある。人間の場合には一回性・非可逆性の臨界期は考えられないが，特定の能力の形成にとってもっとも感受性に富んだ「敏感期」があると指摘されている。学習を成功させるのに必要な身体的・精神的諸条件が個体のなかに準備（レディネス）され，興味・関心が著しく高まる時期である。ゲゼルは成熟優位説の立場から，教授・学習はこのレディネスの成立を待って行うべきであると考えた。

ヴィゴツキー（Vygotsky, L. S., 1896-1934）は，子どもがすべてを自力で解決できる「現下の発達水準」と，他者からの適切でわずかな援助・指導があれば解決できる「可能的発達水準」との間の隔たりを発達の「最近接領域」と称した。この発達の最近接領域に依拠した教授・学習活動が子どもの知的発達の過程をより積極的に展開することを示唆している（**資料2-4**）。

資料

資料 2-1 ワトソンの環境説

　そうすると，特性が遺伝するという実際の証拠は何一つない，というのが，われわれの結論である。私は，さぎ師，殺人，泥棒，売春婦の長い血統から生まれた，健康で，よく成長した赤ん坊といえども，注意して育てれば，最後には望ましい結果がえられると確信している。これと逆の証拠をもっている人がいるか。道徳的な家庭や志操堅固な両親から毎年生まれる何万という子供も，養育上の間違いのため，わがままになったり，盗みをしたり，売春婦になるのだ。悪者の何万の息子や娘は，大きくなって，悪者になる。そのわけは，このような環境では，違ったふうに成長することができないからである。しかし悪い先祖をもった貰い子を堕落させてみたまえ。そうするとそれは，道徳的卑劣と犯罪傾向は遺伝する，という説の明らかな証拠として用いられる。

　（中略）

　私は一歩前進して，こう言いたい。「私に，健康で，いいからだをした1ダースの赤ん坊と，彼らを育てるための私自身の特殊な世界を与えたまえ。そうすれば，私はでたらめにそのうちの一人をとり，その子を訓練して，私が選んだある専門家――医者，法律家，芸術家，大実業家，そうだ，乞食，泥棒さえも――に，その子の祖先の才能，嗜好，傾向，能力，職業がどうだろうと，きっとしてみせよう」と。私は，事実より先走っている。私はそれを認める。しかし反対論の提唱者もそうしているし，何千年来そうしてきた。この実験をするときには，子供の育て方や子供が住まなければならない世界をくわしく述べることを，私に許すべきだ，ということをどうか心にとめて欲しい。

（ワトソン，安田一郎訳『行動主義の心理学』河出書房新社，1980）

資料 2-2 相互作用説

　このように，発達の概念は，それぞれの理論的立場によって異なった用い方がされてきたが，近年では「成熟が優位か環境が優位か」といった対立的なとらえ方は少なくなり，「相互作用説」といって両者の統合を考える立場が有力である。『新版心理学事典』の中で，「個体の行動は環境に対する単なる反応ではなく，個体は自己の世界を構成していくことに能動的にかかわっている。こうして発達のとらえ方は，受動的なものから能動的なものへと大きな変化を遂げてきた」と述べられているように，相互作用説では，人間は環境からの影響に受動的に反応するのではなく，環境に能動的に働きかけ，環境の影響を選択的に受容しながら発達すると考えられる。

　このような相互作用説の立場では，「成熟と環境」といった命題の出し方よりも「成熟と学習」の関係が問題となる。この点について相互作用説では次の三点を基本

として考える。
① 成熟と学習の両方が，発達における質的な変化の要因としてかかわっている。
② 成熟と学習の相互作用の生じる時期が，発達を規定する上で，重要な要因となる。つまり，個体の発達水準によって，学習が効果的に行われたり，行われなかったりすることから，学習がいつ行われるかが重要な要因である。
③ 相互作用の生じる時期は，個体間においては必ずしも同じではない。したがって，特定な行動の出現は，個体間にズレが生じる。現れる時期が異なるとそのズレの大きさによっては，個体間に現れる行動の特徴に変化が生じることがある。

また，相互作用の仕方については，次のように説明することができる。

個体 P_1 は環境の影響をうけ，或種の学習が成立すると，それによって個体内に変化が生じ P_2 となる。P_2 はさらに環境とかかわり，新しい刺激を受容し，新しい経験と学習を行っていくが，P_2 が P_1 の時と同種の経験をしたとしても，その変化は異なったものとなる。P_2 自体は，素質と環境との統合体であり，両者を分離することはできない。P_2 はさらに，環境の影響をうけ P_3，P_4，……へと変化していく，そして，この連続が発達であるといえる。この場合，個体と環境は共に可塑的なものであり，個体は環境の影響を受容するだけでなく，能動的に自己の形成にかかわっていく。

(久世妙子「発達をどうとらえるか」久世妙子・松田惺・小嶋秀夫・水山進吾『子どもの発達心理学』有斐閣，1987)

資料 2-3 発達ニーズが生じる問題の例

心の問題	不登校，いじめ，非行，ひきこもり，性の問題，自殺，母子分離不安，場面緘黙，外傷後ストレス障害（PTSD），不安障害，強迫性障害，解離性同一性障害，チック，摂食障害，行為障害，人格障害，統合失調症，気分障害（うつ病）
発達の障害	学習障害（LD），注意欠陥多動障害（ADHD），自閉症，高機能自閉症，アスペルガー症候群，視覚障害，聴覚障害，知的障害，運動障害，病弱，重度・重複障害
老年期の問題	死への不安，生きがいの希薄化，性の問題，痴呆の問題 気分障害（うつ病），自殺

(早坂方志「序章 発達の臨床からみた教育相談」平山諭・早坂方志編著『発達の臨床から見た心の教育相談』ミネルヴァ書房，2005)

資料 2-4　発達の最近接領域説

　子どもが自分の発達において到達した水準，子どもが自力で解いた問題によって決定される水準を，現代の児童学でますます広く用いられるようになった用語にしたがって，子どもの現下の発達水準と呼ぶことにしよう。したがって児童学で用いられている普通の意味での知能年齢は現下の発達水準ということになる。ところでわれわれはいまや児童学においては，それを知能年齢と呼ぶのをやめることにしよう。というのは今みてきたように，それは知的発達を特徴づけるものではないからである，子どもの発達の最近接領域は，子どもの現下の発達水準と可能的発達水準とのあいだのへだたりである。つまり自力で解決する問題によって規定される前者と，おとなに指導されたり自分よりもできる仲間との共同で子どもが解く問題によって規定される後者とのへだたりである。

　現下の発達水準とはどのようなものであろうか？　きわめて素朴な質問として，現下の発達水準とは何か，つまり子どもが自力で解く問題は何を語っているか，ということをたずねるならば，子どもの現下の発達水準によって規定されるものはすでに成熟した機能，発達の成果だ，という答がたいていかえってくるだろう。子どもが一人でこれこれのことができるということは，子どもが一人でこれこれのことをするための機能が子どもの中に成熟していることを意味する。子どもが一人では解けなくて助けを借りて解く問題によって決定される発達の最近接領域というのは，何を規定するのだろう？　発達の最近接領域は，まだ成熟してはいないけれども成熟の過程にある機能，今はまだ萌芽状態にあるけれども明日は成熟するような機能を規定する。つまり発達の果実ではなくて，発達のつぼみ，発達の花とでも名づけ得るような機能，やっと成熟しつつある機能である。

　現下の発達水準は昨日の発達の成果，発達の総計をあらわし，発達の最近接領域は明日の知的発達をあらわす。子どもの機能の成熟，知能の成熟は小銃の射撃のように突発的に，不意におこなわれるものであろうか，それともそれは多くの跳躍や曲折を経て徐々に成長してくる過程なのであろうか？　簡単に言って，その発達には，はじまり，中間，おわりがあるのだろうか？　もちろん，ある。子どもの知能の発達は，菜園で大豆とかえんどうが発達するのより単純な過程ではないが，そこでも園丁は実が結ぶずっと前から，そこへ至るまでの段階を見てとることができる。だから，収穫や結果を見なければ彼が観察した植物の状態を判断することができないような園丁は，落第である。それと同じように，発達の中ですでに起こったこと，つまり昨日の発達の決算済みのこと以外には何も算定できないような児童学者はあわれむべきである。

（ヴィゴツキー，柴田義松・森岡修一訳『子どもの知的発達と教授』明治図書出版，1975）

3 子どもの生活

「新しい荒れ」と社会性の低下

　1990年代半ば以降のわが国では「学級崩壊」や「キレる子ども」など，「新しい荒れ」が世間の注目を集めるようになった。わけもなく席を離れ授業を撹乱する子ども，注意欠陥多動性障害（ADHD）と目される子ども，教師の注意を無視しておしゃべりを続ける子ども，些細なことで暴力を振るい暴れる子ども，「ムカつく」「イライラする」といった言葉を連発する子ども，そうした子どもの増加，「新しい荒れ」の増加が問題視されている。すべての子どもがすぐに怒るというわけではなく，極端に怒りやすい子どもの数が多くなったといわれている。

　同じく90年代半ば以降，校内暴力・対教師暴力や青少年の非行・犯罪も再び増加傾向に転じ，少年非行の「第四の波」として注目されるようになった（**資料21－13参照**）。このような現象に並行するかのように，登校拒否・不登校の児童・生徒の比率もかつてないほどの高まりをみせ（**資料21－1参照**），現在，この急上昇期に該当する年代を中心に「社会的ひきこもり」が広がっている。統合失調症などの疾患が原因ではなく，家族以外の人と親密な人間関係を維持できず，就学・就労といった社会参加活動ができないという状態が20歳代から30歳代にかけて数年から10年以上も続いている例が少なくない（**資料3－1**）。

　また，山や海辺でのキャンプに連れて行っても楽しまず，ゲーム機を手放さない子ども，情報やメカニズムには強い関心をもっているが，他者との関わり合いは極力避け，自分の世界に閉じこもろうとする子どもも都市部を中心に目立ちはじめている。

　今の子どもたちは他人への関心だけでなく，愛着と信頼感もなくしているのではないかとも指摘されている。自分がふだん生活している世界がどんなところであるかを自分の体で実感できなくなっている。自分の住む世界について具体的なイメージを描けないとしたら，社会をつくり維持していくために必要な

何かをなくしていることではないか。門脇厚司はこのような変化を『他者と現実の喪失』と表現した（『子どもの社会力』）。こうした一連の現象の増加は，「学校でのストレス」「受験戦争の重圧」という面だけでなく，学校教育のあり方も含め，家族の変容やメディア，IT器機などの普及といった子どもたちの成長環境（「情報・消費型社会」）に起こっているトータルな変化に目を向ける必要があろう。

変わる家族と子ども

経済成長が始まる前まで，世帯の人数は平均5人だったといわれている。1960年代ごろから，世帯人数が年々少なくなり，最近では3人を切るところまで減っている。児童がいる世帯は今や少数派になっている（**資料3-2**）。子どものいる3人家族の内訳を考えれば父親と母親，あと1人が長男か長女のどちらかというところである。たとえば，「子と母の関係」を1つとして5人で暮らしていた時の人間関係の数は「子と祖父」「姉と父」といった関係も含まれ，全部で10種類になる。ところがそれが3人になると，「父と母」「子と父」「子と母」という3種類だけになってしまう。そのぶん，家族内での人間関係と相互行為は減少しているのである。子どもの社会性が育つためには多様な他者との相互関係が必要だが，その意味でも家族の数が減少していることは決して望ましいことではない。さらに，家庭での個室の一般化はもちろん，ウォークマンや携帯電話，パソコンの普及など，個体化を促す商品群の開発も見逃すことができない。それらは，家庭内に個別の生活空間を生み出したからである。核家族として孤立するだけでなく，その核家族がさらに核分裂している。

食事ですら個人個人の好みや都合で食べる「個食」（孤食）となり（**資料3-3**），家族であることを確かめるために家族旅行や月に1回ファミリーレストランでの食事のような「習慣」が必要になってくる。一家団らんのときに家族でテレビをみるといった，高度成長期に「自然」にみえていた場面でさえ，いまでは努力しないとできない対象に変わりつつある。家庭生活自体が意識的に構築すべき特別な努力を要するものと感じられるようになった。学校給食を生きた教材として食に関して指導するために，2005年に新設された栄養教諭もこのような家族の変容への対応策の1つともいえる。

とどまるところを知らない農薬や食品添加物の開発によって食の安全が脅かされている現代社会で「個食」（孤食）が多くなっていけば，その影響はまず弱い子どもたちに現れてくる。

現在，子どもたちの身体の面で保育所をはじめ各教育段階で保育士・教員の実感として受けとめられている最大の問題はアレルギーである（**資料3-4**）。アトピー性皮膚炎をはじめ食物アレルギー，鼻炎，喘息，目のかゆみなど幼児から高校生まで含めて多くの子どもがアレルギーで苦しんでおり，集中力・意欲の低下が心配されている。今までは体質的なものとして扱われてきたこの種の病気も，環境病，現代病と認められるようになった。学校検診にアレルギー疾患のための項目を加えることも必要であろう。

また，体を使った活動をそれほどしていないのに，何となく疲れやすいというケースも全体的に増加している。子どもの生活に充実感，楽しさが乏しく，学校週5日制の実施で生まれた余暇時間も学習塾や運動クラブが入り込んでくるため子どもたちの自由時間とはならず，受け身の暮らしが疲労感を増加させている。

電子メディア接触

現代の子どもの生活を考えるうえで，見逃すことのできないのが，電子メディアに接触する時間の増大と実体験の減少という問題である。

まず，現代の子どもは0歳児からテレビやビデオを見ており，それもかなりの時間になっている（**資料3-5**）。テレビは子どもにとってアクセスしやすいメディアである。本の場合，それに接近するためには，読み書き能力を身につける必要がある。テレビというメディアが子どもにとってきわめて接近しやすい装置であることは，子どもが他の活動を選択する可能性を著しく狭めてしまうことを意味している。テレビを見るという行為が子どもにとって快いものであり，しかも，見たいときにいつでも見られるとしたら，おもちゃで遊ぶとか，ネコを追いかけまわすとか，お母さんにだっこをねだるとかいった行動を選択するよりも，てっとり早く，テレビを見るという行為を選択することになる。

小学生・中学生になってからもテレビやビデオの視聴は子どもたちの生活のなかで大きな部分を占めている。さらに日本の子どもは外国との比較でも1日

3時間以上視聴している比率が高いという調査結果が出ている（**資料3-6**）。テレビを見るのに体を激しく動かす必要はない。じっと動かず座って見ているのが普通である。そのような姿勢を長時間とりつづけることは，結果として，子どもたちの身体活動を著しく低下させ，体を使って人や外界との相互行為の機会を減らすことになる。その結果，親や友だちとの直接的な交流の減少を招き，生活や自然のなかでの実体験の機会が奪われてしまう。子どもは，実際の生活の中でさまざまな「実感」を身につけ，その「実感」を土台にしながら，認識能力や他の人間に対して共感する感性などを育てていくのだが，メディアとの過大な接触はそのような「実感」を得る機会をますます奪っている。

電子メディアの社会における子どもたちの明るい面をみるなら，電子メディアに積極的にチャレンジして，人間関係のネットワークを広げ，知的社会も拡大する。そして，個性的な自分の世界をつくれる子どもの姿が考えられる。その一方，自分の世界に閉じこもり，人と接触することも，自分の世界を開拓することもしないで，電子メディアのフォーマットのまま受け身の生活を送る子どもたちという暗い子ども像も描くことができる。これからの子どもは「電子メディアをコントロールしている子」と「電子メディアにコントロールされる子」とに二分されていくのではないかと深谷昌志は指摘している（『子どもの生活史』）。

遊び集団の形成力

2002年4月から完全学校週5日制が実施されている。「子どもたちの生活を見直し，ゆとりある生活の中で，子どもたちが個性を生かしながら豊かな自己実現を図る」（文部科学省）ことをめざしての導入であった。各地で週末活動が展開されているが，塾通いが多くて（**資料3-7**），子どもたちが参加してこないという声も聞かれる。

子どもたちは，親や近くの人々からとやかく言われながらも，自由になれる時間と空間を見つけては仲間と遊びをとおして社会性を身につけていく。子どもの発達段階に応じて，遊びの質もより高度になり，社会性も高まってくる。ソビエトの心理学者ヴィゴツキー（Vygotsky, L.S.）は幼児期の遊びを発達との関連でとらえ直し，遊びは子どもの発達の「最近接領域」をもつくり出すと

述べている。すなわち，子どもは遊びのなかではいつも，自分の実際の年齢よりも上になり，自分の日常のふるまいよりも高いところにいる。つまり，遊びでは子どもは，自分よりも頭ひとつ背のびをするのである(**資料2-4参照**)。

また，遊びは個と集団の関係でも重要な機能をもっている。たとえば，役割遊びのなかでは子どもたちは自分と他人との相互の関係を学びはじめ，約束やルールにしたがって行動する能力を身につけていく。学童期になると，遊びの中心はルールの明確性を遊びに移行し，子どもたちは集団の一員としてのチームに貢献する喜びや，集団内での葛藤を経験し，多くのことを学んでいく。かつて各地域社会に形成されていた遊びを軸にした仲間集団は，学校での集団とは違って異年齢集団であり，年齢による階層集団でもあった。子どもたちは地域において学校とは異質のもう1つの集団に属して生活していたのである。しかし，現在のわが国では，この地域社会のなかで形成されていた仲間集団の衰退が顕著である。これは学習塾，おけいこ事など学校以外の学習の機会の増加によって，子どもの遊び時間そのものが減少したこと，とくに都市部において遊びに使用できる空間の縮小したことなどによるものである。

現在の子どもたちのなかにファミコンを中心とするテレビゲームが定着しているが，この遊びの特徴の1つは，好きなときに1人で遊べ，特別に広い空間を必要としないということである。その意味でファミコンは遊び場に恵まれず，遊び集団を失った子どもたちにとって格好な娯楽となっているのである(**資料3-8**)。

現在の社会情勢のなかで，かつての仲間集団をそのまま復活させることは不可能であろう。しかしながら，子どもの発達における遊びのもつ意義，すなわち健全な身体的，精神的発達をささえ，知的学習への関心を高め，その成果を確かなものにする遊びの意義を考えるとき，われわれは新たな観点から，豊かな遊び集団を子どもたちが形成できる道を創造していかなくてはならない。今，各地で新たな仲間集団づくりの動きが出てきている。その形態は多種多様であるが，共通している点は「子どもの世界」を回復しようとする大人たちの共同の意識が生まれ，子どもたちをまわりから支援しているということである。

子どもの仕事・労働

　子どもの遊びのなかには，大人の仕事（労働）の模倣として成立し，伝承されてきたものが多くみられる。そして昔の子どもたちは遊びを通じて労働への準備をしてきたのである。しかし遊びは，その活動を通してなにか目的を実現するような意識的な活動ではない。遊びはその過程，つまり遊ぶこと自体が目的である。この点では，目的をもって対象に働きかけ，社会的な価値（使用価値）を生み出す労働とは本質的に異なる活動である。

　現代の小・中学生にとって仕事・労働は体験をともなわない，よそよそしいものになってきており，社会の基礎を形成している労働のすばらしさを学校教育のなかに積極的に取り入れることは，今後ますます重要な課題となるように思われる。それは「学校の教育力」の回復，充実にとっても不可欠なことであろう。その場合，①自然や社会に対する科学的認識を育てる，②頭と手を結びつけて基礎的技術を身につける，③目的を立て，結果を見通して計画的に物事を運ぶ能力を養う，④地域の生活や社会的関係やその矛盾を認識させる，など労働の教育的な意義を明確にみきわめたうえでの指導が求められる。

　現在のわが国は「工業型社会」から「情報・消費型社会」へと大きく転換しており，子どもたちの変化もこの過程で生み出されてきていると考えられるが（高橋勝『文化変容のなかの子ども』），それだけに「情報・消費型社会」を支えている世界の農業・工業に目を向け，その価値を実感できる学習経験はこれまで以上に必要な教育的意義をもつのではないだろうか。

資　料

資料 3-1　社会的ひきこもり

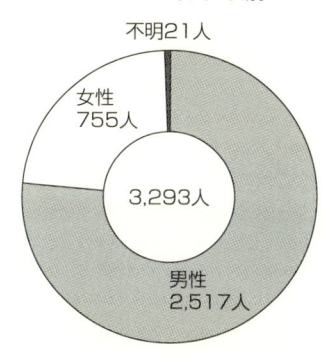

ひきこもり本人の性別
- 不明 21人
- 女性 755人
- 男性 2,517人
- 合計 3,293人

相談事例のひきこもり本人の年齢区分
- 0～12歳 16人
- 13～15歳 135人
- 16～18歳 321人
- 19～24歳 955人
- 25～29歳 760人
- 30～34歳 597人
- 35歳以上 466人
- 合計 3,250人　平均26.7歳

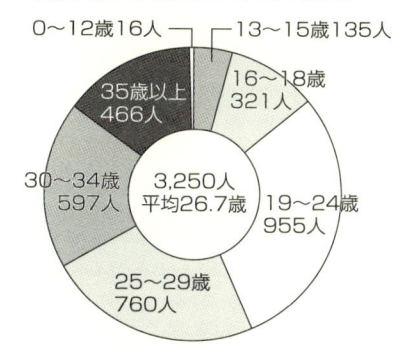

問題発生から現在年齢までの経過年数
- 1年未満 136人
- 1～3年未満 819人
- 3～5年未満 569人
- 5～7年未満 437人
- 7～10年未満 448人
- 10年以上 760人
- 合計 3,169人　平均4.3年

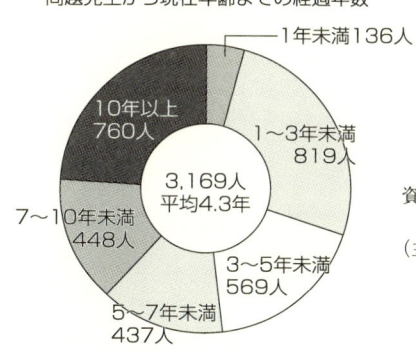

資料出所：「社会的ひきこもり」に関する相談・
　　　　　援助状況実態調査報告
　　　　（主任研究者：伊藤順一郎　国立精神・神経センター
　　　　　　精神保健研究所社会復帰部長）

（『神奈川県青少年白書』2002年）

30 　I　教育とはなにか

資料 3-2　子どものいる世帯―児童の有無別推計世帯数の構成割合の推移

(千世帯)	1人	2人	3人	4人以上	児童のいない世帯	全世帯の平均児童数	児童のいる世帯の平均児童数
昭和45年 29,887	6,477(21.7)	7,331(24.5)	2,184(7.3)	407(1.4)	13,487(45.1)	...	...
昭和50年 32,877	6,578(20.0)	8,089(24.6)	2,401(7.3)	360(1.1)	15,450(47.0)	0.96	1.81
昭和55年 35,338	6,251(17.7)	8,568(24.2)	2,497(7.1)	315(0.9)	17,708(50.1)	0.91	1.83
昭和60年 37,226	6,174(16.6)	8,417(22.6)	2,520(6.8)	274(0.7)	19,841(53.3)	0.85	1.83
平成2年 40,273	5,803(14.4)	7,176(17.8)	2,348(5.8)	247(0.6)	24,700(61.3)	0.70	1.81
平成7年 40,770	5,495(13.5)	5,854(14.4)	1,999(4.9)	238(0.6)	27,183(66.7)	0.59	1.78
平成12年 45,545	5,485(12.0)	5,588(12.3)	1,768(3.9)	219(0.5)	32,485(71.3)	0.50	1.75
平成14年 46,005	5,428(11.8)	5,471(11.9)	1,683(3.7)	214(0.5)	33,208(72.2)	0.48	1.74
平成15年 45,800	5,540(12.1)	5,596(12.2)	1,611(3.5)	200(0.4)	32,854(71.7)	0.49	1.73

(注)　平成7年の数値は兵庫県を除いたものである。
資料：厚生労働省大臣官房統計情報部「国民生活基礎調査」
　　　　　　　　　　　　　　　(日本子ども家庭総合研究所編『日本子ども資料年鑑2005』KTC中央出版, 2005)

資料 3-3　子どもが1人で食べる頻度

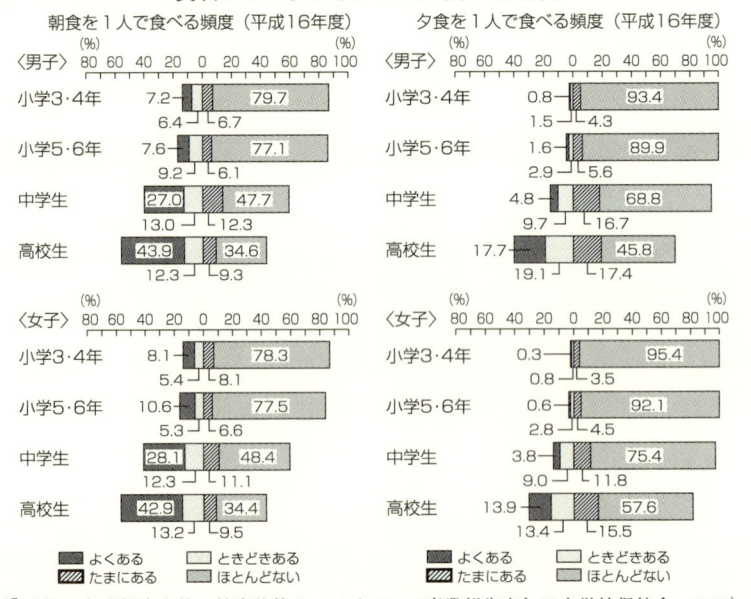

朝食を1人で食べる頻度（平成16年度）　　　夕食を1人で食べる頻度（平成16年度）

〈男子〉
- 小学3・4年：7.2／6.4／6.7／79.7　　　　0.8／1.5／4.3／93.4
- 小学5・6年：7.6／9.2／6.1／77.1　　　　1.6／2.9／5.6／89.9
- 中学生：27.0／13.0／12.3／47.7　　　　4.8／9.7／16.7／68.8
- 高校生：43.9／12.3／9.3／34.6　　　　17.7／19.1／17.4／45.8

〈女子〉
- 小学3・4年：8.1／5.4／8.1／78.3　　　　0.3／0.8／3.5／95.4
- 小学5・6年：10.6／5.3／6.6／77.5　　　　0.6／2.8／4.5／92.1
- 中学生：28.1／12.3／11.1／48.4　　　　3.8／9.0／11.8／75.4
- 高校生：42.9／13.2／9.5／34.4　　　　13.9／13.4／15.5／57.6

■よくある　□ときどきある　▨たまにある　□ほとんどない

（『平成16年度児童生徒の健康状態サーベイランス事業報告書』日本学校保健会, 2006）

資料3-4　からだのおかしさ

「最近増えている」という"からだのおかしさ"の"実感"ワースト・10

〈保育所〉　(%)

1979年		2005年	
1．むし歯	24.2	①皮膚がカサカサ	77.6
2．背中ぐにゃ	11.3	②アレルギー	74.6
3．すぐ「疲れた」という	10.5	③背中ぐにゃ	72.1
4．朝からあくび	8.1	④すぐ「疲れた」という	68.7
5．指吸い	7.2	⑤保育中、じっとしていない	68.2
6．転んで手が出ない	7.0	⑥床にすぐ寝転がる	64.2
7．アレルギー	5.4	⑦そしゃく力が弱い	58.2
8．つまずいてよく転ぶ	4.9	⑧ぜんそく	57.2
9．保育中目がトロン	4.8	⑨転んで手が出ない	48.8
10．鼻血	4.6	⑩つまずいてよく転ぶ	47.3

〈小学校〉　(%)

1978年		2005年	
1．背中ぐにゃ	44	①アレルギー	82.4
2．朝からあくび	31	②背中ぐにゃ	74.5
3．アレルギー	26	③授業中、じっとしていない	72.5
4．背筋がおかしい	23	④すぐ「疲れた」という	69.9
5．朝礼でバタン	22	⑤皮膚がカサカサ	65.7
6．雑巾がしぼれない	20	⑥症状が説明できない	63.1
7．転んで手が出ない	20	⑥視力が低い	63.1
8．なんでもない時骨折	19	⑧平熱36度未満	60.1
9．腹のでっぱり	19	⑧体が硬い	60.1
10．懸垂ゼロ	18	⑩ボールが目にあたる	59.8

〈中学校〉　(%)

1978年		2005年	
1．朝礼でバタン	43	①アレルギー	76.8
2．背中ぐにゃ	37	②すぐ「疲れた」という	73.5
3．朝からあくび	30	③平熱36度未満	68.9
4．アレルギー	30	④視力が低い	67.5
5．肩こり	27	⑤首，肩のこり	66.2
6．背筋がおかしい	26	⑥不登校	64.2
7．なんでもない時骨折	26	⑦腹痛・頭痛を訴える	60.3
8．貧血	22	⑦腰痛	60.3
9．懸垂ゼロ	21	⑨背中ぐにゃ	55.6
10．シュラッテル病	21	⑩なんとなく保健室にくる	55.0
		⑩症状が説明できない	55.0

(日本子どもを守る会編『子ども白書』2000年版，2005年版　草土文化)

32   I   教育とはなにか

資料 3-5　0 歳児のテレビ視聴

1. 0歳児の1日平均映像メディア接触時間

- テレビ接触時間：3時間15分
- ビデオ接触時間：34分

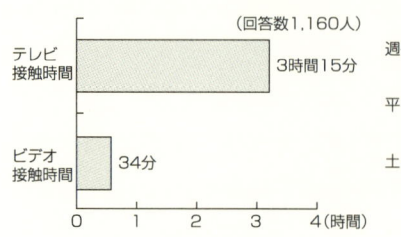

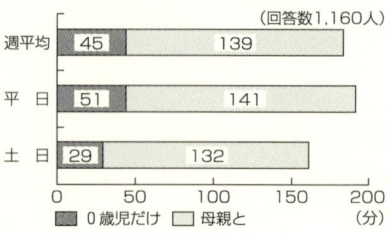

（回答数1,160人）

2. 1人で見る時間と母親と見る時間（分）

	0歳児だけ	母親と
週平均	45	139
平日	51	141
土日	29	132

（回答数1,160人）

3. 接触テレビチャンネル（総接触時間量の割合）

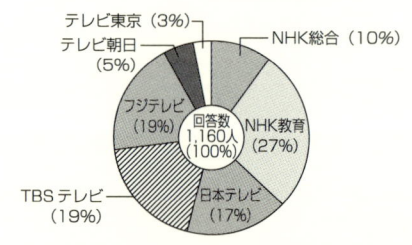

- NHK総合（10%）
- NHK教育（27%）
- 日本テレビ（17%）
- TBSテレビ（19%）
- フジテレビ（19%）
- テレビ朝日（5%）
- テレビ東京（3%）

回答数1,160人（100%）

（NHK放送文化研究所『"子どもに良い放送"プロジェクト第1回調査報告書』2003）

資料 3-6　小学生・中学生のテレビやビデオの視聴時間の国際比較

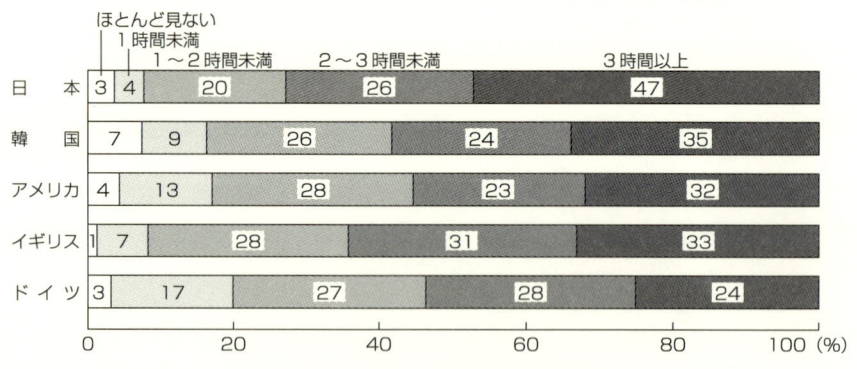

	ほとんど見ない	1時間未満	1～2時間未満	2～3時間未満	3時間以上
日本	3	4	20	26	47
韓国	7	9	26	24	35
アメリカ	4	13	28	23	32
イギリス	1	7	28	31	33
ドイツ	3	17	27	28	24

（注）1　調査対象は，都市部に暮らす小学5年生及び中学2年生（諸外国においては，これに準ずる年齢）の男女。有効回答数は，日本2,258人，韓国1,271人，アメリカ1,188人，イギリス1,083人，ドイツ817人。1999年10～12月調査。
　　　2　調査地点は，日本（東京都），韓国（ソウル市），アメリカ（シアトル市，ボストン市），イギリス（ベルファスト市，ニューキャッスル市，カーディフ市及びロンドン市），ドイツ（ケルン市，フランクフルト市）。

資料：文部省生涯学習局「子どもの体験活動等に関する国際比較調査の実施結果について」2000
　　　（日本子ども家庭総合研究所編『日本子ども資料年鑑2001』KTC中央出版，2001）

3 子どもの生活

資料3-7 学習塾に通っている比率

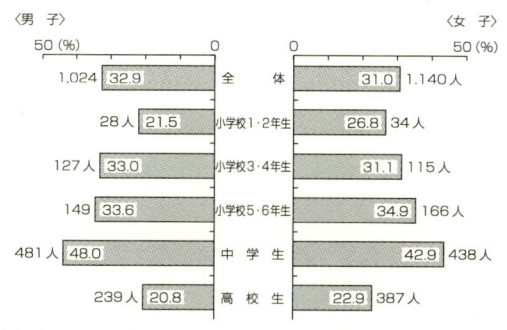

	男子		女子	
全体	1,024人	32.9	31.0	1,140人
小学校1・2年生	28人	21.5	26.8	34人
小学校3・4年生	127人	33.0	31.1	115人
小学校5・6年生	149人	33.6	34.9	166人
中学生	481人	48.0	42.9	438人
高校生	239人	20.8	22.9	387人

(『平成16年度児童生徒の健康状態サーベイランス事業報告書』日本学校保健会, 2006)

資料3-8 あそび時間の変化

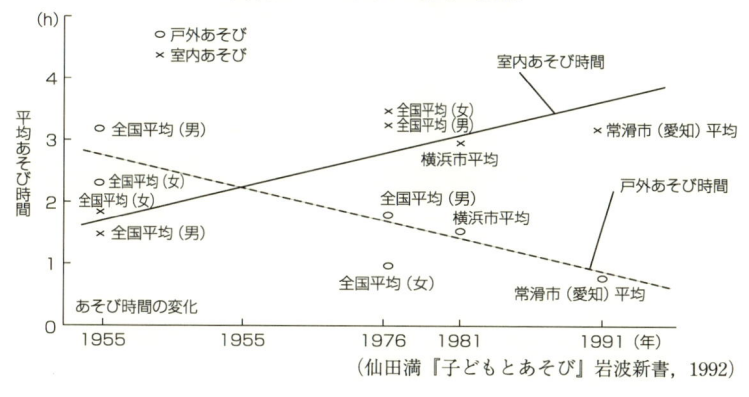

(仙田満『子どもとあそび』岩波新書, 1992)

4 教育の思想

1節 近代教育の思想

近代教育思想の成立——コメニウス

　現在，わが国の教育をめぐってさまざまな論議が起こっており，改めて「教育とはなにか」が問われているといってよいであろう。教育が社会全体の論議の的の1つになったのは，民衆のための学校教育が現実的課題となった近代以降のことであろう。学校教育が民衆を対象とするまでに発展したことにより，それに内包される矛盾も深刻なものとなるからである。ここでとりあげるのは，近代以降のそれぞれ異なる歴史的諸条件のもとにあって，社会の動向を敏感に洞察し，人間とその教育のあり方を深く追究した人びとの教育思想である。現代教育の諸矛盾の解決のために，これらの教育思想を継承・発展させ，あらたな「教育の思想」を育てていくことが，われわれ現代に生きる人間に問われているのである。

　ボヘミア（現在のチェコ）に生まれたコメニウス（Comenius, J. A., 1592-1670）は，近代学校の基本理念と，そのための教育内容・方法を構想し，まさに近代教育思想の先駆者といわれるにふさわしい業績を残した。

　1618年にはじまった30年戦争は，歴史的には，旧体制となりつつあった封建勢力と市民階級との対決を基軸としていたが，コメニウスはこの戦争を人間全体の危機ととらえ，全人類の平和の実現の可能性を，未来を切りひらく子どもたちの教育に求めたのである。こうした考え方を具体的かつ体系的に示したものが彼の『大教授学』である。彼の教育理論は近代市民階級の台頭と初期資本主義経済に相応する生産力の向上を背景に，ガリレオやニュートンに代表される自然科学・技術の影響をうけて革新的な内容をもつことになった。まず，彼は「人間として生まれたものは誰でも人間として行為することを学ぶことによ

って全精神を全面的に陶冶することが必要である」と述べ，一人ひとりの人間が発達の可能性をもっており，その発達が保障されることによって人類全体の発展と平和が達成されるとの展望を示した。そのために彼は子どもたちが学習しやすい絵入りの教科書『世界図絵』を制作する一方，全国民を対象とした，子ども本位の近代的な公教育理念にもとづいて，母親学校（6歳まで），母国語学校（6歳から12歳），ギムナジウム（12歳から18歳），アカデミア（18歳から24歳）と続く階級的差別のない単線型の学校制度を構想したのである。

市民革命期の教育思想——ロックとルソー

イギリス名誉革命の理論的指導者でもあったロック（Locke, J., 1632-1704）の教育思想は『教育に関する若干の考察』によってうかがい知ることができる。「若い紳士」を育てる原則を展開した，その教育論は，当時支配的勢力として安定期に入りつつあったイギリスのブルジョアジーの教育観を代表している。人間は「白紙」（タブラ・ラサ）の状態で生をうけ，経験を通して観念が書き込まれていくという経験主義者であったロックの認識論は，身分制社会において長いあいだ人びとを支配してきた素質決定論を打ち破る画期的なものであった。家庭教育を重んじたロックは，知育とならんで徳育や体育に重点をおき，幼児期から厳格な身体的訓練と習慣と性格の形成の訓練を受けさせなければならないと論じた。

ロックの教育思想は，その政治思想とともにフランスやドイツの教育界にまで大きな影響を及ぼした。ルソー（Rousseau, J. J., 1712-1778）がロックの「教育論」を念頭において『エミール』を著したことはよく知られているところである。ルソーは，同じ1762年に出版された『社会契約論』と『エミール』によって，ヨーロッパ思想界を代表するひとりとなった。その教育論は，『エミール』に集約的に表現されている（**資料4-1**）。彼は，子どもが弱いものとして生まれることに教育の可能性を洞察し，教育を受けることが子どもたちにとって人間となるための権利であるとした。子どもを一粒の種子のように自らの力で未来を創造する主体としてとらえた彼は，現存秩序に適応するためだけの準備教育を否定し，子どもが自然の中でその「子ども時代」を十二分に生きることを保障するよう父母や教師に求めた。「子どもの発見」がルソーに帰せ

られるのは，彼が子どもに固有な心身の発達に即した教育的働きかけを要求していることとあいまって，このような意味からである。また，ルソーの教育思想には，労働（とくに手工業的技術）の教育的価値，感情の育成，感覚の陶冶など，今日においても注目すべき見解が多く含まれている。彼の探究の根底には，人間をつくるのか，それとも市民をつくるのかという二律背反が横たわっていた。その意味で『社会契約論』と『エミール』が同じ年に出版されたことは象徴的である。自己のために自然に生きる「人間」をつくること（私教育）と，全体のために生きる市民をつくること（公教育）が両立しうるような社会的条件と人間的条件を明らかにすること，それがルソーの課題であった。

教育方法の探究──ペスタロッチとその継承者たち

スイスのチューリヒに生まれたペスタロッチ（Pestalozzi, J. H., 1746-1827）は学生時代にルソーの影響を強く受け，貧民学校を開くなど教育実践に取り組み，実践のなかで独白の教育方法を開発した。その成果の1つである『ゲルトルート児童教育法』などによりヨーロッパにおいて著名な教育家として知られるようになる。さまざまな教育実践のなかから生み出された彼の諸原理，すなわち自己活動による教育，直観教授，労働と教育の結合などの教育原理は，各国の教育者たちに受け継がれていくことになる。

『世界の美的表現』，『一般教育学』などの著作で知られるヘルバルト（Herbart, J. F., 1776-1841）は，ペスタロッチの教育方法論を受け継ぎながら，倫理学と心理学を基礎とした教育学の体系を構築しようとした。

また，ペスタロッチの学園で直接彼から指導をうけたフレーベル（Fröbel, F., 1782-1852）は1837年からブランケンブルクで幼児教育施設を経営しながら，教育遊具（恩物）を考案した。この施設とそれに付設された保育者養育施設は，やがて世界中に普及することになる幼稚園（Kindergarten）となった。

資本主義の矛盾に立ち向かう教育思想──オーエン

資本主義の進展にともなって，初等段階の教育に対する労働者階級の要求が次第に高まりをみせるようになる。大規模な紡績工場の経営者でありながら，労働者の子どもたちの教育に真剣に取り組んだのは空想的社会主義者とよばれ

たオーエン（Owen, R., 1771-1858）であった。イギリス産業革命の進行によってもたらされた労働者の貧困と労働条件の劣悪化，その結果引き起こされた無知と不道徳と非衛生という非人間的状態をみて，オーエンは自ら経営する工場で，環境の改善，労働年齢の引き上げ，労働時間の短縮，住宅改善などに努力する一方，「性格形成学院」と名づけた学校を創設し，労働者とその子どもたちの教育に取り組んだ。『自叙伝』（**資料4-2**）からもうかがえるように，彼は，人間の性格は環境によって形成されるという教育思想をいだき，すべての人が合理的な存在となることによって恒久的幸福への道が切りひらかれると考えていた。そして全国レベルでの労働環境の改善をめざす工場法の制定に活躍した。

また，「性格形成学院」では，労働と教育の結合を重視し，幼児教育から成人教育までの一貫した自由教育・啓発教育を行った。オーエンの教育思想には，これまでにはなかった新しい教育概念も登場した。それは「集団」であった。団結のほかに自らの生活を向上させるすべのない労働者階級の教育の目的および方法としての「集団」が，彼の学院の教育方針の柱となる。この集団教育論は，マカレンコやクルプスカヤなどソビエトの教育理論家に継承され「集団主義教育」論として発展していくことになる。

公教育の原則──コンドルセの「報告」

封建社会のなかから資本主義的生産様式が生まれ発展してくるにつれて，自然や社会への科学的な認識が人間形成全般のうえで尊重されるようになり，子どもの人間的普遍性に次第に注意がはらわれ，教育に対する子どもの権利が教育的価値の中心的な地位を占めてくる。これは近代教育の重要な特徴である。

このような近代教育の性格として，①教育機会の普及と均等，②就学義務と義務教育無償，③教育の世俗化と公共化，などの点をあげることができる。

ここでは，近代教育の重要な問題の1つである，公教育と教育の自由の関係について考えてみよう。近代に成立した公教育を生み出す根拠となった思想は，おおむねフランス革命期を中心に生まれたものとされている。この時期に革命の主体であったブルジョアジーの思想のもとでは，公教育は，すべての人が権利として，教会や国家の権力から干渉を受けることなしに，真理を学びながら

発達することを保障する公共の制度を意味していた。

　フランス革命期の公教育構想の代表的なものとして，ここではコンドルセ (Condorcet, M. A. N. C., 1743-1794) の教育計画案をみてみよう。革命後，立法議会議員となった彼は1791年，議会に対して『公教育に関する5つの覚書』を提出し，翌92年『公教育の全般的組織に関する報告および法案』（コンドルセ案）をまとめている（**資料4-3**）。「公教育は国民に対する社会の義務である」（『公教育に関する第1覚書』）と断言したコンドルセの教育計画案は，人間理性の無限の進歩が教育によって可能であり，またこれによってのみ人間社会の不断の発展が保障されるという考え方によって貫かれている。むろん社会進歩にはさまざまな障害があり，それらを克服するために彼は次のような基本的方針をうちたてた。①公権力は人間精神の進歩をはばむ偏見や無知を除去する責任を負うこと。②そのために公権力は，生涯を通じて学習する機会を万人に対し無償で平等に保障する。③学習権は基本的人権に属するものであり，これを守るためには，公権力の設置する教育機関が一切の政治的権威から独立していなければならない。④公教育においては科学的真理とこれを探究する能力が授けられるべきであって，いかなる思想信条も絶対化されてはならず，また，たとえ科学的真理といえども，これを信じこませるべきでない。⑤宗教的・政治的意見を対象とする教育は，国家の権限外の問題であり，家庭ないしは各個人に一任されるべきものである。

　コンドルセにおいては，自ら理性的に考え，行動することのできる自律的個人（市民）の形成が教育の目的であり，それは市民革命期の政治課題とも一致していたのである。とくに，親の教育権を自然から与えられた義務であり，放棄できない権利であると把握し，この権利は一切の法律や契約に優先するものであることを確信していた彼は，子どもの学ぶ自由とともに，子どもを保護し，教育する親の自由を視野におさめていた。しかし，親のこのような自由は親の恣意を許し，子どもに偏見を植えつけるおそれがある。そこでコンドルセは公教育を，家庭教育の延長ととらえ，その機能を有効にし，偏見を是正するための集団化（親義務の共同化）として構想している。このような公教育のもとでは，学校の設置は社会の義務であり，政府の義務であるが，しかし就学は強制されないことになり，したがって，国家権力の強い統制下に置かれる「公教

育」とは対立する。コンドルセの公教育論はわれわれに「親義務の共同化」そして「私事の組織化」としての公教育制度の展望を提供したのである。

公教育と教育の自由——H. マン

第二次世界大戦後わが国に導入された教育委員会制度は，主として教育の政治的中立，教育行政の地方自治を確立するためのものであるが，教育の自由・私事性ともかかわり，公教育を支える重要な機関とみなすことができる。

マサチューセッツ州教育委員会の初代教育長となったホーレス・マン（Mann, H., 1796-1859）は「アメリカ公立学校の父」とよばれることになる人物であるが，彼は教育における受益者負担主義を主張する人びとに対して，共和国の次代を担う子どもの教育のために財産の一部を拠出することは，共和国構成員の当然の義務である，と述べて，無月謝学校の普及に尽力した。さらに彼は，教育関係者や私立学校関係者たちの反対をおさえて，世俗的公立学校制度の確立，州立師範学校の建設，学校図書館の設置など数多くの成果をあげていく。

19世紀後半に入ると先進諸国では，国家の主導権のもとで全国的な規模での教育制度が成立し，それらが公教育とよばれることになるが，そこではすべての国民がむしろ義務として，国民として最低限必要な実用的学力，社会秩序への適応のためのしつけを受ける公共の制度という性格が強まってきた。現代では，家庭での教育や，一部の塾形式でなされるまったく私的な教育をのぞいて，私立学校や各種学校，さらにはその他の社会教育施設や企業内教育の一部にいたるまで，程度の違いはあっても，公の規制を受けるようになっており，公教育としての性質はあらゆる教育活動のなかに広まっている。そのような意味で，現代はまさに公教育の時代といわれているのである。

教育のすそ野がひろがり，公教育の範囲が拡大している現在，教育の公権力からの独立と私事の組織化という課題はますますその重みを増してきているのである。

資料

資料4-1　ルソー『エミール——教育について』

〈序〉
　人は子どもというものを知らない。子どもについてまちがった観念をもっているので，議論を進めれば進めるほど迷路にはいりこむ。このうえなく賢明な人々でさえ，大人(おとな)が知らなければならないことに熱中して，子どもにはなにが学べるかを考えない。かれらは子どものうちに大人をもとめ，大人になるまえに子どもがどういうものであるかを考えない。

〈第一編〉
　万物をつくる者の手をはなれるときすべてはよいものであるが，人間の手にうつるとすべてが悪くなる。人間はある土地にほかの土地の産物をつくらせたり，ある木にほかの木の実をならせたりする。風土，環境，季節をごちゃまぜにする。犬，馬，奴隷をかたわにする。すべてのものをひっくりかえし，すべてのものの形を変える。人間はみにくいもの，怪物を好む。なにひとつ自然がつくったままにしておかない。人間そのものさえそうだ。人間も乗馬のように調教しなければならない。庭木みたいに，好きなようにねじまげなければならない。
　しかし，そういうことがなければ，すべてはもっと悪くなるのであって，わたしたち人間は中途半端にされることを望まない。こんにちのような状態にあっては，生まれたときから他の人々のなかにほうりだされている人間は，だれよりもゆがんだ人間になるだろう。偏見，権威，必然，実例，わたしたちをおさえつけているいっさいの社会制度がその人の自然をしめころし，そのかわりに，なんにももたらさないことになるだろう。自然はたまたま道のまんなかに生まれた小さな木のように，通行人に踏みつけられ，あらゆる方向に折り曲げられて，まもなく枯れてしまうだろう。

〈第二編〉
　理性は，もっとも困難な道を通って，そしてもっともおそく発達するものだ。しかも人は，それをもちいてほかの能力を発達させようとしている。すぐれた教育の傑作は理性的な人間をつくりあげることだ。しかも人は，理性によって子どもを教育しようとしている。それは終わりにあるものからはじめることだ。つくらなければならないものを道具につかおうとすることだ。子どもが道理を聞きわけるものなら，かれらを教育する必要はない。しかも人は，子どもがごく幼いときから，かれらの理解しないことばを語ることによって，なにごともことばですませる習慣をつけさせ，人が言うことをすべて検討させ，自分を先生と同じようにかしこい人間と

考えさせ，議論ずきな反抗児になるようにしつけているのだ。そして，合理的な動機によって子どもにもとめようとしていることはすべて，そこにかならず結びつけなければならない羨望の念，恐怖心，あるいは虚栄心という動機によってしか得られないのだ。

(中略)

自然は子どもが大人になるまえに子どもであることを望んでいる。この順序をひっくりかえそうとすると，成熟してもいない，味わいもない，そしてすぐに腐ってしまう速成の果実を結ばせることになる。わたしたちは若い博士と老いこんだ子どもをあたえられることになる。子どもには特有のものの見方，考え方，感じ方がある。そのかわりにわたしたちの流儀を押しつけることくらい無分別なことはない。

〈第三編〉

あなたがたがなによりも気をつかわなければならないことは，生徒の理解力をこえた社会関係についての観念をすべてかれの精神から遠ざけることだ。しかし，知識のつながりによって，人間相互の依存関係を示さないわけにはいかなくなったときには，道徳的な面からそれを示すようなことはしないで，まず，人間をたがいに必要なものにしている工業と機械的な技術にあらゆる注意を集中させるがいい。工場から工場へと連れてあるきながら，どんなことでも自分で仕事をせずにただ見学するようなことはけっしてさせてはならない。そして，工場で行なわれているすべてのこと，あるいはとにかく，そこで見たすべてのことの理由を完全に知ったうえでなければそこから出てくることはけっしてさせてはならない。そのためには，あなたがた自身が働いて，あらゆるところで手本を示してやるがいい。かれを親方に仕立てあげるために，いたるところで徒弟になるがいい。そして，一時間の労働は一日の説明を聞いてかれが覚えるよりも多くのことをかれに教えると考えていい。

さまざまな技術にはそれらの現実の有用性に逆比例して一般の評価があたえられている。この評価はほかならぬそれらの無用性に正比例してきめられるが，これは当然のことだ。もっとも有用な技術はもっとも儲けの少ないものだ。労働者の数は人間の必要に比例しているし，すべての人に必要な労働はかならず貧乏人が支払うことのできる価格しかもたないからだ。ところが，職人ではなく，芸術家と呼ばれ，有閑人や金持ちのためにだけ仕事をしているあの重要な人物たちは，かれらのつくりだすたわいのないものに勝手な価格をつけているし，そういうくだらない作品の値うちは人々の意見によってのみ決まるので，価格そのものがその値うちの一部をなすことになり，それが高価なものであればあるほど評価も高まることになる。金持ちがそういうものを尊重するのは，その効用によるのではなく，貧乏人には手が出ないからなのだ。「民衆がうらやむようなものでなければわたしはほしくない」というわけだ。

こういうばかげた偏見をもたせることになったら，あなた方自身それを助長するとしたら，たとえば，貴金属細工師の店にはいるときには，錠前屋の店にはいると

きよりも敬意を示したとしたら，あなたがたの生徒はどうなることだろう。どこへいっても気まぐれにつけられた価格が現実の効用からひきだされる価値と矛盾しているのを見るとしたら，そして，ものの値段が高ければ高いほど価値がないとしたら，技術のほんとうの値うちとものの正しい価値とについて生徒はどんな判断をくだすことになるだろう。そういう観念をひとたびかれらの頭に植えつけるようなことをしたら，かれらを教育するのはもうあきらめるがいい。あなたがたがどんなことをしたところで，かれらは世間の人と同じように教育されることになるだろう。

（ルソー，今野一雄訳『エミール』岩波文庫，1962）

資料4-2　オーエン自叙伝

性格形成論

　世界の指導的な人びとにとって第一の問題たるべきは，人類に良い合理的な性格を生まれおちる時から確かに形成させうるような諸状態を，いかにすれば組合わせうるか，であろう。さらにこれらのもの（けだしこれらのものは不可離の存在だから）と，常に万人にありあまる富を創造する状態とを，いかにすれば結びつけうるか，であろう。かかる組合わせはあらゆる国々の最も進んだ人びとにさえ今なお知られずにいる。しかもすでに万人に教えられているべきものであったのだ。それは人類が学ばねばならぬ実に最重要な教えなのだ。諸状態を創り，組合わせて，人間性の一切の性能・性向・能力を然るべく錬磨し，それらの一切を使って各性能各性向を規則正しく節制する習慣がつくようにと訓練し，よってもって人びとが教育されうる時――その時，しかもただその時にのみこそ，人びとは万人のための善さ，価値ある・優れた性格を形成し，ないしは人を合理的な存在となるように訓練する方法を知るであろう。すすんで彼らがこれらの状態を創り，それに組合わすに，すべての人をして優れたかつ内在的に価値ある富を豊富に・いつも生産せしめうるごとき他のものをもってすることを教えられる時，その時，人類は合理的になり，現実の知識および恒久的幸福は一年のうちに，彼らが現存の状態のもとで一世紀かかって――ないし，まことにあやまれる根本原理，いな，むしろ想像から放射する現存の不合理なる状態が，誤った教育をうけた世界の当路者（ママ）によって支持されるであろう限り――為しえるよりはるかに大なる進歩をするであろう。

（オーエン，五島　茂訳『オーエン自叙伝』岩波文庫，1961）

資料4-3　公教育の全般的組織に関する報告および法案
　　（1792年4月20日および21日，公教育委員会の名によって国民議会に提出された）

諸君，

　自分の要求を充足し，幸福を保証し，権利を認識して，これを行使し，義務を理解して，これを履行する手段を，人類に属するすべての人々に供与すること，

　自分の才能を完成し，従事する権利を有する社会的職務を遂行する能力を身につけ，生得の才能を十全に発達させるための便宜を各人に保証すること，またそれに

よって国民の間に平等を実際に樹立し，かつ法律によって承認されている政治的平等を実際的なものとすること，

　国民教育の第一の目的はかくのごときものでなければならない。しかして，かかる見地よりすれば，国民教育は公権力の当然の義務である。

　技術を完成することが，国民一般の快楽と，技術を研究している人々の安楽とを増すように，また大多数の人たちが，社会に必要な職務を十分に遂行し得る力を備えるように，さらにまた知識がつねに増大し，進歩をとげることによって，われわれの要求を満たし，災禍を救い，個人の幸福や共同の繁栄をもたらす不尽の源泉が提供されるように教育を指導すること，

　最後に，各世代の身体的，知的，道徳的能力を啓培すること，またそれによって，あらゆる社会制度が指向せられるべき究極の目標である人類の全般的かつ漸進的な完成に貢献すること，

　教育の目的は，なおまたこのようなものでなければならない。しかしてそれは，社会共同の利益，全人類の利益の見地から課せられた公権力の義務である。

　こうした二重の見地から，われわれに課せられた巨大な任務を熟考した場合，まず最初に気づいたのは次のことであった。すなわち，教育の全般的体制のうちで，ある部分は，全体を損ずることなくしてこれだけを分離することができ，かつ新たな体制の実現を促すためには，これを分離することが必要であるということである。このある部分とは，公教育施設の配分とその全般的な組織とである。

　実際，各階梯の教育についての正確な範囲，教授方法，両親に保有される権限もしくは教師に譲渡される権限の限度，公共体により設立される寄宿学校における生徒数，身体的能力と道徳的能力との発達を，いわゆる知育に結合する手段などに関しては，種々の見解が存するであろうが，公教育の組織はおそらく同一であろう。また他方では，教育機関設置の場所を指定することと，そしてこれらの機関が活動を開始するよりもはるか以前に，教科書を編纂することが必要であったので，われわれは，委ねられた作業のうちで，こうした部分に関して早急に法律を制定する必要に迫られたのである。

　全般的組織に関するこの計画の中で，われわれがまず配慮しなければならぬことは，事情のゆるすかぎり，一方では教育を平等かつ普遍的なものたらしめ，他方これを完全なものたらしめるべきであるということ，すなわち，すべての人たちに及ぼすことのできる教育を，すべての人々にひとしく与え，しかも国民全部に分配することが不可能であるような，より高度の教育をも，国民のだれに対しても拒否してはならないということであると考えた。前者はこの教育を受ける人々に有益であるがゆえに設けるべきであり，後者はこの教育をうけない人々にとってさえ有益であるがゆえに，設けるべきであると考えたのである。

　およそ教育の第一の条件は，真理のみが教授されるということであるから，公権力の設置する教育機関は，いっさいの政治的権威から，できるかぎり独立していなければならない。しかしてそれにもかかわらず，この独立性は絶対的なものではあ

り得ないので，これらの教育機関は，もっぱら，人民の代表者で構成される議会に従属せしめられるべきであるという結論が，この同じ原理から引き出されることとなる。その理由は，あらゆる権力の中で，これこそは腐敗するおそれが最も少なく，また個人的な利益で誘惑されることも最も少なく，さらに知識を有する人々の総意の影響を最も反映し易いものであるからである。またとくに，この権力は，必然的にあらゆる変化の源泉となるものであるから，それは知識の進歩を阻害することが最も少なく，知識の進歩が惹起すべきもろもろの改良に反対することも最も少ないものであるからである。

最後に，教育は人々が学校を卒業するその瞬間に，かれらを見棄ててしまってはならないということ，教育はすべての年齢にわたって行なわれるべきであるということ，年齢によって，学習が有益でなかったり，可能でなかったりするようなことがないということ，かつまた，子ども時代の教育が非常にせまい範囲に限局されたものであったために，それだけますますその後の時期の教育が必要であるということ，などをわれわれは認めたのである。社会の貧困な階級が，今日，無知の状態に沈潜している主要な原因の一つも，またここに存するものである。すなわち，かれらにとっては，初等教育をうけることの方が，初等教育から得た利益を保持することよりも，むしろ可能性があったのである。

（中略）

われわれは，公権力は貧困な国民に対してつぎのようにいうべきだと考えた。すなわち，諸君は親たちの財産の関係で，最も必要かくべからざる知識のみを獲得することができただけである。しかし，いまや諸君には，これらの知識を保持し，かつ拡充するための便宜な手段が保証されている。もしも諸君が生得の才能にめぐまれているのならば，諸君は，それを発展させることができるのである。そしてこれらの才能は，諸君にとっても，祖国にとっても，もはや失われることはないであろう，と。

かくして，教育は普遍的でなければならない。すなわち全国民に広く及ぼされなければならない。教育は必要な経費の限度や，国土上の人口分布や，それが多いにせよ，少ないにせよ，とにかく子どもたちが教育に充当し得る時間などが許す範囲内で，まったく平等に分配されなければならない。教育は，その各種の階梯のうちに，人間の知識の全体系を包含しなければならず，また生涯を通じて，いつでも，これらの知識を保持するための便宜，もしくはあらたに知識を獲得するための便宜を，人々に保証しなければならない。

最後に，いかなる公権力といえども，新しい真理の発展を阻害し，その特定の政策や一時的な利益に反する理論を教授することを妨害する権限をもってはならないし，またそうすることができるという熱望さえもってはならないのである。

以上のごときものが，われわれが仕事を行なうにあたって指導原理としたものであった。

(コンドルセ，松島　鈞訳『公教育の原理』明治図書出版，1969)

2節　現代教育の思想

新教育運動の起こり

　19世紀後半，近代化を進める欧米諸国において公教育制度が整備され，すべての子どもに教育機会を提供し，「読み書き計算」（3R's）を中心とする基礎学力を習得させることが企図された。そのため学校では，いかにして子どもに対し効率的に知識を授けるかということが共通の課題となり，これに適合する教育理論として「教授」，「訓練」，「管理」を基調とするヘルバルト派教育学が積極的に受容されることとなった。

　これに対し，教科や教師を中心に教育をとらえて，一方的・画一的に学校教育を進めてしまうあり方を「旧教育」と批判し，子どもの自発性を尊重する「児童中心主義」とよばれる考え方が誕生する。「児童中心主義」に基づく数々の教育実践は「新教育運動」と総称され，相互に影響を与えあうとともに世界的な運動へと発展した。

　ローマ大学で医学を学び，イタリア初の女性医学博士となったモンテッソーリ（Montessori, M., 1870-1952）は，イタール（Itard, J. M. G., 1774-1838）やセガン（Seguin, E. O., 1812-1880）の治療的教育方法，およびペスタロッチ（Pestalozzi, J. H., 1746-1827）やフレーベル（Fröbel, F., 1782-1852）の幼児教育論から影響を受け，1907年ローマに「子どもの家」を開設した。彼女は同施設において3歳から6歳までの子どもを自由に活動させ，その観察の成果から「モンテッソーリ・メソッド」とよばれる独自の教育方法を考案した。「モンテッソーリ・メソッド」はフレーベルに次ぐあらたな幼児教育論として各国に紹介されるとともに，「児童中心主義」に基づく教育実践の一つとして注目された。

　また，イギリスで創設されたセシル・レディ（Reddie, C., 1858-1932）の学校はフランスのドモラン（Demolins, E., 1852-1907）やドイツのリーツ（Lietz, H., 1868-1919）らに影響を与え，都会から離れた自然豊かな場所で教師とともに学校生活をおくる「田園教育舎」とよばれる学校モデルを生み出した。スウェーデンではエレン・ケイ（Key, E., 1849-1926）が『児童の世

紀』（1900年）のなかで「教育の最大の秘訣は教育しないことである」と述べ，子どもに対する強制的な教育の撤廃を主張した。彼女の理念は20世紀後半に制定された「子どもの権利条約」（1989年）へと引き継がれることとなる。アメリカではプラグマティズムの哲学者デューイ（Dewey, J., 1859-1952）が「新教育運動」の担い手として活躍し，著作および講演活動を通じて，その影響は世界中に広がった。

教育改革への志向――デューイ

　1894年，シカゴ大学に赴任したデューイは「大学附属小学校」を開設し，みずからの教育理論の実践と検証を開始した。その成果としてまとめられたのが『学校と社会』（1899年）である。デューイはそこで次のように述べている。

> 「要するに，旧教育とは，重力の中心が子どもの外にあるのだ……今日私たちの教育に到来しつつある変化は，この重力の中心の移動に他ならない。……この場合，子どもが太陽となるのであり，そのまわりを教育の諸装置が回転することになるのだ」

　デューイは教育の中心に子ども（子どもの自発的な学習活動）を据え，このことを教育における「コペルニクス的転回」と表現した。デューイが開校した学校は1902年に「実験学校」（Laboratory School）と改称される。

　「実験学校」のカリキュラムのなかでもデューイがとくに重視したのは「仕事」（occupation）とよばれる学習活動であった。彼は児童に工作，料理，織物といったさまざまな作業をさせることを通じて，個々人が自発的に学習を行えるようにした。こうしてデューイは日常生活と学校生活の間にある「知」の隙間を埋め合わせるとともに，学校と社会を結びつけ，学校を通じた社会改造をめざした。

　また，デューイは，あらかじめ設計された学習内容を順番に学習していく「系統学習」に対して，子どもの主体的な学習活動の過程を重視する「問題解決学習」の理論を提唱した。同理論は，近年わが国の学校教育に導入された「総合学習」の実践に対しても大きな影響を与えている（**資料4-4**）。

近代教育に対する批判的まなざし——イリッチとフレイレ

20世紀後半に入り，学校教育の整備が進むなかで，近代教育の問題点を独自の視点から批判した人物として知られるのがイリッチ（Illich, I., 1926-）とフレイレ（Freire, P., 1921-1997）である。

イリッチはウィーンに生まれ，イタリアおよびオーストリアの大学で神学や歴史学などを修めた後，カトリックの叙任司祭としてニューヨークに赴任する。その後，プエルトリコにわたりサンタマリア大学の副学長に就任するものの，ラテン・アメリカの近代化すなわち「アメリカ化」を支援したカトリック教会を批判したために，同職を解任される。そこで彼は近代の産業制度のあり方を批判的に検討するための組織として，メキシコに国際文化形成センター（後に国際文化資料センターと改称）を開設し，フレイレらと「脱学校化」の運動を展開するとともに，執筆活動も開始した。

イリッチは『脱学校の社会』（1971年）において，現代社会では，あらゆる価値の制度化が進んでいると主張した。彼によれば，人間はかつて共生による社会関係のなかで自律的に生活する術をもっていた。しかし，近代化の過程において，医療や教育や福祉に関わるさまざまな制度が生み出されたことによって，人々の制度依存が進むこととなる。彼はそのことを次のように説明している。

　「医療から治療を受けさえすれば健康に注意しているかのように誤解し，同じようにして，社会福祉事業が社会生活の改善であるかのように，警察の保護が安全であるかのように，あくせく働くこと自体が生産活動であるかのように誤解してしまう。健康，学習，威厳，独立，創造といった価値は，これらの価値の実現に奉仕すると主張する制度の活動とほとんど同じことのように誤解されてしまう」（イリッチ，東　洋・小澤周三訳『脱学校の社会』東京創元社，1977年，13－14頁）

人間同士の創造的かつ自律的な相互作用が阻害されていることに気がついても，人々はもはや制度依存から抜け出せない。イリッチはこうした社会を「学校化された社会」とよぶ。というのも，学校制度こそが教育を独占し，社会から自発的な学習の場所を奪っていったからである。学校は人々に職業を配分する役割を担うようになり，学校に対する人々の制度依存が他の諸制度への依存

を支える。そのことによって価値の制度化はさらに推し進められ，「物質的な環境汚染，社会の分極化，および人々の心理的不能化」（同上，14頁）といった問題が引き起こされる。イリッチはこうした現代社会のあり方を根本的に再編成すべきであると主張し，既存の公教育に代わる学習システムとして「学習のための網状組織」（learning web）の構築を提案した。

また，イリッチとともに「脱学校化」論者として活躍したブラジルの教育家フレイレは，教育の目的が抑圧と貧困からの解放にあるとして，既存の学校制度における「教師中心主義」および「知識注入主義」を次のように批判した。

> 「入れ物をいっぱいに満たせば満たすほど，それだけかれは良い教師である。入れ物の方は従順に満たされていればいるほど，それだけかれらは良い生徒である。教育はこうして，預金行為となる。そこでは，生徒が金庫で教師が預金者である」（パウロ・フレイレ，小沢有作・楠原彰・柿沼秀雄・伊藤周訳『被抑圧者の教育学』亜紀書房，1979年，66頁）

フレイレは教師―生徒の垂直型の関係性に基づく学校教育のあり方を「銀行型教育」とよぶ。

> 「解放に真にかかわる人びとは，銀行型教育を完全に拒否し，それにかえて意識的存在としての人間と，世界に向けられた意識としての意識の概念を採用しなければならない。かれらは，預金をするという教育目標を捨てて，それにかえて世界との関係にある人間の課題を設定しなければならない」（同上，80頁）

上述のように，彼によれば，学校とは教師と生徒が教えあいの関係のなかで学習を深める「課題提起教育」の実践の場であり，そのことによって主体の形成が促される。フレイレはラテン・アメリカにおける識字教育の実践を通じて，人々に対話の重要性を伝えるとともに，貧困にあえぐ民衆のなかに生活改善へと向かう自己意識を目覚めさせようとした。

生涯学習社会に向けて――ラングラン

「脱学校化」論とは別の視点から教育と学習のあり方をとらえ直そうとする運動として，20世紀後半から注目されるようになったのが生涯教育（生涯学習）である。

1965年，パリのユネスコ本部で開催された第3回成人教育推進国際委員会において，ラングラン（Lengrand, P., 1910-　）は，急激な変化を続ける現代社会を生きる上では，学校教育の知識と経験だけでは不十分であり，人間は生涯にわたって学び続ける必要があるとして，「生涯教育（Life-long education）」の理念を提唱した。この提案はユネスコを通して世界各国の教育政策に大きな影響を与え，20世紀後半に展開された生涯学習運動を推進する契機となった。

　ラングランは，家庭教育，学校教育，社会教育を統合的にとらえ，これらを有機的に結びつけることによって，人間の生涯にわたる教育システムをつくる必要性を説いた。そもそも，人間は生涯にわたり個々人の生活のなかで自己学習を継続することでよりよく生きることができるのであり，教育を受ける場所や時期を限定する必要はない。生涯教育（生涯学習）の理念は，自己教育能力を育てる場所として学校を位置づけ直し，学習者の自発的な学習意欲を重視するとともに，「教育の生活化＝生涯化」を実現することをめざしている。

　近代から継承され発展してきた教育思想は，新たな教育の実践および制度の成立に貢献する一方で，さまざまな問題も生み出してきた。こうした歴史を理解した上で，人々の多様な教育要求に応えるべく，「教育の思想」を不断に更新していくことが現代に生きる人間に求められている。

資料

資料 4-4 学校と社会・子どもとカリキュラム

```
                        職業
                         ↓↑ 3

 専門的調査研究
              ↘
   4-大学                ┌──────┐
                         │ 学校 │  ← 
                         │  A   │        1-家庭
                         │      │  →
              ↗          └──────┘
   教師                   ↑↓ 2
   プロフェッショナル・スクールズ
   図書館                  庭園
   博物館                  公園
                          カントリー
```

　図解において，わたしは，学校制度のいろいろな部分を統一する唯一の方法は，実にその各部分を生活に統合することである，ということを示したいと思っているのである。わたしたちが学校制度それ自体だけにかぎって注視するようでは，人為的な統一しか得ることができない。わたしたちは学校制度を，より大きな社会生活全体の一部分として眺めなければならない。図解の中央にあるこの区画（A）は全体としての学校制度を示している。図中の「1」については，一方の側に家庭があり，そして二本の矢印は家庭生活と学校生活とのあいだに，影響力や教材や考え方が，自由に相互作用することを示している。図中の「2」については，下の方には自然環境，最も広い意味での地理の大部分との関係が示されている。校舎は自然環境によって取り囲まれている。校舎というものは，庭園のなかにあるべきであり，子どもはその庭園から，周辺の野原に導かれ，それからあらゆる事実と諸力にあふれている，さらに広大なカントリーへと導かれることであろう。図中の「3」については，上の方にはビジネス生活が示され，学校と産業上の諸要求および影響力との間に自由な役割上の相互作用がおこなわれる必要性が示されている。図中の「4」については，本来の意味での大学があり，それは多様な部面に分かれている。すなわち，さまざまな研究の実験施設があり，図書館や博物館の技法により得られた資料の蓄積があり，さらに専門職業の諸学部が設けられている。

子どもの立場からみると，学校における大きな浪費は，子どもが学校の外で得られる経験を，学校それ自体の内部でどのようなかたちであれ，十全かつ自由に有効に利用することが，ほとんどできていないことに由来するのである。しかも他方において，子どもは自分が学校で学んでいる事柄を日々の生活に応用することもできないのである。このことは，学校の孤立――生活からの学校の孤立を意味する。子どもは学校の教室にはいると，自分の家庭や近隣で高く買われている考え方や，興味や活動の大半を，自分の心から閉め出してしまわなければならない。このようにして，学校は，子どもの日常の経験を有効に利用することができないので，学校での教科に対する興味を喚起させるために，あらゆる手段を講じて別のやり方で，骨の折れる努力をしているのである。わたしが数年前に，モーリン市を訪れたとき，教育長がつぎのように語ってくれたことがある。それは子どもたちのなかには，教科書で学ぶミシシッピー河が，自分たちの家のそばを流れている川と関係があるということを学んで，驚く子どもが毎年結構いるという話であった。地理という教科がたんに教室のなかだけの事柄にすぎなくなっているがために，そこで学ぶすべての事柄は，毎日自分たちが見たり，感じたり，触れたりしている事実を，いちだんと形式的かつ明確に記述したものにすぎない，ということがわかると，多くの子どもたちは，多かれ少なかれ目がさめたような気分になるのである。わたしたちが，わたしたちはすべて地球上に生活しており，大気のなかで生きているものであり，わたしたちの生活は，あらゆる点において，土壌や植物や動物の影響を受け，光や熱という恩恵に浴していることを考えてみよう。そこで改めて，学校での教科である地理の学習が，いかなるものであったかということを考えてみると，子どもの日常生活の経験と，学校でこのように多量に提供している個々ばらばらな教材とのあいだに存在するギャップというものがどのようなものであるのか，そのことについての典型的な認識をもつことになるだろう。これは，たんなる一例にすぎない。しかし，わたしたち大半の者が，このような一例について省察するなら，わたしたちは現在の学校というものの不自然さを，ひとごとのように当然のことであるとか，必然的なものとしてはみなさなくなるであろう。

　学校と職業（ビジネス）生活とのあいだにも，有機的な結合関係があるべきである。とはいえ，そのことは，学校は子どもを何か特定の職業へと向かって準備すべきである，ということを意味するものではない。しかもそれは，子どもの日常生活と子どもをめぐる職業的環境とのあいだに，自然な結合関係があって然るべきであるということを意味するのである。さらに，この結合をすっきりとしたものにし，しかもなんらの拘束もないものにし，また，例の商業地理とか商業数学とかいったような特定の学科を取り入れることによってではなく，両者の日常的な関連の絆を生きいきと保持することによって，両者の結合関係を子どもたちに意識させることが，学校の任務であることを意味するのである。

（J. デューイ／市村尚久訳『学校と社会・子どもとカリキュラム』講談社，2006）

5 近代公教育と義務教育制度

近代公教育とは

中世の封建的な価値観を否定し、個人主義、自由主義、合理主義など近代社会の価値観に基づき、公権力の関与のもと国民全体を対象した教育のあり方を近代公教育という。基本的性格としては、教育機会の普及と均等、義務制と無償制、公共性と中立性などがあげられる。主に19世紀後半の欧米を中心に近代学校として制度化され、20世紀後半にはほとんどの国・地域に波及した。

近代公教育は初等、中等、高等教育など学校制度を分節化させたが、その最も基幹となる部分が義務教育である。今日、日本の義務教育就学率は99.9%であり、6歳から15歳までの子どものほとんどが小学校・中学校などの義務教育諸学校に通っている。しかし、現在でも世界の成人非識字者は7億7000万人、学齢不就学児童は1億人に達し、人間として生きるための基礎的な学習すら保障されていない人々が多数いることを忘れてはならない。**資料5-1**には、開発途上国での基礎教育普及にむけてのJICAの取り組みを示した。

日本における近代学校の成立

富国強兵・殖産興業を標榜する明治政府は、国家の近代化のため教育を重視した。1872（明治5）年8月には日本で最初の体系的教育法令である「学制」を発布し、近代公教育制度の構築にとりかかった。

「学制」の教育理念を示した「学制序文」（**資料5-2**）の第1の特徴は、国民皆就学の方針である。身分、性別等に関係なく、「一般の人民」すべてが教育を受けることを奨励したが、子弟の不就学を「親の越度」と明記した。就学義務さえ不徹底な義務教育の萌芽的段階を示している。第2の特徴は、「学費及其衣食の用に至る迄多く官に依頼」した「従来沿襲の弊」を改め、「他事を抛ち自ら奮て必ず学に従事せしむへき様」と、教育費の官費（公費）負担を排し、個人や民衆による負担を原則としたことである。そのため、学問・教育は国家

のためにするものではなく，経済的・社会的階層上昇など自身の利益に帰すとの功利主義的教育観をあえて表明した。近代公教育において義務制と一体の関係にある無償制の原則が放棄され，教育費の受益者負担の原則を採用したのである。これ以後，教育費受益者負担の原則は根強く受け継がれていく。

義務教育制度の確立過程

義務教育制度の成立要件として，まず，就学義務規定の法令上の明記があげられる。就学義務とは，父母後見人などに対してその保護する子弟を義務教育学校に就学させる義務であり，日本では1886（明治19）年の「（第1次）小学校令」で条文化された。次に，学齢児童全員が就学するに必要な数の義務教育学校の設置を命じる学校設置義務規定があげられる。1890年の「（第2次）小学校令」では市町村等に尋常小学校の設置義務が課せられた。さらに，就学率が急速に上昇した日清戦争後の「（第3次）小学校令」（1900年）では，学齢児童の就学を保障する条件整備のための2つの条項が規定された。1つは義務教育課程である尋常小学校（公立）では原則として授業料を徴収しないこと，もう1つは学齢児童の雇用者に対して，雇用により義務教育を受けることを妨げることを禁じた避止義務である。前者の授業料不徴収の原則は義務教育無償制への大きな前進であったが，あくまで授業料のみに限定されていた。また都市部を中心に，これ以降も授業料徴収が継続されてもいた。後者の避止義務は就業学齢児童の教育機会の保障として一定の評価はできるものの，児童労働そのものが禁止されていなかったところに，当時の就学条件整備の限界をみることができよう。

日本の場合，義務教育就学率は，統計の上では1900年に80％，1910年には98％に達したとされる。だが実際にはなお多くの学齢児童が義務教育から取り残されていたのである（**資料5-3**）。労働法上児童労働が禁止されたのは，1911年制定の「工場法」であるが，施行は5年後であった。また多数の適用除外規定を含み，その実効性はきわめて疑わしいものであった。

教育の義務から教育を受ける権利へ

義務教育には，経済発展や国家統合を図る手段として，国家が国民に学校教

育への参加を強制する＜義務としての義務教育＞と，すべての国民が基本的に学ぶ権利を保有し，それを保障する最低限の教育的手だてを講じることを国家や社会の義務とする＜権利としての義務教育＞とがある。

　第二次世界大戦前の日本では，国家が国民教育を支配統制する権限を有し，義務教育は兵役，納税と並んで臣民の義務の1つとされた。国家が国民に対し就学を強制し，就学義務規定に示された親の義務は，子どもに対する義務ではなく，国家に対する国民の義務と考えられた。資本主義的再生産過程における労働力の保全と，国家的に統一された軍隊が要請する軍事的基礎的能力を育成することを主眼とした＜義務としての義務教育＞であった。戦前の教育理念を明らかにした「教育ニ関スル勅語」（1890年）には，「教育ノ淵源」が「国体ノ精華」に求められ，「一旦緩急アレハ義勇公ニ奉シ以テ天壌無窮ノ皇運ヲ扶翼スヘシ」とある。天皇制国家の目的や使命を果すためには，自己の生命や人間性を否定することさえも是認する教育が展開されたのである。

　第二次世界大戦後の教育改革により，日本の教育は全面的に改められ，義務教育についての考え方も大きく転換した。「日本国憲法」は第26条第1項で，基本的人権の1つとして，すべての国民が教育を受ける権利を有することを規定し，第2項ではこの権利を保障するため，一方では親義務の履行として子どもを就学させる義務を，他方では国家に対しては義務教育の無償制を実現すべき義務を負わせている。戦前，国家により強制された＜義務としての義務教育＞は，国民の学習権を保障するために親・国家・社会が連帯して，子どもの学習機会を保障する＜権利としての義務教育＞へと転換された。

　「教育基本法」（改正前）は「その能力に応じて等しく教育を受ける」という教育の機会均等の理念のもと，義務教育を「九年の普通教育」とし，義務教育無償制具現化の根本として授業料の不徴収を掲げた。さらに，国民の学習権を保障するために，教育の諸条件の整備確立を教育行政の責務としている。

　しかし，義務教育就学率99.9％という今日の日本においても，実際には様々な理由から学齢期に義務教育の課程を修了できなかった人々や，長期欠席などで十分な教育を受けないまま「卒業扱い」となった形式的「卒業者」が少なからず存在する（**資料5－4**）。これら義務教育から取り残された人々の学びを保障する手だても考慮されなければならない。

資　料

資料 5-1　開発途上国への基礎教育支援

基礎教育

　JICAでは，「ダカール行動の枠組み」や国連ミレニアムサミットで採択された「ミレニアム開発目標」に呼応して，基礎教育における重点分野を以下の5点に定めています。

1．初等・中等教育の量的拡大

　初等・中等教育の量的拡大とは，具体的には学校校舎などの施設建設，子どもを取り巻く教育環境の改善などがあげられます。

　子どもの就学率を上げるためには，学校を作るだけでなく，たとえば「教育に対する親の無理解のために子どもが学校に行けない」などの環境面での障害を取り除く必要もあります。

　そのためJICAでは，親や住民の，教育に対する理解を促進するための啓発活動や，住民参加による学校建設プロジェクトなどにも取り組んでいます。

2．初等・中等教育の質の向上

　初等・中等教育の質の向上は，教員，教科書，教育施設などの改善によって行われています。具体的には，教員養成・研修の強化による教員の質的向上，教育方法の改善，教科書・教材などの開発・普及，教育施設の改善などが行われています。

　JICAでは，1990年代半ば以降，特に理科・数学分野で，教育の質的向上のためのプロジェクトを実施してきました。最近では，理数科に限定しない他の教科においても，ミャンマーなどで支援を行っています。

3．ジェンダーギャップの改善

　先にも触れたとおり，現在，学齢期にありながら就学していない子どもは，世界中で1億人といわれていますが，そのうち55％が女子です。基礎教育普及における男女格差（ジェンダーギャップ）は，女性の社会参加を困難にし，社会におけるさまざまな男女格差を生み出すばかりでなく，社会開発全般の障害となります。

　JICAでは，基礎教育における男女格差の是正につとめることにより，より公平で公正な社会開発の促進を図っています。たとえば，イエメンでは政府の策定した教育開発計画に含まれる女子教育推進を効果的に実現するための支援を行っています。

4．ノンフォーマル教育の推進（略）

5．教育マネジメントの改善（略）

（国際協力機構（JICA）http://www.jica.go.jp/infosite/issues/education/02.html）

資料5-2　学制序文（学事奨励に関する被仰出書）

人々自ら其身を立て其産を治め其業を昌にして以て其生を遂るゆゑんのものは他なし身を修め智を開き才芸を長するによるなり而て其身を修め智を開き才芸を長するは学にあらされは能はす是れ学校の設あるゆゑにして日用常行言語書算を初め士官農商百工技芸及ひ法律政治天文医療等に至る迄凡人の営むところの事学あらさるはなし人能く其才のあるところに応し勉励して之に従事ししかして後初て生を治め産を興し業を昌にするを得へしされは学問は身を立るの財本ともいふへきものにして人たるもの誰か学はすして可ならんや夫の道路に迷ひ飢餓に陥り家を破り身を喪の徒の如きは畢竟不学よりしてか、る過ちを生するなり従来学校の設ありてより年を歴ること久しといへとも或は其道を得さるよりして人其方向を誤り学問は士人以上の事として農工商及ひ婦女子に至つては之を度外におき学問の何物たるを弁せす又士人以上の稀に学ふものも動もすれは国家の為にすと唱へ身を立るの基たるを知すして或は詞章記誦の末に趣り空理虚談の途に陥り其論高尚に似たりといへとも之を身に行ひ事に施すこと能さるもの少からす是すなはち沿襲の習弊にして文明普ねからす才芸の長せすして貧乏破産喪家の徒多きゆゑんなり是故に人たるものは学はすんはあるへからす之を学ふには宜しく其旨を誤るへからす之に依て今般文部省に於て学制を定め追々教則をも改正し布告に及ふへきにつき自今以後一般の人民華士族農工商及婦女子必す邑に不学の戸なく家に不学の人なからしめん事を期す人の父兄たるもの宜しく此意を体認し其愛育の情を厚くし其子弟をして必す学に従事せしめさるへからさるものなり高上の学に至ては其人の材能に任かすといへとも幼童の子弟は男女の別なく小学に従事せしめさるものは其父兄の越度たるへき事但従来沿襲の弊学問は士人以上の事とし国家の為にすと唱ふるを以て学費及其衣食の用に至る迄多く官に依頼し之を給するに非されは学さる事と思ひ一生を自棄するもの少からす是皆惑へるの甚しきものなり自今以後此等の弊を改め一般の人民他事を拋ち自ら奮て必す学に従事せしむへき様心得へき事

資料5-3　明治後期の就学実態

　しばらく前に，東京西郊に位置する田無市で田無小学校の史料を読んでいたときに，くり返し出てくるある言葉に目がとまった。その言葉とは，「生活極めて困難故に本人を要す」というものであり，一九〇一年から一九一二年までの不就学の申請書に書かれていたものであった。「生活極めて困難故に本人を要す」。この言葉が指摘しているのは，単に生活が貧しいということではない。そうではなく，生活が貧しいので「本人を要す」るということだ。つまりここでは，生活上どうしても子ども自身が必要なので不就学を認めてほしいと望んでいるのである。

　この史料が書かれた当時，つまり日清・日露戦争期とは，いままで，就学率が上昇して初等教育が定着したときだと指摘されてきた。実際，『文部省年報』をみれば，一八九五年から一九〇一年，一九〇五年にかけて，男子の就学率は七七％から九四％，九八％に上昇し，女子の場合も四四％から八二％，九三％へと急上昇している。二つの戦争をへるなかで，日本全国の子どもは津々浦々，男女を問わず小学校に通うようになった，これが教育史上の「常識」だったといっていいだろう。だが，すでに批判されているように，『文部省年報』の数値にはさまざまな疑問がある。それのみならず，右の例にみられるように，初等教育が定着したと考えられていたそのときに，「生活極めて困難故に本人を要す」という理由で不就学を申請し，それが認められる事態が存在していたのである。しかもその例は決して少数ではなく，一九〇一年当時，田無小学校の不就学者は学齢児童の二割に及ぶ九六名もが存在していた。

　それでは二割もの子どもが生活上必要とされる状況とはどのようであったのか。この点について就学猶予の申請書には，納税額が少ないことに加えて，「小児あり」，「一家多人数」，「戸主五四歳」「戸主人力車夫」といった理由が書かれている。生活が貧しく，幼児や高齢者をかかえて多人数で暮らしているために，生活上どうしても子どもを要する，これが申請書に描かれた子どもの家庭環境であった。田無町でこの申請書が認められたということは，「生活極めて困難故に本人を要す」という内容が保護者だけでなく，行政の側からも認められていたことを意味するだろう。生活上子どもを必要とした時代，それが不就学の理由としてまだひろく認められていた時代，これが田無町の日清・日露戦争期だったのである。

　田無小学校の不就学者はその後除々に減少し，一九〇四年には五六名，一九〇七年には五二名，一九一〇年には二四名，そして一九一二年には六名にまで減少した。このように田無小学校で不就学者がほとんどいなくなったのは，第一次世界大戦が始まる直前のことであった。

（大門正克『民衆の教育経験』青木書店，2000）

資料 5-4　松戸自主夜間中学校の誕生

名乗り出る学びたい人たち

　日本は「教育先進国」だといわれている。世界一とされる義務教育就学率は九九・九％を誇り，高校や大学への進学率も世界で一，二位を争っている。また，憲法や教育基本法では，教育を受けることはすべての国民の権利だとしている。

　しかし，実際には，戦後の混乱や家庭の事情，病気，障害や民族・部落差別，その他さまざまな理由で，小学校や中学校へ就学できなかった不就学者や義務教育未修了者が少数ながらいる。さらに，いじめや差別などで小・中学校を長期欠席したまま，十分な教育を受けられないで卒業扱いになってしまっている，実質的な義務教育未修了者である，いわゆる「形式的」卒業者とよばれる人たちも相当数いる。千葉県企画部統計課発行の二〇〇二年度の「学校基本調査結果報告書」によると，松戸市内公立中学校の長期欠席生徒は六一六人にものぼっている。これは実に市内中学校生徒数の五・五四％にも達する数値である。

　私たち「市民の会」は，憲法や教育基本法で保障している「教育を受ける権利」というのは，わからないときに，そのわかる力に応じて，わかるまで学習する機会を与えられるということであろうと考えている。はたしてこれらの人たちが，「教育を受ける権利」を保障されているといえるのであろうか。

　ところで，これらの人たちが，文字の読み書きや簡単な計算ができないため，駅の自動販売機で切符が買えないとか，役所や病院等の窓口で必要事項が書けないとかで，悲しく，屈辱的な思いをしていることを，どれだけの人が知っているのであろうか。しかし，これが義務教育就学率世界一を誇る日本の，もう一つの隠された現実である。そして，こういった人たちの「学びの場」が「夜間中学校」であり，これらの人たちの学習要求に応えられる公的な場は，ほかにないのである。

　私たちは，こうした人たちの「教育を受ける権利」を保障する夜間中学校の早期開設を求めて「市民の会」を発足させ，市民による市民のための運動を八三年四月にスタートさせた。

　（中略）

　このように，名乗りをあげてきた人たちの多くは戦中・戦後の混乱期に学齢を迎えたが，病気の親の看病や，貧困による奉公，弟妹の世話などで，小学校や中学校へ行かれなかった人や，中国からの帰国者，在日韓国・朝鮮人など，学校へ行きたくても行けなかった人たちで，松戸市に夜間中学校が開設されたら，通学したいという希望を持っている人たちであった。この人たちは高齢であるとともに，学びに対しては渇望感に似たものを持っているため，その学習欲求はたいへん強かった。

　学習希望者の名乗りあげと同じようにして，「市民の会」の運動に賛同する会員も，驚くような速さで増大していった。松戸市における夜間中学校の必要性が広く市民に理解されはじめ，世論の支持の高まりが，確かな手ごたえとして感じられるようになった。

　　　　　　　（松戸市に夜間中学校をつくる市民の会『松戸自主夜間中学校の20年』勁草書房，2003）

6　教育課程の編成

　教育課程とは、カリキュラム（curriculum）の訳語である。このカリキュラムの語源は、ラテン語の「競馬場のレース・コース」を意味するものである。カリキュラムについて考える場合、教師が教育内容をどのように編成するかということが重要なポイントであるが、実際の教育の場合において教師が伝えようとした内容が、教師の想定していたものとは違ったメッセージとして子どもに受け取られる場合もある。一見教師によって計画された学習活動が展開されているように見えても、教師と子ども・子ども同士の人間関係や学級の雰囲気から一定の影響を受けている。これが、「潜在的カリキュラム（隠れたカリキュラム）」とよばれるものである（**資料6-1**）。これに対し、計画的に配列されたカリキュラムを顕在的カリキュラムと言う。以下では、後者の顕在的カリキュラムを中心に論じることとする。

カリキュラムの諸類型

　学校において教育活動が展開される場合、教育課程の編成が不可欠であるが、それを編成する主体がどのような教育観を有しているか、あるいは、指導目標の力点をどこに置いているかなどの相違により、さまざまな種類の教育課程が編成される。

　カリキュラムの形態は、教科中心のカリキュラムと経験中心のカリキュラムの2つに分類される（**資料6-2**）。分科カリキュラム（教科カリキュラム）は、いくつかの教科が並列され、それぞれ独立したものとして位置づけられ、教科間の連絡がないものである。これに対し、関連カリキュラムは、教科の区分は認めつつも、各教科をできるかぎり関連させて、横の連絡を保つことをめざすものであり、次の3つの種類がある。第1は、領域が異なる教科間の関連である（例；歴史と国語の関連、数学と家庭の関連）。第2は、同じ領域に属する教科間の関連である（例；歴史と地理と公民の関連）。第3は、いくつかの教

科が渾然一体となるまで高度に関連がすすめられるものであり，これはとくにフュージョンコース（融合課程）とよばれる（例；歴史と地理と公民との関連が強く，その境界が不明確になる場合）。

広域カリキュラム（教科型）は，多数の小さな教科にかわり，少数の大きな学習領域を設定し，極端な断片化を避けようとするものである（例；歴史，地理，公民，経済，社会学などを総合することによって生まれた一般社会科ないし，社会科学という広域課程）。

広域カリキュラム（経験型）は，ユージーン案（アメリカ西部オレゴン州）にみられるように，「コアの社会生活領域」，「理科の領域」，「数学の領域」，「家政と工作の領域」，「リクリエーションと芸術の領域」などの経験の基礎に立つ広域課程を設定し，知識の注入を避けて，民主社会でりっぱにやっていけるよう，児童・生徒に意義ある活動や経験をさせることをめざすものである。

コア・カリキュラム（core curriculum）は，従来の教科または教科の領域の区分を捨てさり，児童・生徒が直面する生活の問題を学ばせる総合学習を中心学習（内部構造）とし，その周辺にほかの一切の学習（外部構造）がまとめられるカリキュラムの形態である。1930年代以降，アメリカで考案されたバージニア・プランおよびカリフォルニア・プランなどは，コア・カリキュラムの典型である。日本においても第二次世界大戦後まもない時期にコア・カリキュラム運動が展開された。この運動がピークに達したのは1948（昭和23）年ごろであった。多くの学校でコア・カリキュラムの研究・実践が試みられたが，同年10月にはこの運動を推進するうえで大きな役割を果たしたコア・カリキュラム連盟が結成され，翌年同連盟の機関誌『カリキュラム』が創刊された。

この運動をリードした学校の1つに，「明石附小プラン」を発表し注目を集めた兵庫師範学校女子部附属小学校があった。

資料6-3は，同校により，1949年に刊行された『小学校のコア・カリキュラム──明石附小プラン』に掲げられた同プランの全体計画である。これからわかるように，「一般的要求にこたえる学習」として「中心学習」と「基礎学習」が置かれ，「個人的要求にこたえる学習」として「自由研究」が設けられた。「中心学習」は，子どもたちが社会生活を送るうちに直面する生活上の問題を学習の対象とするもので，子どもたちが問題を発見し，自分たちで計画して解

決するという学習形態がとられる。「基礎学習」は、「中心学習」をいっそう豊かにするための「技術の修練」をめざすもので「情操をねる分野」、「技術をねる分野」、「健康をねる分野」の3つがあった（**資料6-4**）。

生成カリキュラム（経験カリキュラム）は、従前の教科および学習領域の区分をとりやめ、カリキュラムを事前に設定することすらしりぞけ、児童・生徒の欲求や経験を中心として、その場その場で児童・生徒の協力のもとにカリキュラムを計画しようとするものである。

教育課程編成の原則

日本の学校においては、どのような原則のもとに教育課程が編成されているのであろうか。『中学校学習指導要領（平成10年12月）解説——総則編——』（1999年発行、2004年一部補訂発行）をもとにして、中学校における教育課程編成の原則について検討しよう。

教育課程を編成するのは、各学校においてであるが、その編成の原則について、**資料6-5**に示しておいた。それによると、各学校で教育課程を編成する場合、遵守しなければならない基準として、法令（「日本国憲法」、「教育基本法」、「学校教育法」、「学校教育法施行規則」、「地方教育行政の組織及び運営に関する法律」等）および学習指導要領があげられている。とくに考慮しなければならない事項として、学校をとりまく地域の実態（都市、農村、山村などにおけるそれぞれの生活条件・環境・産業・文化等の特色）の把握、各学校の実態（学校の規模、教職員の状況、施設設備の状況など）の把握、および生徒の心身の発達段階や個々の生徒の特性の把握があげられている。

資料

資料 6-1　潜在的カリキュラム

（前略）

　児童生徒は一見したところ，カリキュラムに沿って教師が行う計画的指導に従って学習活動を行っているように思われるが，実際には，日常の仲間や教師との人間関係やその場の雰囲気のようなものからも一定の影響を受けている。これを潜在的カリキュラムと呼ぶ（潜在的カリキュラムと呼ばずに「隠れたカリキュラム」と呼ぶ場合もある）。

　潜在的カリキュラムに対して，計画的に配列された学習活動を行うカリキュラムを区別する場合には，それを顕在的カリキュラムと呼ぶ。

　もっとも，論者によって何を潜在的カリキュラムと呼ぶかは異なっている。しかしどの論者にとっても共通しているのは，学校において顕在的カリキュラムだけが伝えられるわけではないという事実である。

　潜在的カリキュラムの研究は幅広い領域にわたる。学級内での教師―生徒間の相互作用のレベルから，学校組織がもつ構造によって与えられる影響，よりマクロなレベルでは教育システムが社会的統制・選別を担っているというレベルまである。

（中略）

　潜在的カリキュラムを最初に登見したのはジャクソンだといわれている。彼は生徒の立場に立って学級を観察し，それによって潜在的カリキュラムを構成する要素として，学級の集団生活が子どものパーソナリティーや態度形成に及ぼす影響力である集団行動（crowds），学校のもつ評価機能である報酬（praise），教師に付与されている権力（power）の3つを挙げている。

　教師も生徒も学校生活に適応するためにこれを習得しなければならないという。それを彼は「隠れたカリキュラム」と呼んだ。例えばチャイムに合わせて行動する習慣や，特定の理解度の生徒に合わせた授業進度をとるためにそれ以外の生徒もその授業に付き合わされること，教師の指示に従うことなどによって，集団行動に求められている態度を生徒は受容している。また，教師やほかの生徒から評価を受けたり，失敗から自分を守ったりするためにはどうすればよいかという態度も身に付ける。

　さらに教師がもっている権力から制裁を受けないための折り合いの付け方までもが求められているのである。このようなことは，明示されるわけではない。しかし授業に参加する際にはそのような態度で臨むことが生徒に求められており，そのことを非明示的な形で学び取るのである。このようにジャクソンは，授業を成立させるための要件として潜在的カリキュラムの存在をみたのである。

（以下略）

（新谷康浩「潜在的カリキュラム」江川玟成ほか『最新教育キーワード137〔第11版〕』時事通信出版局，2005）

6 教育課程の編成

資料 6-2 カリキュラムの諸類型

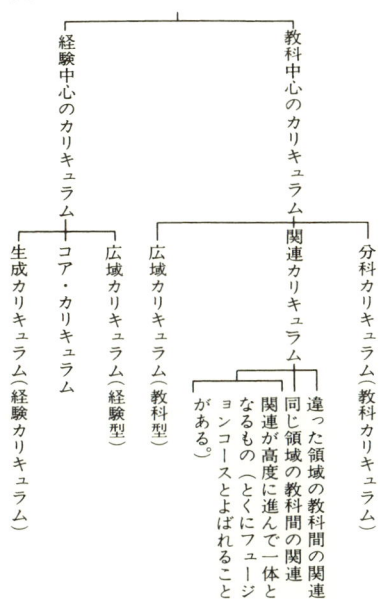

- 経験中心のカリキュラム
  - 生成カリキュラム(経験カリキュラム)
  - コア・カリキュラム
  - 広域カリキュラム(経験型)
- 教科中心のカリキュラム
  - 広域カリキュラム(教科型)
  - 関連カリキュラム
    - 違った領域の教科間の関連
    - 同じ領域の教科間の関連が高度に進んで一体となるもの(とくにフュージョンコースとよばれることがある。)
  - 分科カリキュラム(教科型)

(倉沢 剛『カリキュラム構成』誠文堂新光社、1949)

資料 6-3 「明石附小プラン」の全体計画

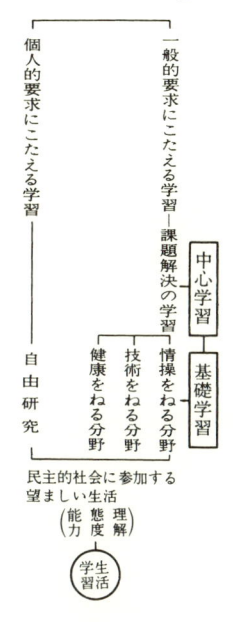

- 個人的要求にこたえる学習
  - 自由研究
- 一般的要求にこたえる学習＝課題解決の学習
  - 中心学習
  - 基礎学習
    - 情操をねる分野
    - 技術をねる分野
    - 健康をねる分野

民主的社会に参加する望ましい生活
(能力・態度・理解)
学習生活

(兵庫師範女子部附属小学校『小学校のコア・カリキュラム——明石附小プラン』誠文堂新光社、1949)

資料 6-4 「明石附小プラン」の中心学習，基礎学習，個人的問題解決の学習

(1) 中心学習

児童の社会生活に於ける基本的問題・生活問題解決の学習を中心学習として，中核的立場に置き，中心学習を豊かにするであろう，情操・技術・健康を基礎学習として，中心学習と内的に有機的に統合し綜合融合して生活学習一本とし，民主的社会に積極的に参加する望ましい生活学習が展開されるのである。ここでは児童の直面する意欲ある実際的な生活の場が与えられて，問題を発見し計画し解決して行く活動プロジェクトの形となつて，構成的表現的活動を主体とした生活創造がなされるのである。この学習の進行の裡に，あらゆる社会人にとつて必要な基礎的諸能力，技術，態度が養われて行くのである。従つてかかる学習に於ては，現行の教科別や，時間割の区別は取り去られてしまうのである。

(2) 基礎学習

この中心学習をすすめて行くのであるが，中心学習を一層豊かにするために，技術の修練を必要とするものを基礎的に学習とおいたのである。

先に述べたように，中心学習と基礎学習は一本とし生活学習そのものとして学習

を進めるのである。

情操の教育は，中心学習で行われるが，特に民主社会に於ける人間形成として現状の我が社会の実情から特に必要と思う故に，情操の時間を設け，中心学習と一体的に修得されるように置かれたのである。

技術の教育は，中心学習を豊かにするために，社会的必要な基本的技術の習得のために，どうしても基本的な生活技術とその熟練を必要とするものがあるからである。之等の技術は中心学習でその必要と興味を感じて一層の熟練がなされると共に，ここできたえられた生活の技術なり能力は又生活学習の力となつて一層よき中心学習となり，中心学習に生かされて行くのである。

健康の教育は従来の体操，衛生，遊戯等の分野である。勿論中心学習の中でも行われる面があるが，特に身体的運動，健康安全の生活，リクレーション等としても，身体の調和的発達として特に行われる基礎的部面もあるのである。

(3) 個人的問題解決の学習

以上述べたのは児童が共同に持っている一般的欲求にこたえる学習であるが，一面児童個々のもつ個人的問題の解決の学習も考え得られる。即ち共同学習を進める過程に於ても特にその個人として強く欲求を起す問題もあるであろうし，又個人個人にはそれぞれの個性や家庭の事情や身体的状態をもっている。(中略) 一人一人の問題を捉えてやつて，よきを伸し悪い所を補い矯めて個々に接触指導しているのである。

(前掲『小学校のコア・カリキュラム』)

資料 6-5　教育課程編成の原則

ア　法令及び学習指導要領の遵守（中略）

　　この「法令」としては，第2章第2節「教育課程に関する法制」で説明したとおり，日本国憲法，教育基本法，学校教育法，学校教育法施行規則，地方教育行政の組織及び運営に関する法律がある。（中略）学習指導要領は，国が定めた教育課程の基準であり，各学校においては学習指導要領に基づいて教育課程を編成，実施しなければならない。（中略）教育課程の編成に当たっては，法令や学習指導要領の内容について十分理解するとともに創意工夫を加え，学校の特色を生かした教育課程を編成することが大切である。

イ　地域や学校の実態の考慮（中略）

　① 地域の実態

　　学校は地域社会を離れては存在し得ないものであり，生徒は家庭や地域社会で様々な経験を重ねて成長している。

　　学校の置かれている地域には，都市，農村，山村，漁村など生活条件や環境の違いがあり，産業，経済，文化等にそれぞれ特色をもっている。このような学校を取り巻く地域社会の実態を十分考慮して教育課程を編成することが大切である。とりわけ，学校の教育目標や指導内容の選択に当たっては，

地域の実態を考慮することが大切である。(中略)なお，学校における教育活動が学校の教育目標に沿って円滑かつ効果的に展開されるためには，家庭や地域社会と学校との連携を密にすることが必要である。(中略)
② 学校の実態
　学校の実態としては，学校の規模，生徒の実態，教職員構成の状況，施設・設備などの諸条件があるが，これらの条件は学校によって異なっている。教育課程の編成に際しては，このような学校のもつ条件が密接に関連してくるので，効果的な教育活動を実施するためには，これらの条件を十分考慮することが大切である。
ウ　生徒の心身の発達段階や特性等の考慮
　(中略)
　一般に，中学校段階は青年前期に当たり，小学校段階と比べ心身の発達が著しく，また，生徒の能力・適性，興味，関心等の多様化が一層進展するとともに，内面的な成熟へと進み，性的にも成熟し，知的な面では抽象的，論理的思考が発達するとともに社会性なども発達してくる。
　また，年齢的には12歳から15歳までという，成長が著しい時期に当たるので，学年による生徒の発達段階の差異にも留意しなければならない。(中略)
　一方，個々の生徒の発達には個人差があり，また，中学校段階は，自我意識が高まるとともに個性が多様化してくる時期である，したがって，教育課程の編成に当たっては，生徒の一般的な心身の発達に即しながら，個々の生徒についての発達の差異や，能力・適正，興味・関心や性格，更には進路などの違いにも注目していくことが大切である。

（『中学校学習指導要領（平成10年12月）解説──総則編──』2004）

7 教育の内容と方法

1節 学習指導要領と教科書

学習指導要領──小・中学校を中心として

 小・中学校の学習指導要領がはじめて作成されたのは，1947（昭和22）年のことである。同年4月の六・三制の発足に間に合わせるため急遽つくられた。その後，1951（昭和26）年，1958（昭和33）年，1968（昭和43）年〔小学校〕・69年〔中学校〕，1977年（昭和52）年，1989（平成元）年，1998年（平成10）年と全面的に改訂された。

 1947年の学習指導要領は，**資料7-1**から明らかなように，1つの決まった方向を示して現場の教師にその通り実施することを要求するものではなく，各学校で，子どもの実態や地域の実態に応じて個性的なカリキュラムを作成するうえでの手びき書という性格をもつものであった。小学校では，教科として，国語，社会，算数，理科，音楽，図画工作，家庭，体育および自由研究が置かれていたが，そのうち，社会科，家庭科，自由研究は，戦後はじめて登場した教科であった。**資料7-2**によると，社会科は，「社会生活についての良識と性格」を養うためにつくられたものである。自由研究は，一人ひとりの子どもが教科の学習をすすめるうちに，興味をもった分野の学習をいっそう深めさせることを目的とし，各自に自由にテーマを設定させ，研究させるための教科である。これは4年生以上の学年に課されるもので，場合によっては学年の枠を超えて，同好の士によるクラブ活動へと発展することもあった。中学校のカリキュラムは，必修教科（国語，社会，数学，理科，音楽，図画工作，体育，職業）と選択教科（外国語，習字，職業，自由研究）により構成されていた。1951年の学習指導要領では，指導要領の性格は従来通り教師の手びき書であった。しかし，従来の自由研究に代わって，教科以外の活動（中学校では特別教育活動）が設

けられ，教育課程が2領域編成となった。また，小学校の各教科の時間配当において，教科をいくつかの群（例　国語と算数，理科と社会）に分けて，時間配当をパーセンテージで示した。

　学習指導要領の性格が大きく変化したのは，1958年の改訂においてであった。改訂された新学習指導要領は，同年10月に告示されたが，それに先立ち，同年8月に「小・中学校学習指導要領『道徳編』」が告示され，さらに，「学校教育法施行規則」の改正により，学習指導要領の法的拘束力が明確化され，教育課程は4領域編成（各教科，道徳，特別教育活動，学校行事等）となった。**資料7-3**に示した教育課程審議会の答申をみると，改訂のポイントがよくわかる。そこで強調された点は，道徳教育の徹底，基礎学力の充実，科学技術教育の向上などであった。これにより，授業時数が増大していった。1968・69年の改訂では，従前の年間の授業時数が最低基準とされていたのを改め，標準授業時数とし，授業時数の扱いに弾力性をもたせた。また，これまでの特別教育活動と学校行事等がまとめられ，特別活動が設けられ，教育課程は，3領域編成（各教科，道徳，特別活動）となった。1977年の改訂では，1976年の教育課程審議会の答申にもとづき，ゆとりある学校生活の実現がめざされ，標準授業時数の削減によって，学校や教師の創意工夫にゆだねられる時間が設けられるなどの措置がとられた。1989（平成元）年の改訂では，1987年の教育課程審議会の答申にもとづき，個性尊重の教育の推進および豊かな心をもってたくましく生きる人間の育成をめざし，道徳教育の充実がはかられた。小学校では生活科，中学校では選択履修の幅の拡大・習熟の程度に応じた指導，高等学校では，いっそうの多様化，地理歴史科，公民科の設置，その他，入学式・卒業式等において「国旗を掲揚するとともに，国歌を斉唱するよう指導」することを求める点，家庭科の男女共修，情報化・国際化への対応などがうち出されている。

　1996（平成8）年の中央教育審議会答申をもとに，1998年に学習指導要領が改訂された。その改訂のポイントは，**資料7-4**に示すとおりである。その特色としては，学校5日制実施にともなう教育内容の削減・授業時数の縮減，道徳教育の充実，国際化・情報化への対応，「総合的な学習の時間」に代表されるような学校の創意工夫を生かした教育活動の重視等があげられる。しかし，この改訂は，学力低下をもたらすものとして各方面から厳しい批判を浴びた。文

部科学省は,「学びのすすめ」(2002年1月)を発表して,学習指導要領の内容は最低基準であり,その内容のみに限定することなくさらに発展的な内容に取り組ませる方針をうち出した。なお,2003年12月には,中央教育審議会答申をうけて文部科学省は学習指導要領の一部改訂を行った(**資料 7 – 5**)。

教科書

教科書は,「小学校,中学校,高等学校,中等教育学校及びこれらに準ずる学校において,教科課程の構成に応じて組織排列された教科の主たる教材として,教授の用に供せられる児童又は生徒用図書」のことで,「文部科学大臣の検定を経たもの又は文部科学省が著作の名義を有するもの」である(「教科書の発行に関する臨時措置法」第2条第1項)。教科書の使用は,「学校教育法」第21条第1項(「小学校においては,文部科学大臣の検定を経た教科用図書又は文部科学省が著作の名義を有する教科用図書を使用しなければならない」)により義務づけられている。しかし,同法第21条第2項では,「前項の教科用図書以外の図書その他の教材で,有益適切なものは,これを使用することができる」と定められ,教科書以外の教材の使用が認められている。

現在,教科書検定制度が実施されているが,検定とは,「教育の機会均等の保障,教育水準の維持向上,適切な教育内容の確保のために行う国の制度」で,「民間で著作された教科書の内容を国が調査し,その教科書が教育基本法や学校教育法の趣旨に合致し,教科用として適切であるかどうかを認定する」ことである(細谷俊夫ほか編『教育学大事典』第2巻)。現在の教科書検定制度における検討手続きは,**資料 7 – 6** に示すとおりである。教科書発行者が申請すると,教科書調査官の調査を経て,教科用図書検定調査審議会の審査によって合否が決定されるしくみとなっている。

教科書の採択とは,検定済の教科書のなかから学校で使用する教科書を決定することであるが,小・中学校の場合,公立学校と国・私立学校とでは採用の主体が異なってくる。公立学校では都道府県教育委員会の指導・助言・援助のもとに市町村教育委員会が採択する。国・私立学校の場合は,都道府県教育委員会の指導・助言・援助のもとに学校長が採択する。なお,1963年(昭和38)年から義務教育諸学校の児童・生徒の使用する教科書の無償給与が実施されている。

資料

資料 7-1　昭和22年の学習指導要領の性格

　この書は，学習の指導について述べるのが目的であるが，これまでの教師用書のように，1つの動かすことのできない道をきめて，それを示そうとするような目的でつくられたものではない。新しく児童の要求と社会の要求とに応じて生まれた教科課程をどんなふうに生かして行くかを教師自身が自分で研究して行く手びきとして書かれたものである。

（文部省『学習指導要領一般編（試案）昭和22年度』1947）

資料 7-2　社会科と自由研究

(二)　この社会科は，従来の修身・公民・地理・歴史を，たゞ一括して社会科という名をつけたというのではない。社会科は，今日のわが国民の生活から見て，社会生活についての良識と性格とを養うことが極めて必要であるので，そういうことを目的として，新たに設けられたのである。（中略）

(四)　（中略）　教科の学習は，いずれも児童の自発的な活動を誘って，これによって学習がすゝめられるようにして行くことを求めている。そういう場合に，児童の個性によっては，その活動が次の活動を生んで，一定の学習時間では，その活動の要求を満足させることができないようになる場合が出て来るだろう。たとえば，音楽で器楽を学んだ児童が，もっと器楽を深くやってみたいと要求するようなことが起るのがそれである。（中略）このような場合に，何かの時間をおいて，児童の活動をのばし，学習を深く進めることが望ましいのである。こゝに自由研究の時間のおかれる理由がある。（中略）つまり，児童の個性の赴くところに従って，それを伸ばして行くことに，この時間を用いて行きたいのである。だから，もちろん，どの児童も同じことを学ぶ時間として，この時間を用いて行くことは避けたい。

　こうして，児童青年の個性を，その赴くところに従って，のばして行こうというのであるから，そこには，さまざまな方向が考えられる。ある児童は工作に，ある児童は理科の実験に，ある児童は書道に，ある児童は絵画にというふうに，きわめて多様な活動がこの時間に営まれるようになろう。

　このような場合に，児童が学年の区別を去って，同好のものが集まって，教師の指導とともに，上級生の指導もなされ，いっしょになって，その学習を進める組織，すなわち，クラブ組織をとって，この活動のために，自由研究の時間を使って行くことも望ましいことである。たとえば，音楽クラブ，書道クラブ，手芸クラブ，あるいはスポーツ・クラブといった組織による活動がそれである。

（前掲『学習指導要領』）

資料7-3　教育課程審議会の答申（1958年3月18日）の一部
一．基本方針

　最近における文化・科学・産業などの急速な進展に即応して国民生活の向上をはかり，かつ，独立国家として国際社会に新しい地歩を確保するためには，国民の教育水準を一段と高めなければならない。

　このため，小学校および中学校の教育においては，教育基本法の精神に則り，児童生徒の心身の発達に応じ，それぞれの教育目標の達成にいっそう努力するとともに，とくに道徳教育の徹底，基礎学力の充実および科学技術教育の向上をはかることを主眼とし，中学校においてはさらに必要のあるものにたいしては職業または家庭にかんする教育を強化することを考慮して，つぎの方針により教育課程の改訂を行う必要がある。

　(1)道徳教育の徹底については，学校の教育活動全体を通じて行うという従来の方針を変更すべきでないが，さらにその徹底を期するため，新たに「道徳」の時間を設け，毎学年，毎週継続して，まとまった指導を行うこと。

　(2)基礎学力の充実については，とくに，小学校における国語科および算数科の内容を充実し，その指導時間数を増加すること。

　(3)科学技術教育の向上については，小学校・中学校を通じて，算数科，数学科，理科およびその他の関係教科の内容を充実し，特に，中学校においては，数学科および理科の指導時間数を増加し，かつ技術科を新たに設けて，科学技術にかんする指導を強化すること。（中略）

　(6)　なお，小学校および中学の教育課程の国家的な最低基準を明確にし，年間における指導時間数を明示し，義務教育水準の維持向上をはかること。

（『時事通信「内外教育」』1958）

資料7-4　1998年改訂の学習指導要領の特色

　新しい学習指導要領は，平成14年度から実施される完全学校週5日制の下，ゆとりの中で特色ある教育を展開し，子どもたちに豊かな人間性や自ら学び自ら考える力などの「生きる力」を育成することを基本的なねらいとして，

① 豊かな人間性や社会性，国際社会に生きる日本人としての自覚を育成すること
② 自ら学び，自ら考える力を育成すること
③ ゆとりのある教育を展開する中で，基礎・基本の確実な定着を図り，個性を生かす教育を充実すること
④ 各学校が創意工夫を生かし特色ある教育，特色ある学校づくりを進めること

の四つの方針に基づき，次のような改善を図りました。

〈教育内容の厳選〉

・小学校及び中学校において，児童生徒にとって高度になりがちな内容などを削減したり，上級学校に移行統合したりなどして，授業時数の縮減以上に教育内容を厳選したこと。

〈道徳教育の充実〉
・幼稚園や小学校低学年では，基本的なしつけや善悪の判断などについて繰り返し指導し徹底を図るとともに，ボランティア体験や自然体験などの体験活動を生かした学習を充実したこと。
〈国際化への対応〉
・中学校及び高等学校で外国語を必修とし，話す聞く教育に重点を置いたこと。小学校でも「総合的な学習の時間」などにおいて英会話などを実施できるようにしたこと。
〈情報化への対応〉
・中学校の技術・家庭科で情報に関する基礎的な内容を必修としたこと。高等学校で教科「情報」を新設し必修としたこと。
〈体育・健康教育〉
・生涯にわたって運動に親しみ基礎的体力を高めることを重視したこと。心の健康，望ましい食習慣の形成，生活習慣病の予防，薬物乱用防止などの課題に適切に対応するよう内容を構成したこと。
〈「総合的な学習の時間」の創設〉
・各学校が創意工夫を生かした特色ある教育活動を展開し，国際理解，情報，環境，福祉・健康など横断的・総合的な学習などを実施する「総合的な学習の時間」を創設したこと。
〈選択学習の幅の拡大〉（略）
〈授業時数の縮減〉（略）
〈高等学校の卒業単位数の縮減〉（略）
〈各学校の創意工夫を生かした教育の推進〉（略）　　（『平成12年度　我が国の文教施策』）

資料7-5　2003年の学習指導要領の一部改訂の内容
①学習指導要領の基準性を踏まえた指導の一層の充実
　　学習指導要領に示している内容の確実な定着を図るための指導を十全に行った上で，学校において特に必要がある場合には，学習指導要領に示していない内容も必要に応じて指導できることを明確化した。
②「総合的な学習の時間」の一層の充実
　　○「総合的な学習の時間」のねらいとして，各教科等で身に付けた知識や技能等を相互に関連付け，総合的に働くようにすることを規定した。
　　○各学校において「総合的な学習の時間」の目標や内容を定める必要があることを規定した。
③個に応じた指導の一層の充実
　　習熟度別指導や発展的・補充的な学習などを取り入れた指導など，個に応じた指導を柔軟かつ多様に導入できることを明確化した。

（『文部科学白書　平成17年度』）

資料7-6　教科書検定の手続

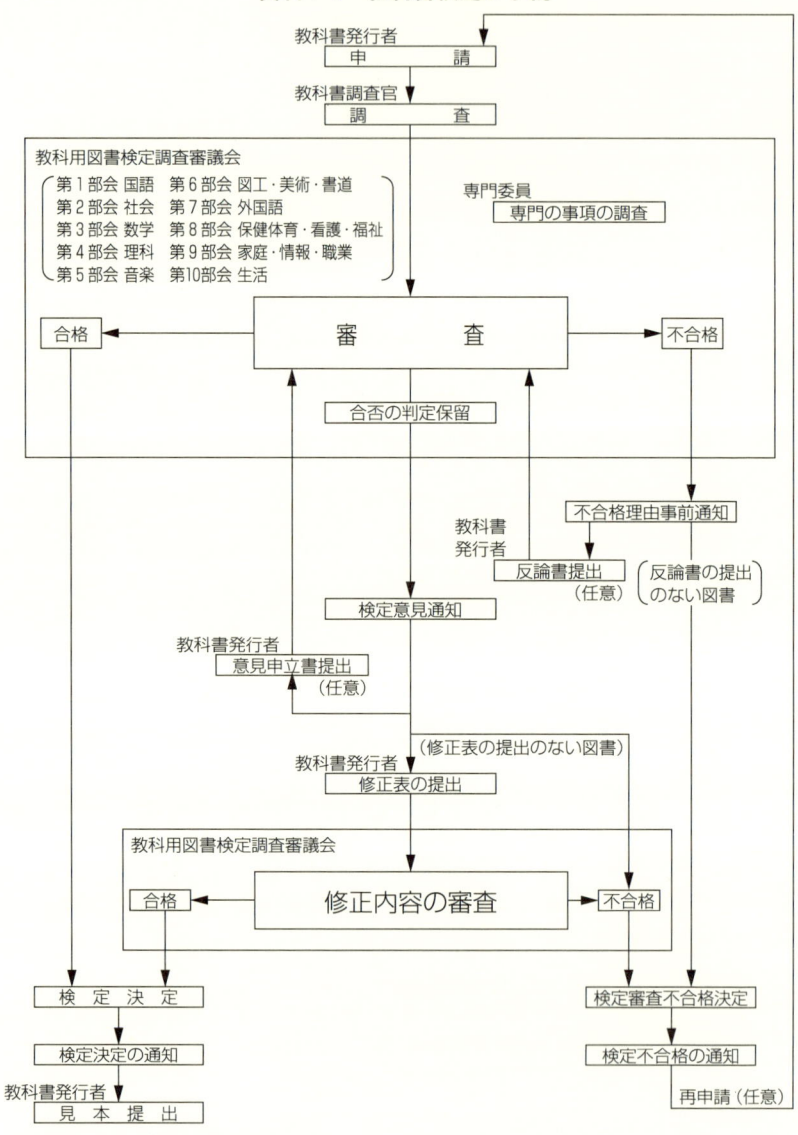

```
                           教科書発行者
                            ┌─────────┐
                            │ 申　　請 │
                            └─────────┘
                           教科書調査官
                            ┌─────────┐
                            │ 調　　査 │
                            └─────────┘
┌──────────────────────────────────────────────────────────┐
│ 教科用図書検定調査審議会                                  │
│  第1部会 国語   第6部会 図工・美術・書道                  │
│  第2部会 社会   第7部会 外国語        専門委員            │
│  第3部会 数学   第8部会 保健体育・看護・福祉              │
│  第4部会 理科   第9部会 家庭・情報・職業  専門の事項の調査 │
│  第5部会 音楽   第10部会 生活                             │
│                                                          │
│  ┌────┐        ┌──────────────┐       ┌──────┐           │
│  │合格│◄───────│ 審　　　査 │──────►│不合格│           │
│  └────┘        └──────────────┘       └──────┘           │
│                  │合否の判定保留│                         │
└──────────────────────────────────────────────────────────┘
                                        ┌─────────────────┐
                                        │不合格理由事前通知│
                           教科書        └─────────────────┘
                           発行者
                         ┌──────────┐  ┌──────────┐
                         │反論書提出│  │反論書の提出│
                         │ （任意） │  │ のない図書│
                         └──────────┘  └──────────┘
              ┌──────────────┐
              │ 検定意見通知 │
              └──────────────┘
    教科書発行者
    ┌────────────┐
    │意見申立書提出│
    │  （任意）   │
    └────────────┘
                     （修正表の提出のない図書）
              教科書発行者
              ┌──────────────┐
              │  修正表の提出 │
              └──────────────┘
┌──────────────────────────────────────────────────────────┐
│ 教科用図書検定調査審議会                                  │
│  ┌────┐    ┌──────────────┐    ┌──────┐                 │
│  │合格│◄───│ 修正内容の審査 │───►│不合格│                 │
│  └────┘    └──────────────┘    └──────┘                 │
└──────────────────────────────────────────────────────────┘
    ┌──────────┐                    ┌────────────────┐
    │ 検定決定 │                    │検定審査不合格決定│
    └──────────┘                    └────────────────┘
    ┌────────────┐                  ┌──────────────┐
    │検定決定の通知│                  │検定不合格の通知│
    └────────────┘                  └──────────────┘
教科書発行者                           再申請（任意）
    ┌──────────┐
    │ 見本提出 │
    └──────────┘
```

（文部科学省HP「教科書検定の手続等」　http://www.mext.go.jp/a_menu/shotou/kyoukasho/gaiyou/04060901/005.htm）

2節　教育方法・学習の諸理論

一斉指導と習熟度別指導

　21世紀以降，「学力向上」をめざした文部科学省による積極的な「習熟度別指導」推進の動きがみられるようになる。そして，学習塾などでは一般的に行われている習熟度別指導が，小・中学校で急速な普及をみせている。2004（平成16）年の「公立小・中学校における教育課程の編成・実施状況調査」によると，「理解や習熟の程度に応じた指導を実施」している割合は，小学校で81.6％，中学校で72.3％となっている（2002年は小学校が63.1％，中学校が64.7％）。

　文部科学省によって習熟度別指導の推進が示されたのは，2001（平成13）年1月の「21世紀教育新生プラン」においてである。同プランでは，日本の教育が抱える問題について，「行き過ぎた平等主義による教育の画一化や過度の知識の詰め込みにより，子どもの個性・能力に応じた教育がややもすれば軽視されてきました。」と述べている。そして，「一律主義を改め，個性を伸ばす教育システムを導入する」という政策課題の中に，「少人数教育の実施，習熟度別学習の推進」を位置づけている。この方針は，翌年1月に出された「確かな学力の向上のための2002アピール――学びのすすめ」に引き継がれる。

　学習者を習熟度（能力）別でグループ分けして指導を行う試みは，明治期末，兵庫県明石女子師範学校附属小学校主事の及川平治による分団式動的教育法にまで遡ることができる（**資料7-7**）。そして，及川の実践は，従来の画一的な詰め込み主義の教育を克服し，子どもの個性や主体性を考慮した指導をめざす，大正新教育運動に大きな影響を与えた。

　戦後においては，1960年代に能力主義の教育が推し進められ，1968（昭和43）年6月の教育課程審議会答申では，「生徒の能力に応じた適切な指導」という言葉が用いられていた。しかし，「能力（別）」という表現では差別的な印象を与えるため，1978（昭和53）年の高等学校用「学習指導要領」から，「生徒の学習内容の習熟の程度などに応じて弾力的な学級の編成を工夫する」（ママ）と変更された。1980年代になると，習熟度別指導を中学校へ拡大する動きが起こ

り，1983（昭和58）年11月の中央教育審議会報告では，「中学校段階においても，教科によっては生徒の学習内容の習熟の程度に応じた指導を行うなど，一斉指導のみでなく，個々の生徒の特性を配慮した多様な指導方法を弾力的に進めていく必要がある。」という見解が示された。

2003（平成15）年の「学校教育に関する意識調査」によると，習熟度別指導について，約75％の児童・生徒が「自分のペースで勉強ができそう」と思っており，また，同じ割合の教員が「児童生徒一人一人に応じたきめ細かな指導が可能である」と考えている（**資料7-8**）。確かに，習熟度別指導は，学習者の個人差を考慮せず画一的になりやすい一斉指導と比べて，個性の伸張を図ることができると考えられる。しかし，その一方で，習熟度別のグループ分けにより，①子どもに優越感や劣等感を抱かせる，②学力格差の拡大や固定化が起こる，といった問題も指摘されている。この点に関しては，先述の意識調査で，約45％の保護者が「子どもの間に優越感や劣等感が生まれるのではないかと不安」と思っており，約49％の教員が「多様な考え方をもつ児童生徒が一緒に学ぶ機会が少なくなる」と考えていることからもうかがえる。多様な個性がぶつかり合い，協力しながら豊かな学びを経験するという点では，一斉指導のほうが優れていると考えられる。習熟度別指導にも一斉指導にも長所と短所があり，それぞれの特徴を踏まえ，状況に応じた柔軟な選択や組合せが求められる。

系統学習と問題解決学習

2002（平成14）年度から，全国の小・中学校において，新しい「学習指導要領」が全面的に実施された。その新しい「学習指導要領」では，自ら学び自ら考える力の育成をめざして，体験的・問題解決的な学習の積極的な導入が図られ，「総合的な学習の時間」が新設された。2003（平成15）年の「学校教育に関する意識調査」によると，「総合的な学習の時間」について，小学生の約89％，中学生の約78％が「好き」（「どちらかといえば好き」を含む）と答えている。また，「総合的な学習の時間」による子どもの変化について，約50％の教員が「思考力や判断力，表現力を身に付けた」と感じ，「自ら学び自ら考える力などの主体的な学習態度や意欲が高まった」と評価している。

問題解決能力の育成をめざした「総合的な学習の時間」は，「ゆとり教育」

の目玉として位置づけられ，先述の調査結果でもわかるように，子どもや教員から一定の評価を得ている。しかし，その一方で，学習者の興味や関心を重視するあまり，基礎的な知識や技能の習得が軽視され，学力の低下を招くという批判もあり，科学的知識・技術の系統的な習得を重視する，系統学習への転換を図る動きがみられる。このような，「学力低下」問題と絡んだ問題解決学習に関する論争は，決して近年に限られたものではなく，1950年代にも起こっている（**資料7-9**）。第二次世界大戦後の新教育において，戦前に主流であった教科書の知識を詰め込む系統学習からの脱却が図られ，学習者の主体性を考慮した問題解決学習が普及した。しかし，教育内容における学問的系統性の保持や，基礎的な知識・技能の習得に関して不安の声があがり，1958（昭和33）年の「学習指導要領」改訂では，基礎学力を重視する系統学習への転換がなされた。

　近年，国際教育到達度評価学会（IEA）や経済協力開発機構（OECD）による国際学力調査の結果を受けて，「学力低下」が大きな問題として取り沙汰されている。そして，体験的・問題解決的な学習を重視する「ゆとり教育」を改め，基礎学力重視の系統学習へ戻ろうとする動きがある。しかし，国際学力調査で明らかになった日本の子どもの問題点は，獲得された知識や技能としての学力は世界的に上位だが，学習に対する意欲や態度としての学力は下位にとどまっているということである（**資料7-10**）。科学技術が急速に進歩する現代，そして，人や情報が目まぐるしく動き，価値観が多様化する社会においては，科学的な知識や技術の系統的な習得が求められるとともに，自分で問題を発見し，主体的な判断によって解決できる能力も重要であると考えられる。

資料

資料7-7　及川平治の分団式動的教育法

第八章　分団式教育の企画

　分団のつくり方については，三種の方案を認めることができる。これらの計画に対して吾人は，固定分団，可動分団，学年分団と命名しておこう。可動式は級別学校に広く採用せらるるもので，学年式は（固定可動の折衷）大なる都市の小学校に用いらるるものである。固定式は分団式教授の最初に行なわれたのであるが，今日においては歴史的に重要なるのみ。

　㈠　固定分団案—固定分団案において分団に区分する方法はその名の示すがごとく，分団は一定期間，固定するがゆえに，分団が形式的になるおそれがある。一室内における甲分団児は乙分団に移動することができる。また一室より他室へ進むこともできる。一室内に二分団をつくるときは，急進団，遅進団とし，もし三分団を造るときは，急進団，普通団，遅進団とするがつねである。いずれの場合においても，一分団は他分団より先んじて，速かに学年の課程を終ることを許している。固定式においては，分団所属の児童はすべての教科につき分団の課業に固執せねばならぬ。分類の標準は児童の進歩力である。

　㈡　可動分団案—可動式は固定式の形を変じたものである。児童のある分団に属する期間は不定である。児童が急進遅進団のいずれに属するかは，教材を提示せられたるその時の理解熟達の遅速完否によって定まるので，教材の提示以前より優劣団を区分するのではない。児童の熟達により分団の所属が決定せらるるがゆえに分団の区別が形式的でないばかりでなく，分団の大小は多様である。分類の基礎は児童の進歩力であるけれども，そは一歩一歩に判定せられ，生得的心力によるのではない。ただ新しい事柄を捕捉する力により，または与えられたる仕事をなす力の確実と完全とによって決定するのである。またすべての教科にわたりて，分団的にせねばならぬということを，必然的に要求するのでない。じつに可動式は分団的に取り扱うべき教科の教（ママ）においても，一教科を授くる場合の分団数においても，教師を強いることはない。

　㈢　学年分団案—学年分団式は，大なる学校に採用すれば，大いに効果ある方案である。これは前述の二式の観念，仕方，方便の結合であるから，その方法も多種多様である。学年分団式によらんには，同一学年の児童が多数あることが必要である。同一学年の児童を能力によって急進，普通，遅進の三学級につくり，各級は可動分団式を用うるものである。また優劣児の混同したる二，三学級をつくり，算術国語等の教育のときのみその教科学習の能力によりて分団をつくり（三学級児童を通じて）異程度の教授をなすのである。

　（後略）

（梅根悟・勝田守一監修，中野光編『世界教育学選集69　分団式動的教育法（及川平治）』明治図書出版，1972　にも収録されている。）

資料7-8　習熟度別指導について

	項目	そう思う	そう思わない
小学生	・自分のペースで勉強ができそう	約76%	約17%
	・先生がこれまで以上に一人一人の事を見てくれるので良さそう	約72%	約20%
	・グループ分けをする時に子どもの意見を尊重した方がよい	約69%	約18%
	・グループの人数が少ないので先生に質問がしやすそう	約67%	約25%
	・グループの人数が少ないので授業中に発言がしやすそう	約64%	約28%
中学生	・自分のペースで勉強ができそう	約74%	約21%
	・グループ分けをする時に生徒の意見を尊重した方がよい	約69%	約21%
	・先生がこれまで以上に一人一人の事を見てくれるので良さそう	約68%	約26%
	・グループの人数が少ないので先生に質問がしやすそう	約66%	約28%
	・グループの人数が少ないので授業中に発言がしやすそう	約59%	約34%
保護者	・色々な考え方の子どもが一緒に学ぶ機会も大切	約89%	約6%
	・先生が子ども一人一人をよく見てくれるので，学習内容が確実に身に付く	約73%	約18%
	・子どもが自分のペースにあわせて勉強ができるので子どもが達成感を持って学ぶことができて良い	約72%	約19%
	・ペースが同じ子どもと学習ができ，同じグループの子どもと仲良くしたり，授業中も積極的に勉強に取り組むことができて良い	約63%	約26%
	・子どもの間に優越感や劣等感が生まれるのではないかと不安	約45%	約46%
教員	・児童生徒一人一人に応じたきめ細かな指導が可能である	約75%	約20%
	・それぞれの児童生徒が自分の理解や習熟の程度に合った問題に取り組めるので児童生徒が達成感を持てる	約75%	約19%
	・理解や習熟の程度が同じ児童生徒が集まっているので児童生徒が積極的に勉強に取り組むことができる	約61%	約30%
	・学習の進度の差が，次の単元の指導に影響する	約57%	約32%
	・多様な考え方をもつ児童生徒が一緒に学ぶ機会が少なくなる	約49%	約43%

（文部科学省「学校教育に関する意識調査（中間報告）結果について」『教育委員会月報』第650号，2003年11月）

資料 7-9　問題解決学習に関する論争

問題解決学習をめぐる教育論争

長島貞夫

最近の教育雑誌をひもといてみると、いわゆる「問題解決学習」に対する批判、あるいはそれと系統的学習とを対決せしめている論文が多く見うけられる。

たとえば最近では次のようなものがある。岩岡順三「体系と科学精神」(教育・七月号)、真船利夫「理科教育の目標と問題点」(教育・四月号)、桑原正雄「問題解決学習と系統的学習」(教育・同上号)、矢川徳光「共通の広場と社会科」(教師の友・九月号)、馬場四郎「問題解決学習への批判にこたえる」(カリキュラム・七月号)、座談会「教育における系統とはなにか」(カリキュラム・九月号) などがその代表的な論攻(ママ)といえるが、なお昨年度の教育雑誌を含めると数多くの論文がこの問題に集中している。このような傾向から「問題解決学習」こそ現下の重要な教育問題であることが観取されるが、いかなる点をめぐって論争と討論が展開されているかを概観して第三者的な批判を試みてみることにする。

　　一

問題解決学習を社会科における指導形態の本質的もしくは中核的なものであるとの確信から精力的な実践資料を引っさげて論陣を展開しているのは「日本生活教育連盟」を結成している人々である。「問題解決学習」とは何かということは連盟のブレインともいうべき梅根悟、海後勝雄、馬場四郎、春田正治氏等の論攻(ママ)をひもとくことによって明らかにされることはいうまでもないが、梅根悟氏の近著「問題解決学習」(誠文堂新光社) カリキュラム別冊「問題解決学習の基本問題」などによると統一的、体系的にその所論を窺うことができる。

いうところの「問題解決学習」は学習の一典型あるいは学習心理過程のアスペクトとしての「問題解決」(problem-solving) を基礎とし、あるいは内に含んではいるがそれを超えた限定をもち特殊の主張をもっている。「問題解決学習」は次のような三点を特色としているもののようである。

(中略)

一、学習を児童生徒の直接経験から展開させることによって学習を生き生きとしたものにさせ学習の動機づけを強くしようとしている。

(中略)

二、「問題解決学習」は批判的反省的思考能力を育成しさらに批反的反省的(ママ)合理的態度にまで凝集せしめることを目標としていると主張されている。

(中略)

三、「問題解決学習」の「問題」は日本社会が直面している基本的な切実な問題であるべきだと主張されている。

(中略)

二

　既述のような「問題解決学習」に対しては数学教育協議会，郷土教育協議会，歴史教育者協議会，教育科学研究会などに所属する人々が活潑な批判を展開している。これらの批判者にはそれぞれニューアンスが見られるが，次のような点に関してはほぼ共通的なものがみられている。
一、基礎学力の低下
　このごろの子どもは字が書けない，計算能力がない，歴史上の人物を知らない，地誌的な知識をもっていないという教師の訴えや父兄の不平や学力検査の結果から学力が低下したと断定し，これを問題解決学習の責任であるとしている。
（中略）
二、実用主義
　「問題解決学習」は教材選択の基準を直接役に立つとかあるいは直接経験においているために，その選択にいちじるしい偏向を犯しがちで直接必要なものだけ注目して第二次，第三次的に必要な事項を無視したり軽視したりする傾向がある。
（中略）
三、系統性の欠除
　直接経験や直面する現実の問題を解決するために得る知識や技能こそばらばらな断片的なものであり，ために学習内容に重複があり，無駄があり時間的にもきわめて不経済である。自然科学や歴史理論は人間の頭が勝手に組み立てた体系ないし系統なのではなく人類がその社会の歴史的発展の過程で経験と知識を統一させて来たことによって生れているものである。したがって学習経験を科学の体系に則して組み立たせることが望ましい。
（後略）

（長島貞夫「問題解決学習をめぐる教育論争」『児童心理』第8巻第11号，1954年11月）

I 教育とはなにか

資料 7-10　国際教育到達度評価学会（IEA）による国際数学・理科教育動向調査

①算数・数学の成績

	小学校	中学校
昭和39年（第1回）	実施していない	2位／12か国／地域
昭和56年（第2回）	実施していない	1位／20か国／地域
平成7年（第3回）	3位／26か国／地域	3位／41か国／地域
平成11年（第3回追調査）	実施していない	5位／38か国／地域
平成15年（第4回）	3位／25か国／地域	5位／46か国／地域

（注）小学校については4年生の成績。中学生については昭和39年及び56年は1年生，平成7年，11年，15年は2年生の成績。

②理科の成績

	小学校	中学校
昭和45年（第1回）	1位／16か国／地域	1位／18か国／地域
昭和58年（第2回）	1位／19か国／地域	2位／26か国／地域
平成7年（第3回）	2位／26か国／地域	3位／41か国／地域
平成11年（第3回追調査）	実施していない	4位／38か国／地域
平成15年（第4回）	3位／25か国／地域	6位／46か国／地域

（注）小学校については昭和45年及び58年は5年生，平成7年及び15年は4年生の成績。中学校については各年とも2年生の成績。

●数学・理科に対する意識（中学2年生）●

	勉強は楽しいと思う		得意な教科である	
	数学	理科	数学	理科
中学校	39%	59%	39%	49%
国際平均	65%	77%	54%	54%

●学校外での時間のすごし方●

	勉強をする	テレビやビデオを見る	家の手伝いをする
中学校	1.0時間／日	2.7時間／日	0.6時間／日
国際平均	1.7時間／日	1.9時間／日	1.3時間／日

（資料）IEA（国際教育到達度評価学会）「国際数学・理科教育動向調査」
（文部科学省『データからみる日本の教育2005』2005）

8 道徳教育から心の教育へ

道徳教育とは

道徳とは，法，習俗等とともに社会規範の一種であり，人間が他者とともに生存する社会を維持し，発展させていくきまりである。道徳的行為は行為者の自主的・自発的な意思によって導かれるものであり，法や習俗といった外的強制力をともなうものとは区別される。

道徳も社会規範の1つであるから，成員に対し，その社会のもつ道徳的価値を内面化することを要求する。そこに規範教育としての道徳教育が成立し，近代学校教育では道徳教育が位置づけられた。デュルケム（Durkeim, É.）は，学校での道徳教育を家庭道徳と市民道徳との架橋として重視した。

ところで，社会の変化，発展とともに社会規範としての道徳も当然変容する。また，価値の多様化等により規範相互の矛盾や対立も生起する。そうした状況に対し，価値の比較や選択を自主的に判断することが要請される。すなわち，所与の価値規範を単に教授するのではなく，自主的に道徳的価値の判断を行い，道徳的行動を選択する能力を育成することこそ，今日の道徳教育の基本的役割といえよう。そして，道徳的価値や道徳的行動の判断・選択の自主性は，科学的・合理的認識のもと，民主的な道徳的価値と結びつかなければならない。

道徳教育のあゆみ

「教育ニ関スル勅語」（1890年）は，教育の根源を「国体ノ精華」に求め，「父母ニ孝ニ……」以下では「臣民」が遵守すべき諸徳目を列挙し，「一旦緩急アレハ義勇公ニ奉シ以テ天壌無窮ノ皇運ヲ扶翼スヘシ」と諭している。勅語の趣旨にもとづいて，修身科を中核とした道徳教育（修身教育）が実施され，戦前日本人の精神形成に大きく影響した。修身教育では，道徳的価値を国家自らが決定し，国家の意に沿う従順な「臣民」形成の役割を担った。

戦後の教育改革の主要課題の1つは，民主主義のもとでの道徳教育の確立に

あった。占領軍は、軍国主義や極端な国家主義的観念を児童生徒に植え付けたとして、修身科の授業を地理、国史とともに停止した。一方、日本側の自主的な道徳教育の改革の試みは、公民科に新しい道徳教育を求め、戦前の修身教育とは異なる知育と徳育とを結合させた道徳教育が構想された。そこでは、家庭・社会・国家・国際社会における共同生活のよき構成者としての知識技能の啓発と性格の育成を目的とした。公民科の理念は、「青少年に社会生活を理解させ、その進展に力を致す態度や能力を養成する」(「学習指導要領社会科編(試案)」: 1947年) ことを目標とする社会科へと受け継がれた。そして、道徳教育は、社会科を中心に学校教育全体の中で展開され、道徳的な価値や行動を自主的・自発的に判断、選択する能力を育成するものとされた。**資料8-1**には、社会科の教育目標のうち、道徳教育・公民教育に関する項目を抜粋した。

1950年代前半には、新しい道徳基準の制定の動きが現れ、戦後の道徳教育政策は大きく転換した。「社会科の改善についての方策」(53年) は戦後の社会科教育そのものを批判し、「学習指導要領社会科編」(55年版) では特定の徳目を強調し、戦前の修身教育を再評価した。この間、道徳教育の補充・深化・統合を目途として、小・中学校では「道徳」の時間が特設された。こうした動きに日本教育学会をはじめとして、数多くの批判が表明された (**資料8-2**)。

1966年には中央教育審議会が「期待される人間像」を発表した。そのうち、「第4章 国民として」では、「正しい愛国心をもつ」、「象徴に敬愛の念をもつ」、「すぐれた国民性を伸ばす」といった諸徳性が列挙され、道徳教育の課題として、愛国心や宗教的情操等の育成が強調された (**資料8-3**)。

現代社会と道徳教育

1986年の臨時教育審議会第2次答申では、①ひろい心、すこやかな体、ゆたかな創造力、②自由・自律と公共の精神、③世界の中の日本人の育成を＜21世紀のための教育目標＞として掲げ、学校教育における徳育の育成を重視した。具体的な施策としては、「基本的な生活習慣のしつけ、自己抑制力、日常の社会規範を守る態度の育成」や「人間としての『生き方』の教育を重視」し、自然体験学習の促進、特設「道徳」の内容の見直し等が提言された。

これをうけ、1989年改訂の学習指導要領では、社会の変化に主体的に対応する

心豊かな人間の育成，自己教育力の育成等が基本的なねらいとされた。たとえば，中学校の道徳教育では，「生徒の道徳的心情を豊かにし，道徳的判断力を高め，道徳的実践意欲と態度の向上を図ることを通して，人間としての生き方についての自覚を深め，道徳的実践力を育成する」とした（『中学校学習指導要領』）。これは，現行学習指導要領にも基本的に受け継がれている（**資料8－4**）。

1997年5月に起きた，神戸市の中学生による小学生連続殺人事件は，社会に大きな衝撃を与えた。同年8月，文部省は中央教育審議会に「幼児期からの心の教育の在り方について」を緊急諮問し，翌年6月には「新しい時代を拓く心を育てるために―次世代を育てる心を失う危機」が答申された。答申では，現代社会における大人自身の次世代（子ども）を育てる心の喪失傾向こそが，子どもの心的荒廃の根本的な問題であるととらえた。第1章では，社会全体に対して，子どもに「生きる力」を身につけさせ，新しい時代を切り拓く積極的な心を育て，「生きる力」の核となる豊かな人間性をはぐくみ，大人社会全体のモラル低下を是正し，この危機を乗り越えることを提唱した。第2～4章では，家庭，地域社会，学校等が，それぞれ今なすべきこと（約90項目）を「～しよう」という呼びかけ形式で具体的に提言した（**資料8－5**）。90年代以降の心理主義も手伝って，「心の教育」をクローズアップさせる契機となった。

その後，「心の教育」は教育改革を進める上での基本線の1つとなり，現在に至っている。たとえば，1999年の生涯学習審議会答申「生活体験・自然体験が日本の子どもの心をはぐくむ」や「教育改革プログラム」改訂（3回目）における「心の教育の充実」にむけての「全国子どもプラン」，翌年の教育改革国民会議の「教育を変える17の提案」での「人間性豊かな日本人を育成する」の項目，これを受けた「21世紀教育新生プラン」（2001年）での「多様な奉仕・体験活動で心豊かな日本人を育む」，さらには教育基本法改正等である。また，学校カウンセラーの配置，「心のノート」の配付なども実際に進んでいる。

ところで，子どもの心の発達の危機を契機に提起された「心の教育」の内容には，明確な定義がない。情操やカウンセリング，心理学的知見等とともに，愛国心，日本人アイデンティティー，奉仕・勤労体験の強調等，イデオロギー性を含む事項が，聞こえのよい＜心の教育＞という言葉でコーティングされ，巧みに内包されていることにも注意しなければならない。

資料

資料8-1　社会科の目標（抄）

一　生徒が人間としての自覚を深めて人格を発展させるように導き，社会連帯性の意識を強めて，共同生活の進歩に貢献するとともに，礼儀正しい社会人として行動するように導くこと。

二　生徒に各種の社会，すなわち家庭・学校及び種々の団体について，その構成員の役割と相互の依存関係とを理解させ，自己の地位と責任とを自覚させること。

三　社会生活において事象を合理的に判断するとともに，社会の秩序や法を尊重して行動する態度を養い，更に政治的な諸問題に対して宣伝の意味を理解し，自分で種々の情報を集めて，科学的総合的な自分の考えを立て，正義・公正・寛容・友愛の精神をもって，共同の福祉を増進する関心と能力とを発展させること。

（中略）

七　各地域・各階層・各職域の人々の生活の特質を理解させ，国内融和と国際親善に貢献する素地を養うこと。

（中略）

十　各種の職業についてその社会生活に対する意義を十分理解し，他人の職業を尊重する態度を強め，自己の職業の選択を正しく行い，能率の高い職業活動のできる能力を養うこと。

十一　社会生活における勤労の価値を理解するとともに，勤労によって産業の発展に寄与する能力，及び勤労を尊ぶ態度を養うこと。

十二　自分の健康を保ち，これを増進するために必要な知識を学び，それに基づいて健康に留意する習慣と態度とを養い，更に社会一般の保健に関心を持ち，一般の健康状態を向上させる態度を作り上げること。

十三　宗教の社会生活における意義を理解すること。

十四　娯楽や運動の自然的並びに社会的背景を知って，これらの発達を理解すること。

（後略）

（文部省『学習指導要領社会科編（試案）昭和22年度』）

資料8-2　日本教育学会教育政策特別委員会「道徳教育に関する問題点（草案）」（抄）

二、学校教育との関連において

　1．道徳教科（又は授業時間）の特設は，これまでの教育のねらい，教育課程の全体的なしくみ，教育の方法を根本からかえてしまうおそれがある。道徳は人間の生き方に関する問題であり，もっとも人間的，創造的，主体的な性質のものであって，とうぜん，教育全体の究極の到達点である。事実についての科学的な学習，温い自由な雰囲気の中での生き方の追求など，要するに各教科指導，生活指導をつう

じて培われるものであろう。ところが，道徳教科を特設することは，これら教科指導，生活指導の全体的な成果をあらかじめ想定し，これを規制することになるから，結局，道徳教科での立場や方法が強く全教育課程を拘束することになるであろう。このことは，教育全体のあり方としてはたして肯定されてよいことであろうか。
（中略）

4．また，特設時間での道徳教育の内容が，たとえいちおう民主的とみられる徳目であったにしても，それが，ばらばらにとりあげられたり，また時間的な制約から，具体的な行動の場からとり出され，抽象的一般的または象徴的な言葉として子どもに教えこまれれば，その結果は，その場その場で適応する人間，人間らしい実感や自主的な判断力を消失した人間を作りあげることになるのではないか。

5．特定の時間で道徳教育を集中的に行うことになれば，その時間を担当する教師は，ある程度道徳的な基準を身につけたものとしてふるまわねばならなくなり，その結果，教師と教師，教師と子どもの間の温かい人間的なつながりがたちきられ，かれらのあいだに一種の疎遠関係が生ずるとともに，ふたたび教員社会が特殊な重苦しい雰囲気につつみこまれてしまう危険がある。

6．戦後十二年，教育の現場では，人間らしい生き方を身につけさせるための教科指導，生活指導のあり方を求めて，実践をつみ重ね，その考え方をしだいに明確にしてきた。この段階で，政治が一方的に道徳時間を特設し，道徳教育のあり方についてわくづけをするならば教師の自主的な研究は芽をつまれ，その良心的な教育探究は阻害されかれらをして自由から逃避させる結果を招く。自由と自主的な研究，判断を放棄した教師によって，はたしてほんとうの道徳教育ができると考えられようか。

(昭和三十二年十一月)
(日本教育学会教育政策特別委員会「道徳教育に関する問題点」)

資料8-3　中央教育審議会『期待される人間像』（抄）

第4章　国民として
1　正しい愛国心をもつこと

　今日世界において，国家を構成せず国家に所属しないいかなる個人もなく，民族もない。国家は世界において最も有機的であり，強力な集団である。個人の幸福も安全も国家によるところがきわめて大きい。世界人類の発展に寄与する道も国家を通じて開かれているのが普通である。国家を正しく愛することが国家に対する忠誠である。正しい愛国心は人類愛に通ずる。

　真の愛国心とは，自国の価値をいつそう高めようとする心がけであり，その努力である。自国の存在に無関心であり，その価値の向上に努めず，ましてその価値を無視しようとすることは，自国を憎むこととなろう。われわれは正しい愛国心をもたなければならない。

2　象徴に敬愛の念をもつこと

日本の歴史をふりかえるならば，天皇は日本国および日本国民統合の象徴として，ゆるがぬものをもっていたことが知られる。日本国憲法はそのことを，「天皇は，日本国の象徴であり日本国民統合の象徴であって，この地位は，主権の存する日本国民の総意に基く。」という表現で明確に規定したのである。もともと象徴とは象徴されるものが実体としてあってはじめて象徴としての意味をもつ。そしてこの際，象徴としての天皇の実体をなすものは，日本国および日本国民の統合ということである。しかも象徴するものは象徴されるものを表現する。もしそうであるならば，日本国を愛するものが，日本国の象徴を愛するということは，論理上当然である。

天皇への敬愛の念をつきつめていけば，それは日本国への敬愛の念に通ずる。けだし日本国の象徴たる天皇を敬愛することは，その実体たる日本国を敬愛することに通ずるからである。このような天皇を日本の象徴として自国の上にいただいてきたところに，日本国の独自な姿がある。

(後略)

(中央教育審議会『期待される人間像』)

資料 8-4　現行学習指導要領の道徳教育の方針

2　学校における道徳教育は，学校の教育活動全体を通じて行うものであり，道徳の時間をはじめとして各教科，特別活動及び総合的な学習の時間のそれぞれの特質に応じて適切な指導を行わなければならない。

道徳教育は，教育基本法及び学校教育法に定められた教育の根本精神に基づき，人間尊重の精神と生命に対する畏敬の念を家庭，学校，その他社会における具体的な生活の中に生かし，豊かな心をもち，個性豊かな文化の創造と民主的な社会及び国家の発展に努め，進んで平和的な国際社会に貢献し未来を拓く主体性のある日本人を育成するため，その基盤としての道徳性を養うことを目標とする。

道徳教育を進めるに当たっては，教師と生徒及び生徒相互の人間関係を深めるとともに，生徒が人間としての生き方についての自覚を深め，家庭や地域社会との連携を図りながら，ボランティア活動や自然体験活動などの豊かな体験を通して生徒の内面に根ざした道徳性の育成が図られるよう配慮しなければならない。

(文部省『中学校学習指導要領』(1998年)「教育課程編成の一般方針」)

資料 8-5　心を育てる場としての学校

第4章　心を育てる場として学校を見直そう
(1)　幼稚園・保育所の役割を見直そう
　(a)　幼稚園・保育所で，道徳性の芽生えを培おう
　(b)　体験活動を積極的に取り入れよう
　(c)　幼児の自然体験プログラムを提供しよう
　(d)　幼稚園・保育所による子育て支援を進めよう
　(e)　幼稚園・保育所の教育・保育と小学校教育との連携を工夫しよう

(2) 小学校以降の学校教育の役割を見直そう
　ⅰ）我が国の文化と伝統の価値について理解を深め，未来を拓く心を育てよう
　　(a) 我が国や郷土の伝統・文化の価値に目を開かせよう
　　(b) 権利だけでなく，義務や自己責任についても十分指導しよう
　　(c) よりよい社会や国づくりへの参加と国際貢献の大切さに気付かせよう
　　(d) 人の話を聞く姿勢や自分の考えを論理的に表現する能力を身に付けさせよう
　　(e) 科学に関する学習を生かし，驚きや自然への畏敬，未来への夢をはぐくもう
　　(f) 子どもたちに信頼され，心を育てることのできる先生を養成しよう
　ⅱ）道徳教育を見直し，よりよいものにしていこう－道徳の時間を有効に生かそう
　　(a) 道徳教育を充実しよう
　　(b) もっと体験的な道徳教育を進めよう
　　(c) 子どもたちの心に響く教材を使おう
　　(d) よい放送番組ソフトを教材として有効に活用しよう
　　(e) 「ヒーロー」・「ヒロイン」がテレビやインターネット等を通じて子どもたちに語りかける機会を設けよう
　　(f) 道徳の時間に子どもが一目置く地域の人材の力を借りよう
　　(g) 地域住民や保護者の助言を得て道徳教育を進めよう
　ⅲ）カウンセリングを充実しよう
　　(a) スクールカウンセラーに相談できる体制を充実しよう
　　(b) スクールカウンセラーの養成の充実を図ろう
　　(c) 教員はカウンセリングマインドを身に付けよう
　　(d) 「心の居場所」としての保健室の役割を重視しよう
　ⅳ）不登校にはゆとりを持って対応しよう
　　不登校は心の成長の助走期ととらえ，ゆとりを持って対応しよう
　ⅴ）問題行動に毅然として対応しよう
　　(a) 「まじめさ」や「異質さ」に対する不当ないじめを許さないようにしよう
　　(b) 教師の努力でいじめをなくしていこう
　　(c) 薬物乱用等の危険性についての理解を深めよう
　　(d) 性をもてあそぶ考え方を正そう
　　(e) 一所懸命に努力する学校・教員を支えよう
　　(f) 警察や児童相談所等の関係機関とためらわずに連携しよう
　ⅵ）ゆとりある学校生活で子どもたちの自己実現を図ろう
　　(a) 教育内容を厳選し，自ら学び自ら考える教育を進めよう
　　(b) トライ・アンド・エラーが可能で，多様な努力を評価する入試改革を進めよう
　　(c) 子どもたちに読書を促す工夫をしよう

（中央教育審議会答申「新しい時代を拓く心を育てるために―次世代を育てる心を失う危機」〈1997年6月〉の目次抜粋）

9 教師の仕事

教師とは

『先生・1000万人の教師像』（朝日新聞テーマ談話室編）の目次は次のようなテーマで構成されている。

　　一女性教師の死と"熱いじゃがいも"――教育現場のある光景。
　　彼女を死に追いつめたもの――教師と親のはざま。
　　手を広げすぎてはいませんか――しつけの主体は家庭ではないか。
　　生徒との対話なんか要らない――教師の権威のあり方。
　　こいつをつまみ出せ――教師への不信・教師の人格。
　　先生に天下の秀才は必要か――その資質は，その実践は。
　　なぜ怒らぬか，顔を真っ赤にして――いじめ，落ちこぼれ，体罰。
　　みなと同じが最優先の教育――子どもの個性をどう活かすか。
　　先生の目はどこを向いているのか――職員室の中で。胸に火をつけてくれ
　　　た授業――みんなが語る「先生」の姿。
　　みんなで火の粉を振り払おう――いま教育に求められている英知。
　　理想は「二十四の瞳」型――朝日新聞世論調査の回答から。

これは，朝日新聞の「テーマ談話室」の「先生」シリーズ（昭和61年1月～3月）に対する投書をまとめたものであるが，これらのテーマのみからでも現在の教師のさまざまな姿が知られよう。

一体「教師」とは何であるのか。教師は「矛盾に満ちた職業」と考える人も多い。新人の教師もベテランの教師と同様に全面的に生徒の教育にあたる。専門性を備えた職業に見られるこのような自由さがある反面，一般の社会人の場合であれば当然許される行為も，「先生なのに」とか「先生らしくない」とか言われ非難される。ある意味ではいつも世間から監視されており，きわめて不自由な職業ともいえる。人間形成という仕事には，本来きわめて高い評価が与えられるべきだが，現実の教師の社会的地位はそれほど高いものとはいえない。

教職観をめぐって，教師聖職者論（**資料9-1**）と教師労働者論（**資料9-2**）の2つの対立する考え方がある。教職を聖職とする考え方は，本来，天職的教師観に立つものであるが，一方，人間形成という仕事が基本的に要請する厳格な自己規律や内面的責任などが，聖職者意識をつくりだす素地となりうるともいえよう。しかし，聖職者論のなかには，一面的な精神主義から，教師に「使命感」を求め，社会生活面においても一般市民とは異なったモラルを求めたり，政治的中立などを求める論拠となったりするものがみられる。

今日では，教師という職業が，公共性をもち，高度な知識・技術を要求される専門職であるべきであるということは一般に認められてきている。また，教師が，教育という労働に従事する労働者であるという考え方も，広く理解されている。しかし，教師という職業の具体的内容の明確化や教職の専門性の保障のあり方等がさらに論究されなければならない。

教師の仕事の本質

教育には，社会的側面と個人的側面あるいは保守性と進歩性というような2つの次元の異なった側面がみられる。したがって，教師の仕事もこれら2つを見据えてなされねばならない。国分一太郎『教師』には，「教育のなかみ」として，①将来の日本を進歩させる人間の育成，②子どもたち自身の個人的育成，があげられ，両者について教師の仕事が具体的に示されるとともに，教師に両者の深いつながりを認識することが求められている（**資料9-3**）。

教師の仕事の実態をみつめるなかで，先に述べたように，教職の専門性の必要とともに，教師は教育という労働に従事する労働者であるという考え方が次第に広く理解されてきている。しかし，教育労働者の特殊性についてみるとき，未だ明確な規準は示されていない。その特殊性として専門性と公共性が指摘されるが，これらは，公共機関の医者，技術者など他の専門職についても該当する。したがって教育労働の特殊性を教育の本質に立ちかえって考える必要があろう。教師の仕事は人間形成を行うことであり，物品の生産活動やサービス業などの活動とは明らかに異質の精神活動を基本とするものである。教育においては，働きかける対象がたえず変化するとともに，教師の意図的な教育作用のみでなく，教師の言動のすべてが（さらには対象をとりまく環境のすべてが）

形成作用として影響を与えるのである。そのため，教師の意図または予測する形成の方向・結果が必ずしも保障されない。このような人間形成という仕事は，教師に高度な専門性を要請し，教師個人の主体的生き方とさらには厳しい自己規律を要請するといえよう。

教師の養成

　第二次世界大戦後の教育改革のなかで，教師養成教育も根本的に変革された。それまで教員は，師範学校を中心にして養成され，いわば閉鎖的な制度であった。それが，教員養成は大学で行うこととなり，教職課程を設けている大学において，教育職員免許法に定める規準を満たせば，誰でも教員の資格を得ることができるように改革され，開放的な養成制度が成立したのである。しかし現実には，高等学校教員は別にして，義務教育の教員は教員養成を主たる目的とする大学・学部を中心にして養成されてきた。

　現在の教員養成制度の特色は，大学における養成，開放制，現職教育の重視にあるといえよう。平成元年4月からは新しい教員免許法が実施され，あらたに専修免許状が設けられ普通免許状の種類が変わるとともに，二種免許状所有教員の一種免許状取得が義務化され，免許状を取得するための教職専門科目の単位数が引き上げられた（**資料9-4**）。一方，社会人を学校教育に活用するために，従前の普通免許状，臨時免許状に加えて，あらたに特別免許状が設けられ，また，特別非常勤講師制度が新設された。その後，平成9年の法律により，義務教育教員（小・中学校）の免許状を取得するためには障害者・高齢者等の介護体験等の実習が課されることとなった。

　近年，教員の資質・能力の向上が叫ばれ，教員養成課程の改革，免許法の改定，さらには教員採用の改善，初任者研修制度の創設，現職研修の重視などの方策が講じられている。しかし，教員に求められる基本的資質とは一体どのようなものであろうか。その能力とはなにか。今一度，原点に立ちかえって考える必要があろう。上田薫『人間のための教育』のなかで，「今日の教師にもっとも大きく欠けているものの一つは，概括に隷従せず，それを自在に使いこなす真の知力である」と述べられていることは示唆に富む指摘である（**資料9-5**）。

資料

資料 9-1　教師聖職者論

教育者に望む資格多し，其学識なり，其技倆なり，其品行なり，其威儀なり，吾人の望んで措かざるもの多しとなす。而して就中最も希望するものを教育者たるの精神となす，強健にして雄大なる精神となす。若し精神にして存せざらんか，或は萎靡振はざらんか，該博深遠なる学識も，多年熟練の技倆も，将た謹厳の品行も威儀も，教育の本旨を成就し，人物を啓発養成するに於て用なからんとす。教育者たるもの其精神の存養発揮に力を用ひずして可ならんや。

然り而して学識は以て広くするを得べく又深くするを得可し，技倆は以て磨くを得べく又練るを得べし，品行を正くし威儀を整ふるも亦能はずとせず。獨り精神の修養に至りては，以て学ぶべからず，以て習ふべからず，外より授くべからず，内より発するあるのみ他人之を與ふべからず，自ら得るあるのみ。而して内発や自得や難くして難し。

（澤柳政太郎「教育者の精神」『教師像の展開』国土社，1973）

資料 9-2　「教師の倫理綱領」の一部

八　教師は労働者である

　教師は学校を職場として働く労働者である。教師は，労働が社会におけるいっさいの基礎であることを知るが故に，自己が労働者であることを誇りとする。

　歴史の現段階において，基本的人権をことばの上だけでなく，事実の上で尊重し，資源と技術と科学とをあげて万人の幸福のために使用する新らしい人類社会の実現は，労働者階級を中心とする勤労大衆の力によってのみ可能である。教師は労働者として自己の立場を自覚して，強く人類の歴史的進歩の理想に生き，いっさいの停滞と反動を敵とする。

（1952年6月16日～18日　日本教職員組合第九回定期大会決定）

資料 9-3　教師の役割の二面性

　第一。これから数年先，またはそれ以後においても，日本社会を進歩させるために，具体的に活動できるような人間に，子どもを教育するためには，教師たちは，

(1) どのような有用な知識を，学年に応じて順序正しく与えていったならば，彼らは，平和を愛し，民主主義を追求し，国の独立を願い，そのことの実現のために効果的に努力するような人間に育つのか。

(2) どのような物の見方・考え方・感じ方を，子どもの身心の発達に即して，つぎつぎと養っていったならば，彼らは，平和を愛し，民主主義を追求し，国の独立を願い，そのことの実現のために自主的積極的に努力するような人間に育

(3) どのような自主的・集団的・創造的なかずかずの具体的体験になれさせていったならば、子どもたちは、平和を愛し、民主主義を追求し、国の独立を願い、そのことの実現に努力するときに自信と勇気を失わないような人間に育つのか。

このことを、じっくりと考える必要があります。

（中略）

第二。教師たちは、小さい子どもの教育では、国民の前に、平和の問題や民族独立やその他の政治上、経済上の問題がのしかかっている、いないにかかわらず、子どもたちを一人前のものにするために、どんな仕事をしなければならないのでしょうか。これはハッキリ自覚しなければなりません。そのためには、

(1) コトバや文字や数などについてのどんな基本的能力をつけてやったら、子どもたちは、すぐれた文化を自分のものにし、生活をりっぱに処理していくような思考力や感受性に富んだ人間になれるのか。

(2) 自然や社会や人間の精神生活やさまざまな生活・生産上の技術の基本などに関するどんな確実な知識・技能を、年齢的段階にふさわしく教えこんでいったならば、子どもたちにとって将来のためのよい準備になるのか。

(3) どのような物の見方・考え方・感じ方を、子どもの発達にふさわしく養っていったならば、子どもたちは、ゆたかな感覚と認識能力と感情を身につけ、キチンとした自主的、科学的、人間的な世界観、精神的資質の持主になるのか。

(4) どのような新しい道徳的訓練を、家庭あるいは学校、学級の集団の中でしたならば、子どもたちは将来の社会のよい国民、真に正しく祖国を愛する国民になるのか。

(5) どのような芸術的・美的趣味を、学年に応じて養ったならば、子どもたちは、美しく健康な人間性の持ち主になり、真実を追求する人間、想像力や創造力に富んだ人間になるのか。

(6) どのようなことをすれば、学校は、子どもの健康と身体の発達を守ってやれるのか。

これを考えていくことが大切となります。そして、これこそ、子どもたちの「個人の発達」をはかるだいじな仕事です。どんな思想や見解を持つ親でも、子どもの教育に対してきっと求めているものです。

(国分一太郎『教師』岩波書店, 1956)

資料 9-4　新しい教員免許法

① 普通免許状の種類の改善

今日、学校教育の内容の変化等に対応するため、大学院修士課程において特定の分野について深い学識を積み、その分野について高度な資質能力を備えた者が教職に就くことが望まれるようになっている。こうした者が教職に就くことができるようにするため、大学院修士課程修了程度を基礎資格とする専修免許状を新設する等、

新旧教員免許状の種類

旧免許状		新免許状
小学校教諭，中学校教諭，盲学校教諭，聾学校教諭，養護学校教諭，幼稚園教諭及び養護教諭	一級普通免許状	一種免許状
	二級普通免許状	二種免許状
高等学校教諭	一級普通免許状	専修免許状
	二級普通免許状	一種免許状

備考　中学校教諭及び高等学校教諭の免許状については，それぞれ教科に応ずるものとする。

次のような普通免許状の種類の改善を行った（高等学校教諭の免許状は専修免許状と一種免許状のみ）。
　ア．大学院修士課程修了程度を基礎資格とする免許状を専修免許状とする。
　イ．学部卒業を基礎資格とする免許状を一種免許状とする。
　ウ．短期大学卒業程度を基礎資格とする免許状を二種免許状とする。
　また，今回の改正前に授与されていた旧免許状は表のように新免許状とみなすこととした。

（文部省『我が国の文教施策　平成元年度』1989）

資料9-5　教師に求められる基本的資質

　わたくしは教師はもっともっと知的な力を充実させるべきだと考えている。しかしほしいのは人間が人間にかかわる教育という事態に自分を正面からむかわせていこうとする知的な力であって，教育研究から個々の生きた子どもを追い出すような"概括好き"の知力ではない。わたくしは今日の教師にもっとも大きく欠けているものの一つは，概括に隷従せず，それを自在に使いこなす真の知力であると思う。"科学の法則"とやらにへいこら無条件降伏しているような教師に，どうして人間を育てることができよう。そういう卑屈な精神をこそ非科学的というのである。

（上田　薫『人間のための教育』国土社，1978）

II

現代社会と教育

10　教育改革の動向

1節　世界各国の教育改革

現代における教育改革の特徴

　日本をはじめ多くの先進諸国における現代の教育改革にはいくつかの特徴がある。まず，①20世紀後半に定着した学校教育システムが，より効率的なものになるよう見直しが試みられている。それは具体的には，②学力低下への対応や経済の国際競争力の強化が課題とされ，③改革の原則として市場原理や競争原理が導入されている。そしてその一方で，④個性化・多様化を実現しようとする動きと絡み合うというプロセスで進められている。

アメリカ合衆国（資料10－1）

　アメリカ合衆国では経済の競争力低下を危ぶむ声を背景にして，1980年代から教育の質が問題視され，教育改革を求める報告書が多数出されるようになった。『危機に立つ国家』（教育の卓越性に関する全米審議会報告書）はその代表的報告書である。数学や理科の国際テストでアメリカの子どもたちが貿易相手国の子どもたちよりも低い評価を受けたこと，また，大学入試に際して受ける試験の点数が低下してきていることが指摘された。そのため，教育目標の基準（スタンダード）を設定し，その成果をテストによって確かめるという方法で学力向上をめざす動きが明確になってきた。そして，一定の期間に学力の改善がみられない場合，学校を閉鎖したり，州や学区によっては，テストの結果を教師の給料に反映させているところもある。

　また，児童の保護者に一定額の公費を支払保証書として交付して，保護者がこれを使って公立私立いずれの学校へも児童を入れることができるバウチャー制度（voucher）も導入されている（資料12－1参照）。さらに，1990年代から

公立の学校間に市場原理・競争原理を導入する試みとしてチャーター・スクール（charter school）の普及が広がっている。これは，保護者や教師，市民グループそして民間企業などが学区あるいは州教育委員会との間に独自の教育理念を具体化した特別認可契約（チャーター）を取り交わすことにより，まったく新しい形態の公立学校を運営できるシステムである。これまでの公立学校に満足しない教師や保護者たちが自分たちの手で学校を運営できる一方で，3年程度の間隔で定期的な査察を受け，十分な教育成果をあげていないと判定されれば廃校にしなければならないという面もある。すなわち，規制から自由である代わりに，アカウンタビリティー（結果責任）を問われるのである。

イギリス（資料10-2）

イギリスは，サッチャー政権下の1988年，国民の教育水準の引き上げをめざして，次のような内容をもつ教育改革法を成立させた。すなわち，①ナショナル・カリキュラムを定めて教育内容を全国共通にし，これに基づいて教育課程を編成することを学校に求めた。また義務教育期間である5～16歳を4段階に分けて，段階ごとに教科の達成目標を設け，授業後の評価手順も示した。②このナショナル・カリキュラムに基づく学習の達成状況を確かめるために，各段階終了時（7歳，11歳，14歳，17歳時）にすべての生徒を対象とする全国共通の学力テスト（ナショナル・アセスメント・テスト）を実施し，その結果を学区別，学校別に公表する。学校評価の基準を測定可能な尺度によって一元化し，学校間の序列を鮮明にするものである。そして，③公営学校を地方教育当局の管轄から切り離し，政府から直接補助金を受ける国庫補助学校に移行することができるようにし，競争原理を導入した。

このように，1988年教育改革法は，公教育への市場化・民営化政策を推し進め，かつカリキュラムの中央統制の強化という，ニュー・ライトの急進的改革を断行したものであった。その後政権を奪還した労働党政府は，基本的にはこれらの教育改革を受け入れながら，行き過ぎた点については修正を加えるというスタンスをとっている。

ドイツ（資料10-3）

ドイツの学校制度は，基本的には初等教育段階の基礎学校と，それに続く中等教育段階の学校が基幹学校，実科学校，ギムナジウムの3種類に分かれる，複線型の制度となっている。3つの区分をなくした総合制学校（ゲザムトシューレ）が設けられたが普及せず，現在，総合制学校が設けられているのは一部の州・地域にとどまっている。

ドイツ全体でみると依然として複線型学校体系が健在であるが，ギムナジウムを修了しなければ大学に入学できないといった前時代的な制限はかなり緩和されてきている。その象徴のひとつが従来の高等専門学校から昇格した専門大学（ファッハ・ホッホシューレ）である。技術者や福祉専門家など実務家養成を目的とするこの大学には基幹学校，実科学校，ギムナジウムいずれの中等学校を経由しても入学できる。1968年に発足した専門大学は現在学生数ではドイツの学生全体の25％を占めるまでに成長している。

2000年に15歳児を対象としてOECDの学習到達度調査（PISA）が実施されたが，ドイツは読解力，数学・自然科学ともに不振で，「ピザ・ショック」とよばれた。その結果，共通の教育目標の設定や統一学力調査の実施など，学力向上に向けての教育改革がすすめられている。

フランス（資料10-4）

1989年の「新教育基本法」（ジョスパン法）によって，フランスの9年間の初等教育は3年ずつの3つの学習期（cycle）に再編された。学年ごとに区切るのではなく，3年間をひとまとまりとして教育の連続を保つことで子どもの多様な発達に応えようとするものである。教科群制が導入され，教育目標と教育課程の全国基準が定められた。その目的は個々の子どもの発達に応じた教育を行い，すべての児童・生徒を成功に導くことにあった。しかし，子ども中心主義のこのジョスパン法はその目的を達成しないと判断され，2005年には「学校の未来のための基本・計画法」（フィヨン法）が制定された。新法は子どもが職業についての見通しを得るために，さらに社会生活で成功を収めるために，基礎知識・能力（とくにフランス語，数学，外国語，情報技術など）を確実に修得させることが義務教育の基本的な目的であるとの考えに基づいている。

資　料

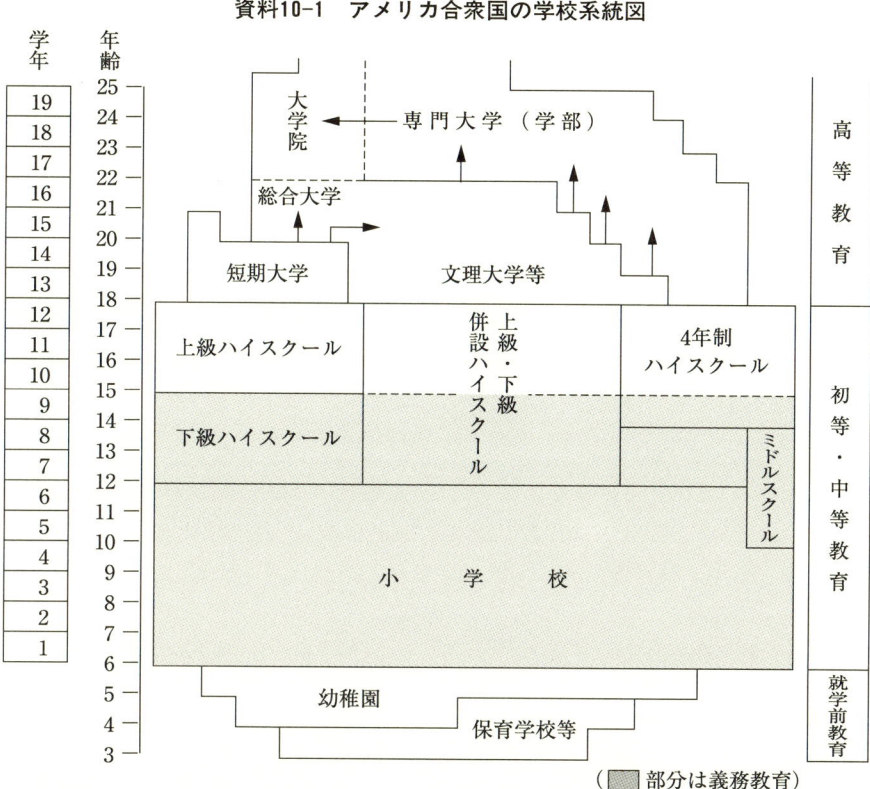

資料10-1　アメリカ合衆国の学校系統図

（■部分は義務教育）

就学前教育——就学前教育は，幼稚園のほか保育学校等で行われ，通常3～5歳児を対象とする。

義務教育——就学義務に関する規定は州により異なる。就学義務開始年齢を7歳とする州が最も多いが，実際にはほとんどの州で6歳からの就学が認められており，6歳児の大半が就学している。義務教育年限は，9～12年であるが，9年又は10年とする州が最も多い。

初等・中等教育——初等・中等教育は，合計12年であるが，その形態は①6-3(2)-3(4)年制，②8-4年制及び③6-6年制の三つに大別される。このほか，5-3-4年制や4-4-4年制などが行われている。

高等教育——高等教育機関は，総合大学，文理大学，専門大学（学部）（professional schools）及び短期大学の4種類に大別される。総合大学は，文理学部のほか職業専門教育を行う学部及び大学院により構成される。

（文部科学省『教育指標の国際比較』2005）

資料10-2　イギリスの学校系統図

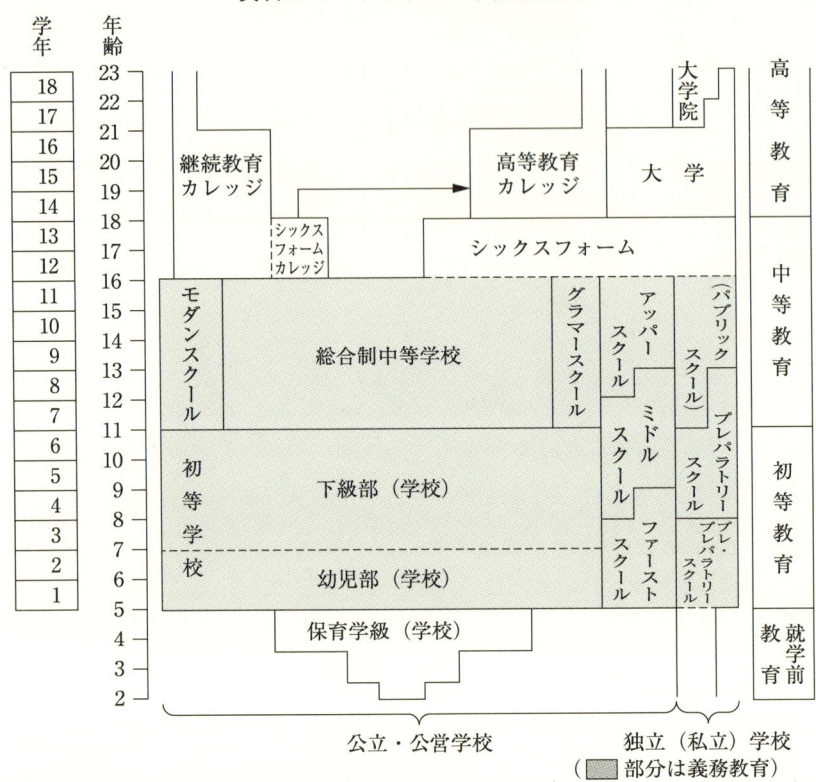

学年	年齢	公立・公営学校	独立（私立）学校	
18	23		大学院	高等教育
17	22			
16	21	継続教育カレッジ	高等教育カレッジ／大学	
15	20			
14	19			
13	18	シックスフォームカレッジ	シックスフォーム	中等教育
12	17			
11	16	モダンスクール／総合制中等学校／グラマースクール	アッパースクール／（パブリック）スクール	
10	15			
9	14			
8	13		ミドルスクール／プレパラトリースクール	
7	12			
6	11	初等学校　下級部（学校）		初等教育
5	10			
4	9		ファーストスクール／プレプレパラトリースクール	
3	8			
2	7	幼児部（学校）		
1	6			
	5	保育学級（学校）		就学前教育
	4			
	3			
	2			

（■部分は義務教育）

就学前教育──保育学校及び初等学校付設の保育学級で行われる。
義務教育──義務教育は5～16歳の11年である。
初等教育──初等教育は，通常6年制の初等学校で行われる。初等学校は，5・6歳児を対象とする前期2年（幼児部）と7～11歳児のための後期4年（下級部）とに区分される。
中等教育──中等教育は通常11歳から始まる。原則として無選抜の総合制学校が一般的な中等学校の形態で，ほぼ90％の生徒がこの形態の学校に在学している。このほか，選抜制のグラマー・スクールやモダン・スクールに振り分ける地域も一部にある。
高等教育──高等教育機関には，大学及び高等教育カレッジがある。これらの機関には，第一学位（学士）取得課程（通常修業年限3年間）のほか，各種の専門資格取得のための短期の課程もある。
継続教育──継続教育とは，義務教育後の多様な教育を指すもので，一般に継続教育カレッジと総称される各種の機関において行われる。青少年や成人に対し，全日制，昼・夜間のパートタイム制などにより，職業教育を中心とする多様な課程が提供されている。

（前掲『教育指標の国際比較』）

10 教育改革の動向　101

資料10-3　ドイツの学校系統図

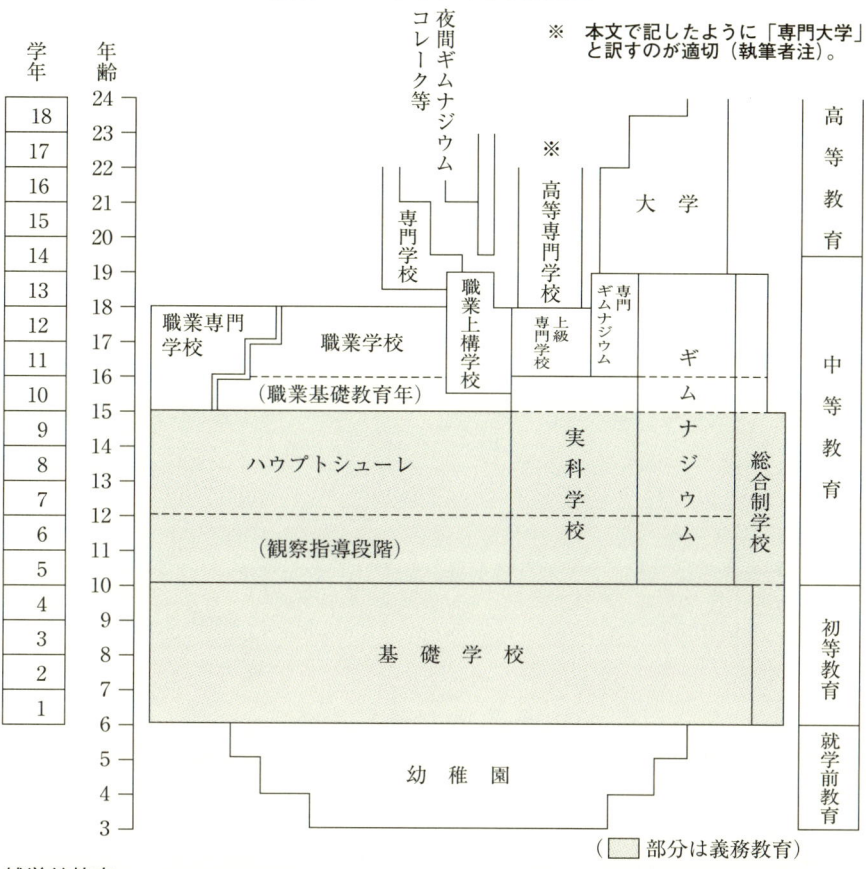

※ 本文で記したように「専門大学」と訳すのが適切（執筆者注）。

（□部分は義務教育）

就学前教育──幼稚園は満3歳からの子どもを受け入れる機関であり，保育所は2歳以下の子どもを受け入れている。

義務教育──義務教育は9年（一部の州は10年）である。また，義務教育を終えた後に就職し，見習いとして職業訓練を受ける者は，通常3年間，週に1〜2日職業学校に通うことが義務とされている（職業学校就学義務）。

初等教育──初等教育は，基礎学校において4年間（一部の州は6年間）行われる。

中等教育──生徒の能力・適性に応じて，ハウプトシューレ（卒業後に就職して職業訓練を受ける者が主として進む。5年制），実科学校（卒業後に職業教育学校に進む者や中級の職につく者が主として進む。6年制），ギムナジウム（大学進学希望者が主として進む。9年制）が設けられている。総合制学校は，若干の州を除き，学校数，生徒数とも少ない。

高等教育──高等教育機関として，大学（総合大学，教育大学，神学大学，芸術大学など）と高等専門学校がある。修了にあたって標準とされる修業年限は，通常，大学で4年半，高等専門学校で4年以下とされているが，これを超えて在学する者が多い。

（前掲『教育指標の国際比較』）

II 現代社会と教育

資料10-4 フランスの学校系統図

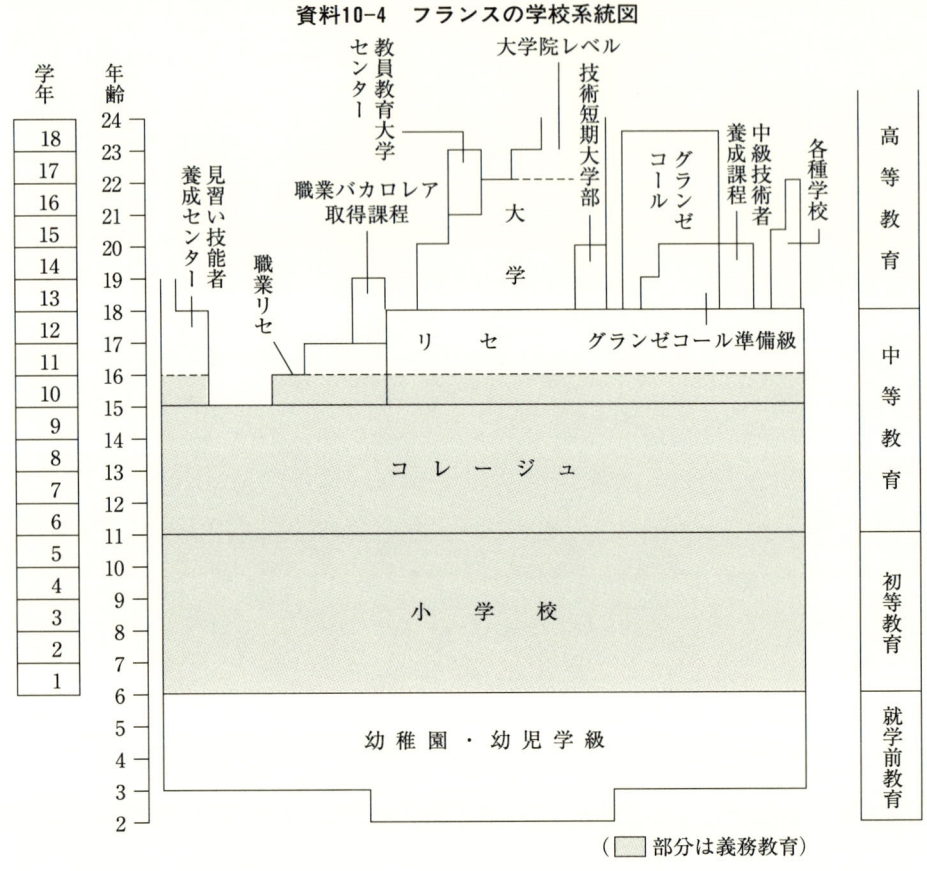

（ ▨ 部分は義務教育）

就学前教育——就学前教育は，幼稚園又は小学校付設の幼児学級・幼児部で，2～5歳の幼児を対象として行われる。
義 務 教 育——義務教育は6～16歳の10年である。
初 等 教 育——初等教育は，小学校で5年間行われる。
中 等 教 育——前期中等教育は，コレージュ（4年制）で行われる。このコレージュでの4年間の観察・進路指導の結果に基づいて，生徒は後期中等教育の諸学校・課程に振り分けられる（いわゆる高校入試はない）。
後期中等教育は，リセ（3年制）及び職業リセ（2年制。職業バカロレア取得を目指す場合は2年修了後さらに2年の計4年）等で行われる。
高 等 教 育——高等教育は，国立大学（学部レベル3～4年制，2年制の技術短期大学部等を付置している），私立大学（学位授与権がない。年限も多様），3～5年制の各種のグランゼコール（高等専門大学校），リセ付設のグランゼコール準備級及び中級技術者養成課程（いずれも標準2年）等で行われる。

（前掲『教育指標の国際比較』）

2節　日本の教育改革の動向――臨教審から現在まで

　2006年は，第二次世界大戦後の教育改革の理念を変更する画期となった年として永く記憶されることであろう。それは，1947年制定された教育基本法に替わるものとして12月15日参議院本会議で「教育基本法案」が成立したからである。この法案成立は，1980年代前半から進められてきた教育改革のひとつの到達点であり，またあらたな出発点ともなることを意味するだろう。この教育基本法「改正」論議の推移をみても，教育問題は教育の論理ではなく政治の論理によって遂行されてきたことがわかる。

臨時教育審議会と「ゆとり」の教育

　さて1980年代初頭，教科書偏向問題・校内暴力・家庭内暴力事件がマスコミに多く取り上げられた。また受験競争の激化にともなう弊害や批判も大きな話題となった。これらを背景として中曽根内閣の下に臨時教育審議会が1984年8月設置された。臨教審は，「二十一世紀に向け社会の変化や文化の発展に対応する教育の実現」と「今日教育がかかえている教育荒廃現象などの解決」をめざし，1985年6月から1987年8月にかけて4次にわたる答申を提出した。当初は教育基本法「改正」も視野に入れながら，学校設立の規制緩和や学区制の廃止などを求める「教育の自由化」論が耳目を集めたが，**資料10-5**にあるように，それは「個性重視の原則」「個性化」という表現に変更された。しかし，臨教審の諸提言は今まで着実に実行に移されてきており，「教育の自由化」論も今日の教育政策を貫くイデオロギーの初出として注目に値する。

　一方，学校教育の内容・方法を規定する学習指導要領改訂が行われ，1980年，小学校から逐次実施に移されていった。前の学習指導要領の特徴を「現代化」とするならば，次の改訂は「ゆとり」を標榜し，授業時数の削減や内容の精選をうたっていたが，実質的には教育水準を下げないまま，時間数を削減したものであったので，子どもたちの学力差をいっそう拡大させるものとなった。臨教審答申を受けての学習指導要領は1987年に告示された。小学校低学年の「生活科」新設や「国際化」「情報化」の強調，「国旗・国歌」の取り扱いの明確化

などが示された。これは，1991年度以降実施に移されたものの，学校週5日制（1992年度から月1回，95年度から月2回）の導入により指導要領の完全実施は物理的にも困難を招いた。そこで1998年に告示された学習指導要領は，完全週5日制に対応すべく，これまでの教科内容を3分の1削減したといわれる。小学校で1年次年間850時間を780時間に，6年次で1,015時間を945時間に減らしている。このほか，児童・生徒に「生きる力をはぐくむこと」をめざし，かつ「総合的な学習の時間」新設を目玉としている。そのため従来の教科に配分されていた時間が一層削られることになり，学力低下の論調も高まった。小学校・中学校の学習指導要領実施の年頭に，文科省は「確かな学力のための2002アピール『学びのすすめ』」を出し，「ゆとり」から「学力重視」へと転換する姿勢を示した。

学校スリム化論から公教育のスリム化論へ

臨教審第一次答申が出された約3カ月後の1985年9月22日，アメリカのニューヨークプラザホテルにおいてG5の蔵相が極秘裏に集まり，ドル高是正に合意した。合意前の円・ドル相場は1ドル＝240円だったのが，86年には160円と急激な円高が進行した。日本の企業は低賃金・長時間労働に耐える優秀な労働者が生み出す製品を低価格で輸出することによって世界を席巻していたが，これを機に海外への進出を積極的に進め多国籍企業化していった。当然国内産業は空洞化し，60年代の高度成長を支えた優秀な人材（労働力）はもはや不要となった。さらに90年前後には東西冷戦構造の崩壊による市場の拡大により「大競争時代」が始まった。

経済同友会が「学校から『合校』へ」を1995年4月発表し（**資料10－6**），その理念の一部は「学校のスリム化」として翌96年7月の中教審第一次答申「21世紀を展望した我が国の教育の在り方について」の第4章「学校・家庭・地域社会の連携」中に取り入れられている。95年5月，日本経営者団体連盟（日経連）は「新時代の『日本的経営』」を発表し，これまでの「日本的経営」の特徴である終身雇用と年功制の適用を「長期蓄積能力活用型」の正社員に限定するという見直しを提言した（**資料10－7**）。これら経済同友会や日経連など財界は，「できる者を限りなく伸ばす」エリート校と「限りなくできない非才，無

才には，せめて実直な精神だけ」を養うスリム化した学校の2種類さえあればよいという考えである。これによって公教育のスリム化が可能となり，財界の負担も軽減されることになる。

　先述の中教審第一次答申と97年6月の第二次答申を通して，エリート養成の中高一貫教育校と高校多様化の一環としての単位制高校や総合学科への改組・転換が提起された。これは，財界が提案した2種類の中等学校構想の具体化といえる。

「21世紀日本の構想」懇談会と教育改革国民会議

　「21世紀日本の構想」懇談会と教育改革国民会議は，ともに小渕首相が設置した私的諮問機関である。前者は1999年3月に発足し，翌2000年1月最終報告書を提出した。グローバル化する21世紀，日本のあるべき姿を検討したものという。**資料10-8**にみられるように，懇談会の主張は格差を是認する点において前教育課程審議会会長・三浦朱門氏の談話（斎藤貴男『機会不平等』）と共通し，教育内容を5分の3まで圧縮した「義務としての教育」と「サービスとしての教育」の二重構造をとる点において経済同友会の合校論と合致する。

　後者は小渕首相が2000年3月に設置したものであるが，4月以降森首相に引き継がれ，最終報告は同年12月に提出された。報告は17の提案にまとめられている。仔細をみると中高一貫教育校の大幅増設，通学区域の一層の弾力化と学校選択制の拡大などエリート養成路線を踏襲している点は，従前どおりである。同時に，奉仕活動の義務化，家庭教育の重視，問題を起こす子どもへの厳格な対応や伝統，文化，郷土，国家などの観点から教育基本法を見直すことも提言している。「自由と統制」一見相矛盾する関係のようにみえるが，これは新自由主義的制度改革の進展によってもたらされる階層的分断化を国家主義的なイデオロギーによって正当化しようとするもの（藤田英典『新時代の教育をどう構想するか』）といえよう。

　しかし，これ以上に問題なのは，首相の私的諮問会議が提案した事項をいとも簡単に法制化して，実施に移したことである。2001年6月小泉政権下で，①公立高校の学区制廃止，②不適切教員の免職・配置転換，③社会奉仕体験活動の促進，④児童生徒の出席停止処分，⑤大学等への「飛び入学」制度，などを

骨子とする教育3法（地方教育行政法・学校教育法・社会教育法）の一部を「改正」する法案が通過し，2002年から施行された。エリート養成システムを着々と構築しつつ，それを阻害する要因を排除する装置を同時に整えたわけである。

地方分権と教育行政

これまでみてきたさまざまな教育政策や措置は，財界や一部の（エリート層をめざす）国民の教育要求を受け入れつつ，規制緩和と地方分権の流れのなかで進められてきた。本来地方教育行政の中心として積極的に新たな取り組みにあたるべき教育委員会は，1956年地方教育行政法成立後，文部行政の地方の出先機関化したといわれても止むを得ない面があった。議会への予算案・条例案の原案送付権を奪われ，教育長は上位機関の承認を要とし，文部省の是正措置要求を受け入れる。委員選出方法が公選制から任命制へ変更されたことにより，住民の声を直接聞く道を絶たれては，上を向くしかなかったのであろう。1999年地教行法が改正され，上述の「教育長承認制」「是正措置要求」などは撤廃された。

　教育委員会はその職掌を学校教育と社会教育の2領域とする。しかし，社会教育はより広い概念である「生涯学習」に置き換えられ，近年それすらも首長部局に組み込まれる事例も起きている。学校のスリム化，さらには教育委員会のスリム化が分権化のなかで進行しているといえよう。義務教育費国庫負担問題，学力低下問題なども含め，地方教育委員会が核になって地域住民（子どもを含む），教員，自治体との連携をより深め，地域に根ざした教育行政，地域づくり，学校づくりをリードする気概を持たなければ，教育委員会の存在する意義はない。それこそ，公教育のスリム化の帰着点かもしれない。

資料

資料10-5　臨時教育審議会第一次答申の目次と検討事項（抜粋）

第一部　教育改革の基本方向（第一節〜第三節　略）
　第四節　改革の基本的考え方
　　(1)個性重視の原則　(2)基礎・基本の重視　(3)創造性・考える力・表現力の育成　(4)選択の機会の拡大　(5)教育環境の人間化　(6)生涯学習体系への移行　(7)国際化への対応　(8)情報化への対応
第二部　本審議会の主要課題
1　二十一世紀に向けての教育の基本的な在り方　(1)教育の目標　(2)教育の歴史と現状の分析　(3)教育の未来展望
2　生涯学習の組織化・体系化と学歴社会の弊害の是正　(1)学歴社会の弊害の是正　(2)生涯学習体制の整備　(3)学校教育の活性化　(4)家庭・地域の教育の活性化
3　高等教育の高度化・個性化　(1)高等教育機関の多様化・個性化　(2)学術研究の在り方と大学院　(3)高等教育機関の組織・運営
4　初等中等教育の充実・多様化　(1)教育内容の基本的在り方　(2)学校制度　(3)徳育　(4)健康教育　(5)障害者教育　(6)学級編成など教育諸条件
5　教員の資質向上　6　国際化への対応　7　情報化への対応
8　教育行財政の見直し　(1)教育における官民の役割分担　(2)教育における国・地方の責任と役割分担　(3)学校の管理運営の在り方　(4)教育費・教育財政の在り方
第三部　当面の具体的改革提言
　第一節　学歴社会の弊害の是正のために
　第二節　受験競争過熱の是正のために
　(1)大学入学者選抜制度の改革
　(2)機会の多様化・進路の拡大
　　①大学入学資格の自由化・弾力化
　　②六年制中等学校　現行の中学校教育と高等学校教育を統合し、これを青年期の教育として一貫して行うことにより、生徒の個性の伸張を継続的、発展的に図ることを目指す新しい学校として、地方公共団体、学校法人などの判断により、六年制中等学校を設置できるようにする。
　　③単位制高等学校　学習者の希望、学習歴、生活環境などに応じて高等学校の教育が容易に受けられるようにするため、個別的に教科・科目の単位の取得の認定を行うとともに、単位の累積加算により卒業資格の認定を行う機能をもつ新しいタイプの高等学校（単位制高等学校）を設置できるようにする。

（臨時教育審議会『臨教審だより』1985年6月臨時増刊号）

II　現代社会と教育

資料10-6　合校論の構図

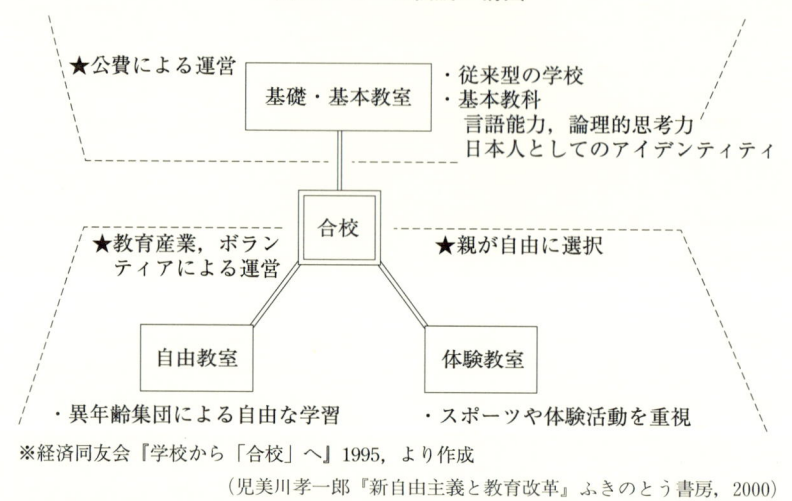

- ★公費による運営
- 基礎・基本教室
  - ・従来型の学校
  - ・基本教科
    言語能力，論理的思考力
    日本人としてのアイデンティティ
- 合校
- ★教育産業，ボランティアによる運営
- ★親が自由に選択
- 自由教室
  - ・異年齢集団による自由な学習
- 体験教室
  - ・スポーツや体験活動を重視

※経済同友会『学校から「合校」へ』1995，より作成

（児美川孝一郎『新自由主義と教育改革』ふきのとう書房，2000）

資料10-7　労働者の3類型

日経連「新時代の『日本的経営』」1995年5月

	「長期蓄積能力活用型グループ」	「高度専門能力活用型グループ」	「雇用柔軟型グループ」
雇用形態	期間の定めのない雇用契約	有期雇用契約	有期雇用契約
対象	管理職・総合職・技能部門の基幹職	専門部門（企画，営業，研究開発等）	一般職 技能部門 販売部門
賃金	月給制か年俸制 職能給 昇給制度	年俸制 業績給 昇給無し	時間給制 職務給 昇給無し
賞与	定率＋業績スライド	成果配分	定率
退職金年金	ポイント制	なし	なし
昇進昇格	役職昇進 職能資格昇進	業績評価	上位職務への転換
福祉施策	生涯総合施策	生活援護施策	生活援護施策

（日経連HP　http://www.h5.dion.ne.jp/~hpray/siryou/shakaikeizai/nikkeiren21.htm）

資料10-8 「21世紀日本の構想」懇談会最終報告書

　21世紀の日本では，先駆性を持ち創造的なアイデアを持った人々をもっと正当に評価するようにしたい。そうした人たちの挑戦と活躍で未来が開けるからである。（中略）「結果の平等」に別れを告げ，「新しい公平」を導入するべきである。個人の能力や才能には差異と格差があることを前提とした上で，業績や将来性を評価する「公正な格差」ともいうべき考え方である。（中略）

　広義の教育における国の役割は二つある。一つは，主権者や社会の構成員として生活していく上で必要な知識や能力を身につけることを義務づけるものであり，もう一つは，自由な個人が自己実現の手段を身につけることへのサービスである。つまり，「義務として強制する教育」と「サービスとして行う教育」である。

　現在の日本の教育では，この二つの教育が混同され，授業内容についていけない子どもには過大な負担を与えながら，それを消化してより広く好奇心を満たしたい子どもには足踏みを強いる結果を招いている。そこで，21世紀にあっては，これまで混同されてきた二つの教育を峻別し，「義務としての教育」は最小限のものとして厳正かつ強力に行う一方，「サービスとしての教育」は市場の役割にゆだね，国はあくまでも間接的な支援を行うことにすべきである。

　例えば，初等中等教育では，教育の内容を精選して現在の5分の3程度まで圧縮し，週3日を「義務としての教育」にあて，残りの2日は，「義務としての教育」の修得が十分でない子どもには補習をし，修得した子どもには，学術，芸術，スポーツなどの教養，専門的な職業教育などを自由に選ばせ，国が給付するクーポンで，学校でもそれ以外の民間の機関でも履修できるようにすることが考えられる。

（「21世紀日本の構想」懇談会『日本のフロンティアは日本の中にある―自立と協治で築く新世紀―』，同HP　http://www.kantei.go.jp/jp/21century/houkokusyo/1s.html）

11　少子化対策と幼児教育改革

少子化とはなにか

　今日子どもの数はめっきり減ったといわれる。かつては一家に数人の子ども（兄弟姉妹）がいて，貧しいながらも明日を夢見て一生懸命生きてきた。とくに戦後第一次ベビーブーム世代（団塊の世代）は，戦後日本の原風景をそれぞれの時期に刻印してきたともいえよう。それは，路地で遊ぶたくましい子ども時代から始まり，厳しい受験戦争や大学紛争をくぐりぬけた青年時代，オイルショック後の長時間労働を支え，バブル・戦後最大の不況に翻弄されてきた壮年時代と表現できよう。この間人々は，農林漁業から製造業・サービス業へ移動し，同時に都市に集住するという時代をもたらした。1971年～1974年に第二次ベビーブームを迎えるが，女性が生涯に産む平均子ども数（合計特殊出生率という）はその後人口維持に必要な2.1を割り込み，2005年度は1.25という最低の数値を示すことになった。

　人口は自然要因と社会要因により増減する。出生数が死亡者数を下回ればよほどの社会要因（外国からの人口流入）がなければ人口は減少に転じるが，すでに2005年から始まったとの指摘がある。では，少子化が進むと何が問題になるだろうか。まず，将来の労働力人口の減少となり，日本の経済力の低下となる。一方，高齢化は団塊の世代を迎え肥大化の様相を呈するのも時間の問題である。直接的には社会や高齢者の支え手が減少するということである。しかし，問題はそればかりではない。高齢者のみが残る過疎の町や村の寂しさに思いをはせれば自ずと理解できよう。

少子化の原因と対策

　少子化の原因は，仕事と子育ての両立の難しさ，育児や教育費負担の重さ，長時間労働，低賃金の若者層の増大など多岐にわたる。政府が本格的に対策に乗り出したのは，1994年12月文部・厚生・労働・建設の4大臣合意による「今

後の子育て支援のための施策の基本的方向について」(エンゼルプラン)に基づく施策と，大蔵・厚生・自治の3省による「当面の緊急保育対策等を推進するための基本的考え方」(緊急保育対策等5か年事業)の策定および実施であった。それ以降も，育児支援(保育所の整備充実・児童手当の増額など)のほか，地方公共団体や企業などにも行動計画の策定・実施を求めるなど社会全体の支援を訴える対策が出されるようになった(**資料11-1**)。高度成長期を経て日本社会は核家族化が進行した。今日，両親に育児支援を依頼できる家庭はどれくらい存在するだろうか。NPOによる育児支援もどこにでもあるわけではない。要は日本の労働環境の整備に帰着するといっていいだろう。「父親も母親も子どもと深くかかわり，家族そろって夕食」(**資料11-2**)をとることのできる経済的に安定した社会を保障することに結びつく施策を政府はとらなければならない。

幼稚園と保育所

幼稚園は3歳児から，保育所は0歳児から子どもを預かり5歳まで保育をする施設である。両者はそれぞれ学校教育法，児童福祉法に明記され，文部科学省と厚生労働省にそれぞれ監督権限がある。

両者は地域によりその割合を異にするものの，乳幼児の保育・幼児教育を願う父母の要求に応える形で増加してきた。ここ10年間(1996年から2005年)の推移を見ると，幼稚園は，14,790園(国公立6,189，私立8,601)，園児1,798,051人(国公立366,995，私立1,431,056)が，13,949園(国公立5,595，私立8,354)，園児1,738,766人(国公立355,517，私立1,383,249)となり，公私立とも園数・園児数を減少させている。

一方，保育所は，22,441か所(公営13,129，私営9,312)，入所人員1,610,199人(公営874,333，私営735,866)から，22,570か所(公営12,090，私営10,480)，入所人員は1,993,684人(公営987,865，私営1,005,819)となり，入所者数を大きく増加させているが，私営に在籍する子どもが公営のそれを上回ったのが特徴といえる。それでも保育所に入れない子ども(入所待機児童)が都市部を中心に，2005年段階で23,338人(**資料11-3**)存在し，待機児童解消のため民間保育所設置認可が推進されるなか神戸市で起きた問題(**資料11-**

4) は重く受け止めなければならない。

認定こども園

　働く母親の増加により，幼稚園を選択する子どもが減少し，さらに少子化の進行により幼稚園の維持が困難になる地域も現れるようになった。一方，公立保育所に対しては延長保育や夜間保育などを求める声も増え，待機児童も数万人を数えるほどとなった。これらを一つの背景としつつ，政府は2003年6月27日「経済財政運営と構造改革に関する基本方針2003」を閣議決定した。就学前の教育・保育を一体としてとらえた一貫した総合施設の設置と，幼稚園・保育所の職員資格の併有と両施設設備の共用促進を図ることを目的とした。言い換えるならば，少子化と共働き家庭の増加に対応するため，既設の機関・施設を元に新施設や空き施設，そして，職員を有効活用するのがねらいどころである。2005年度のモデル事業実施を経て，2006年6月15日「就学前の子どもに関する教育，保育等の総合的な提供の推進に関する法律」が公布され，同年10月1日施行された。この法律を元に各都道府県は認定基準を条例化し，これに合致するものが「認定こども園」(**資料11-5**) と認められるのである。

　この施設は，利用希望者が就労の有無にかかわらず直接園と契約を結ぶ方式をとる点に特徴がある。職員配置は保育所と幼稚園の規定を「望ましい」とするなかで，4時間保育（幼稚園型），8時間（保育所型），一時保育，子育て支援（相談を含む），延長保育などなんでもありの，まさに「総合施設」といえよう。保育所を例にとれば，＜保育士1人：0歳児3人＞は1998年の「児童福祉施設最低基準」によってやっと達成されたものの，現場ではこれでも不十分といわれている。法律は，この最低の基準さえ「望ましい」というのである。また，保育所とは違って利用料も所得の多寡にかかわらず一律で，高額になる可能性も大いにある。「就学前の教育・保育を一体としてとらえた」実践・検証も不十分ななか，そこに子育て支援事業も加えられ，最低基準を割るかもしれない人員で，本当に一人ひとりの子どもにとって楽しく有意義な乳幼児期を認定こども園は保障できるのだろうか。

資料

資料11-1　次世代育成支援の日本と欧米の違い

　幼稚園前の育児への公費支出が，日本は国内総生産（GDP）比0.6％だが，北欧や仏はその4～5倍，英独も3～4倍だ。幼稚園以降の教育費も日本は同3.7％で，経済協力開発機構（OECD）加盟国で最低だ。

　公費支援の少ない日本の教育費は25％が家計など私費負担で，欧州各国の数％～十数％に比べ相当重い。大学卒業までの1人あたりの養育費の家計負担は，平均で2千万円超との試算もある。

　背景に「子どもを育てるのは家庭の責任」との考え方がある。その結果，親の経済力によって子どもの教育環境も就学前から大きく左右され，それが大学まで続く。

　仏には，子どもの数が増えれば税額が大きく減る仕組みや手厚い児童手当がある。スウェーデンは長期の育児休暇制度を充実させる一方，女性を福祉・教育部門の公務員に大量採用する。欧州では「社会全体の財産である子どもの育成は政府が責任を負う」との国家政策が定着する。（後略）

（「朝日新聞」2006年12月3日）

資料11-2　（社説）働き方を変えよう　出生率1.25

　（前略）　景気の回復を反映して雇用の改善は進んだが，パートや派遣などの非正社員は増える一方だ。今や働く人の3人に1人を占める。若い世代では2人に1人だ。

　非正社員は正社員に比べ収入が低く，不安定だ。厚生労働省が20～34歳の若者を対象に02年行った調査によると，正社員の男性は4割が結婚していたのに，非正社員は1割に満たなかった。

　将来に不安を持ち，自分の暮らしに精いっぱいの若者が，どうして結婚や子どもを持つことを考えられるだろうか。

　一方，正社員はどうだろう。過労などが原因で脳や心臓の疾患になったとして05年度に労災認定された人は330人で，過去最多となった。背景に広がっているのは慢性的な長時間労働だ。

　この10年をみると，週に60時間以上働く人の割合が増えている。なかでも30代の男性の労働時間が長い。有給休暇を取る率も減っている。子育て世代の男性正社員は毎日，長時間，休みもとらないで働いている。

　残業がつづけば，未婚の男女にとってはアフターファイブに様々な活動に参加し，未来の伴侶と出会う機会が限られる。結婚している男性は，家族と過ごす時間が奪われる。

　こんな企業風土は，働きたい女性にとっても高い壁になっている。最初の子ども

114　II　現代社会と教育

が生まれると，7割の女性は職場を去っていく。仕事と子育てを両立することが困難だからだ。会社に残っても，なかなか2人目を産める環境ではない。

　仕事に打ち込みながら，子育てをして趣味も楽しめる。そうした生活と調和がとれた働き方を実現したい。（中略）

　ひとたび親になれば，子育ては何年もつづく。保育所や学童保育の充実は必要だが，親と子を長い時間離す支援だけではいけない。父親も母親も子どもと深くかかわり，家族そろって夕食が食べられる。そんな社会に変えたいと思う。

（「朝日新聞」2006年6月2日）

資料11-3　待機児童数の推移

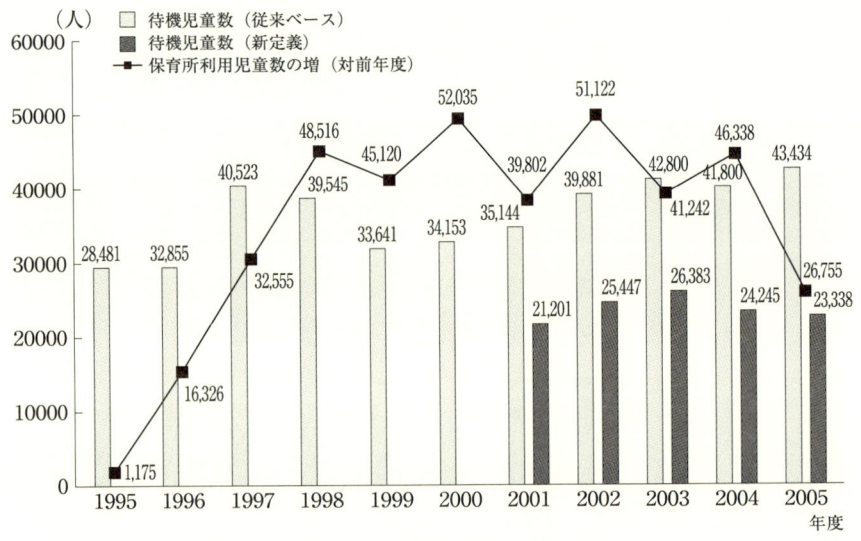

（人）
- 待機児童数（従来ベース）
- 待機児童数（新定義）
- 保育所利用児童数の増（対前年度）

年度	待機児童数（従来ベース）	待機児童数（新定義）	保育所利用児童数の増
1995	28,481		1,175
1996	32,855		16,326
1997	40,523		32,555
1998	39,545		48,516
1999	33,641		45,120
2000	34,153		52,035
2001	35,144	21,201	39,802
2002	39,881	25,447	51,122
2003	42,800	26,383	41,242
2004	41,800	24,245	46,338
2005	43,434	23,338	26,755

（注1）　各年4月1日現在（以下，各年に係る数値は，特段の表示がない限り，すべて4月1日現在）
（注2）　2001～2005年度については，保育所入所待機児童の定義の変更をうけて，従来のベースのものと，新定義に基づく数値を2つ図示した。なお，新定義は，①ほかに入所可能な保育所があるにもかかわらず，特定の保育所を希望して待機している場合，②認可保育所へ入所希望していても，自治体の単独施策（いわゆる保育室等の認可外施設や保育ママ等）によって対応している場合は，待機児童数から除くとしている。（厚生労働省調べ）

（全国保育団体連絡会・保育研究所編『保育白書　2006年版』ちいさいなかま社，2006）

資料11-4　神戸市の企業立保育園廃園問題

　これ（神戸市当局が市議会福祉環境委員会に対して提出した資料——引用者注）によれば，同園には，10月1日時点において50人が入所し，職員も21人が在籍していた。廃園の提案にいたる経緯は，以下のように説明されている。

①2003（平成15）年度の実地監査において，同園の施設運営・児童処遇及び会計処理上の問題が明らかとなり，②市として，健全運営に向けた指導を行い，保育内容についてはほぼ問題がない状況になったが，会計処理上の問題については，一部是正されたものの，解決の見通しが立たず，③2005（平成17）年10月14日に，運営主体である株式会社ウィシュ・神戸が「廃止承認申請書」を提出し，④市としても，会社の経営状況から安定的な保育所運営は困難と判断し，廃止承認を行う旨意思決定した，とのことである。

また，廃園の時期は2005年度末の2006年3月31日で，入所児童の処遇について混乱が起こらないよう，市主催で保護者説明会を10月中に2回実施し，転園については，保護者の意向に沿うよう最大限の配慮をし，職員に対しては，雇用機会の確保のために求人情報の提供を行う，とも説明されていた。

（増田百代「神戸市の企業立保育園廃園問題」全国保育団体連絡会・保育研究所編集『保育白書 2006年版』2006）

資料11-5　認定こども園の概要

認定こども園とは？

幼稚園，保育所等のうち，以下の機能を備え，認定基準を満たす施設は，都道府県知事から「認定こども園」の認定を受けることができます。

就学前の教育・保育を一体として捉え，一貫して提供する新たな枠組み

幼稚園
- 幼児教育
- 3歳〜就学前の子ども

→ 機能付加

就学前の子どもに幼児教育・保育を提供
保護者が働いている，いないにかかわらず受け入れて，教育・保育を一体的に実施

地域における子育て支援
すべての子育て家庭を対象に，子育て不安に対応した相談活動や，親子の集いの場の提供などを実施

← 機能付加

保育所
- 保育
- 0歳〜就学前の保育に欠ける子ども

以上の機能を備える施設を，認定こども園として都道府県が認定。

認定こども園には，地域の実情に応じて次のような多様なタイプが認められることになります。なお，認定こども園の認定を受けても，幼稚園や保育所等はその位置づけを失うことはありません。

幼保連携型	幼稚園型	保育所型	地方裁量型
認可幼稚園と認可保育所とが連携して，一体的な運営を行うことにより，認定こども園としての機能を果たすタイプ	認可幼稚園が，保育に欠ける子どものための保育時間を確保するなど，保育所的な機能を備えて認定こども園としての機能を果たすタイプ	認可保育所が，保育に欠ける子ども以外の子どもも受け入れるなど，幼稚園的な機能を備えることで認定こども園としての機能を果たすタイプ	幼稚園・保育所いずれの認可もない地域の教育・保育施設が，認定子ども園として必要な機能を果たすタイプ

① 就学前の子どもに幼児教育・保育を提供する機能
（保護者が働いている，いないにかかわらず受け入れて，教育・保育を一体的に行う機能）
② 地域における子育て支援を行う機能
（すべての子育て家庭を対象に，子育て不安に対応した相談活動や，親子の集いの場の提供などを行う機能）

認定こども園の認定基準は？
　認定こども園の具体的な認定基準は，文部科学大臣と厚生労働大臣が協議して定める「国の指針」を参酌して，各都道府県が条例で定めます。
　「国の指針」においては，認定こども園に求められる質を確保する観点から，以下のような事項を定めることを予定しています。
職員配置
● 0～2歳児については，保育所と同様の体制
● 3～5歳児については，学級担任を配置し，長時間利用児には個別対応が可能な体制
職員資格
● 0～2歳児については，保育士資格保有者
● 3～5歳児については，幼稚園教諭免許と保育士資格の併有が望ましいが，学級担任には幼稚園教諭免許の保有者，長時間利用児への対応については保育士資格の保有者を原則としつつ，片方の資格しか有しない者を排除しないよう配慮
教育・保育の内容
●幼稚園教育要領と保育所保育指針の目標が達成されるよう，教育・保育を提供
●施設の利用開始年齢の違いや，利用時間の長短の違いなどの事情に配慮
●認定こども園としての一体的運用の観点から，教育・保育の全体的な計画を編成
●小学校教育への円滑な接続に配慮
子育て支援
●保護者が利用したいと思ったときに利用可能な体制を確保（親子の集う場を週3日以上開設するなど）
●さまざまな地域の人材や社会資源を活用。

（厚生労働省HP　http://www.mhlw.go.jp/bunya/kodomo/hoiku02/pdf/pamph.pdf）

12 義務教育制度の今日的課題

通学区域の弾力化

　1980年代の臨時教育審議会答申では，教育の自由化や弾力化を進める観点から，市区町村教育委員会による学校指定の権限を維持しつつ，保護者の希望を生かすため，学校選択の機会を漸進的に拡大する具体的方策を考案することが提言された。その後97年には，通学区域制度の弾力的運用を求める文部省通知が出され，市区町村教育委員会等の判断により公立小・中学校の選択制を導入することが可能となった。翌98年の三重県紀宝町をはじめ，現在では数多くの地方自治体で実施され，今後もさらに増加するものと考えられる。

　従来，公立小・中学校は教育委員会の設定した通学区域にそれぞれ1校ずつ設置され，当該通学区域在住の学齢児童生徒を指定した学校に通学させてきた。これが，学校教育の硬直化を招いた一因であったことは否めない。通学区域制度の弾力的運用，すなわち公立小・中学校選択制導入は，確かに父母や子ども自身の学校を選ぶ自由を保障し，学習権を守る1つの方策である。だが，課題も少なくない。たとえば，先の文部省通知の趣旨には，通学区域制度の規制緩和とともに，いじめ等から子どもを守ることなどが含まれ，異質な2つの考え方を混交させていること。理念面では，市場原理と学校選択を直結した型，学校選択制度にあらかじめ「規制」を設けた型などがあること。また，選択制度の導入が学校間格差を生じさせ，それを定着・拡大させるという指摘もある。

教育バウチャー制度

　市場原理に基づく学校選択の自由化と教育費負担のあり方を関連させる立場から，フリードマン（Friedman, M）らは教育バウチャー制度を提唱した。これは，学齢児童生徒をもつ個々の家庭は子どもの通学する学校を自由に選択し，政府が公的に発行したバウチャー（金券証書）で必要な教育費用を支払う制度である。子どもや父母の学校選択権を保障する一方で，学校間競争や多様

化による学校改革を志向・促進するものでもある(**資料12-1**)。アメリカでは一部の地域で実施されたが,弊害も少なくなかった。たとえば,学校間の多様性とは裏腹に特定の学校に同じような家庭背景の子どもたちが集中し,学校内での多様性が失われ,公教育の存在理由そのものが問われかねない状態にもなった。

義務教育費国庫負担制度

近代公教育の原則の1つに義務教育無償制（公費負担制）がある（Ⅰ―4及び5参照）。無償の範囲については,①無償範囲法定説,②授業料無償説,③修学費無償説など諸説ある（**資料12-2**）が,義務教育無償制は日本国憲法に規定された戦後教育の基本原則である。1952年には義務教育費国庫負担法（新法）が成立し,「国民のすべてに対しその妥当な規模と内容」の義務教育を保障し,「教育の機会均等と教育水準の維持向上」を図る財源的な裏づけとして,公立義務教育諸学校経費の2分の1を国が負担する制度が確立した。その後,少なくとも1970年代までは国庫負担対象の経費も拡大する方向にあった。

ところが,80年代以降の行財政改革による国庫負担経費の削減方針により,義務教育費でも国庫負担対象経費の削減が実施され,今日では国庫負担制度そのものの見直しや廃止が論議されている。その論点には,義務教育に対する国の責任,国の権限と地方分権,教育水準の地方均衡化,財源移譲による地方行財政の自主性確立等がある。これに文部科学省,総務省,財務省などの関係省庁,地方6団体などの主張が錯綜し,複雑なものとしている。このうち文部科学省は,国庫負担制度の維持を前提としたうえで,教育施策への地方の自主性に配慮した＜総額裁量制＞を主張している（**資料12-3**）。

今日,家計が支出する教育費は義務教育段階でも決して少額ではない。子どもの生存権と学習権を保障するため,教材・教具費,通学費・給食費など直接間接に支出される経費は,本来公的に負担されるべきであろう。義務教育費負担のあり方が,財政論から論議されるのではなく,子どもたちの人間形成にとって豊かな基礎教育を提供する観点から論議されることを期待したい。

学校・家庭・地域の連携

80年代以降,肥大した学校機能をスリム化し,学校,家庭,地域が連携して

子どもたちを育成することが提唱されている。1995年の経済同友会の「学校から「合校」へ」は，その代表例といえよう。①国民共通の基礎・基本を習得する場としての「学校（基礎・基本教室）」を中核に，その周辺に，②科学の発展学習，情操教育の場としての「自由教室」と，③子どもたちが自然や他人とぶつかる場としての「体験教室」を配置し，①～③を緩やかに統合したネットワークが「合校」である。「合校」では教員ばかりでなく，各界の専門家，地域の人びと，子どもの家族などさまざまな人たちがその教育活動に参加し，学校，家庭，地域の教育的役割を明確にし，それらが連携することをとおして，知育に偏った人間形成を是正しようとするものであった。

現在では，こうした「合校」的構想というよりも，家庭や地域の教育力を回復させ，その上で，学校と家庭や地域との連携の方策が模索されている。

小中連携・一貫教育

2003年の中央教育審議会答申「新しい時代にふさわしい教育基本法と教育振興基本計画の在り方について」は，社会や保護者の意識の変化に対応して義務教育制度を弾力化すべきとし，小学校課程の分割や幼小，小中，中高の校種間連結の推進を示した。幼児期から青年期に至る子どもの成長発達を一貫性のある指導という観点から見直し，各学校段階の接続を円滑化しようとするものである。文部科学省では，2000年度から小中連携の研究開発学校を指定している。また，政府の「小中一貫教育特区」も2003年度から実施されている（**資料12－4**）。

小中連携・一貫教育では，義務教育9か年を1つのまとまり（第1学年から第9学年）としてとらえ，現行の6―3の区切りのほかに5－4，4－3－2などの多様な区切りを導入するものである。たとえば，従来の小学校と中学校との間で固定化されてきた，教育内容・方法や学級組織の面での長所をうまく組み合わせることにより，いわゆる「10歳の壁」や小学校と中学校との壁での躓きを抑えていくことも期待できよう。

文部科学省は教育改革の一環として，小中連携・一貫教育を進めている。他方，中等教育学校の設置など中高連携・一貫教育も推進している。戦前の小学校尋常科と高等科の連結と5年制中学校等を並列した複線型学校体系を想起した時，2つの施策が初等教育段階からの複線型に繋がる懸念を禁じ得ない。

資料

資料12-1　教育バウチャー制度

　学校選択制の発想は，アメリカで議論されている「教育バウチャー制」の影響をうけたものであると考えられる。この制度の下では，初等・中等教育において，政府が一種のクーポンを学齢期の子どものいる家庭に配る。両親は子どもを通学させたい学校を自由に選んで，子どもを入学させ，それに要する費用をそのバウチャーで支払う。もしその学校がクーポンの所定の金額よりも多額の金額を要するのであれば，それに両親が自分の負担で差額をだすこともできる。通常の公教育と比べると，この制度は次の点で大きく異なる。即ち第一に，子どもが通学する学校は，政府によって割り当てられるのではなく，両親が選ぶことができる。第二に，現状の制度では，両親が公立学校ではなく，私立の学校を選ぶ権利は与えられているとしても，私立学校を選べば，費用の全額を負担しなければならない。いいかえれば，公立学校を選ばなければ，一種のペナルティーが科されることになる。これに対して教育クーポン制の下では，こうしたペナルティーはなく，必要があれば差額を負担すればよい。こうした特徴によって，生徒が一定の教育をうける権利は費用の面では保証されるけれども，両親は自らの信条と子どもの個性に応じて，最も適した学校を選ぶことができる。結果として多様化が促進されると同時に，学校間の競争も生じて，政府による管理によらずに，自主的かつ効率的な運営が促される。バウチャー制の提唱者はこのように主張する。

　こうした提案はアメリカでも，一定の地域で試行されただけで，まだ全面的に受け入れられている訳でない。その弊害も少なくないことを示している。特に重要なのは，こうした制度は，学校の間の多様性を作るとしても，家庭背景の同じような子どもが特定の学校に集中することによって，学校の中での多様性をむしろ損ってしまう，ということであろう。多様な子どものいる空間は，それ自体が貴重な教育の資源であり，またそれが公教育の存在理由につながるとすれば，そうしたものが失われることの意味は小さくない。

（金子元久「方法としての「市場」」『教育学年報5　教育と市場』世織書房，1996）

資料12-2　義務教育無償制の範囲

　①　無償範囲法定説は，憲法二六条二項後段の「義務教育は，これを無償とする」という規定は，国が国民に就学義務を強制する反面において，国民の義務教育に要する費用を可能な限り無償とすべきことを国の政治責務として宣言したに過ぎない。したがって「無償」の範囲は，そのときの国の財政事情等に応じて，別に法律をもって具体化されるものである，という考え方である。いわゆるプログラム規定説である。文部省では，憲法施行以来，この考え方を採っている（木田宏『教育行政法』

改訂版，一九六四年，良書普及会，六四頁）。

　この見解によれば，授業料の無償さえもが，教育基本法四条二項後段の規定によって，はじめて実現される，ということになる。つまり，授業料を無償とする，あるいは，しない，ということまで法律によってならば，いずれにでも定めうる，ということになる。そうだとすれば，教基法四条の規定を変更して義務教育の授業料を徴収することとしても違憲問題を生じない，ということになる。このような考え方は，憲法が「義務教育は，これを無償とする」と断定的に規定している点から考えても，また本条の立法趣旨に照して考えてみても，それが正しいとはいいえない。
　②　授業料無償説は，義務教育費で無償とされる範囲は，授業料だけに限られる，とする考え方である。この考え方は，学説にも多い。ただ，この考え方の学説も，教材費等のすべての義務教育費を無償ならしめるよう国の政治的義務としては積極的に努力すべきである，といずれも強調してはいる。
　（中略）
　③　修学費無償説（これまで「就学必需費無償説」と呼ばれていたが，このようにいいかえた方が，その論旨が解りやすいと思えるので，いいかえることとする）は，基本的には，国民の"教育を受ける権利"を権利として保障するということは，国民の誰もが，家庭の経済的事情などにかかわりなく，一人ひとりが人間として自立して生活することができるように，その技術や意欲などの能力を習得させることを誰にも均等に保障することであるから，学校教育についていえば，単に「就学」のための授業料の不徴収にとどまらず，その「修学」までに必要とする全費用を無償とすべきである，という考え方である。したがって，憲法が「義務教育は，これを無償とする」と明言している以上，その無償の範囲は，授業料に限定されず，教科書費，教材費，学用品費など，そのほか修学までに必要とする一切の金品を国や地方公共団体が負担すべきである，という考え方である。（後略）

（永井憲一『憲法と教育基本権〈新版〉』勁草書房，1970）

資料12-3　義務教育費国庫負担制度の概要と廃止する場合の問題点
1　義務教育費国庫負担制度の概要
　まず，義務教育費国庫負担制度とは何かについて説明します。
　義務教育費国庫負担制度は，すべての国民が，全国どの地域においても無償で一定水準の義務教育を受けられるようにするため，公立の義務教育諸学校の教職員給与費について，都道府県が負担した経費の一定割合を国が負担するというものです。この制度は，国が法律によって学級編制や教職員定数の標準を定める法律とあいまって，教育の機会均等とその水準の維持向上のために重要な役割を果たしており，結果として全国約70万人の教職員給与費の総額5兆円が確実に確保されています。
　義務教育費国庫負担制度については，平成16年度に，国が負担すべき額の総額を確保し，使い方については地方の裁量にゆだねることとする「総額裁量制」が導入されています。これにより，総額の範囲内で少人数教育を充実させることなどによ

り，地方独自の教育を展開することが一層可能になっています。

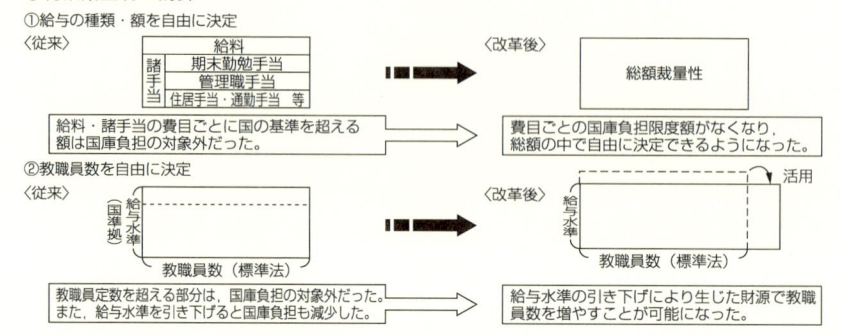

●総額裁量制の概要
①給与の種類・額を自由に決定

〈従来〉
諸手当：給料／期末勤勉手当／管理職手当／住居手当・通勤手当　等
給料・諸手当の費目ごとの国庫負担の基準を超える額は国庫負担の対象外だった。

〈改革後〉
総額裁量性
費目ごとの国庫負担限度額がなくなり，総額の中で自由に決定できるようになった。

②教職員数を自由に決定

〈従来〉
国準拠／給与水準／教職員数（標準法）
教職員定数を超える部分は，国庫負担の対象外だった。また，給与水準を引き下げると国庫負担も減少した。

〈改革後〉
給与水準／教職員数（標準法）／活用
給与水準の引き下げにより生じた財源で教職員数を増やすことが可能になった。

2　義務教育費国庫負担金を廃止する場合の問題点

①国庫補助負担金，②税源移譲を含む税源配分，③地方交付税の在り方を一体的に見直すこととしている「三位一体の改革」において，全国知事会等の地方六団体は，義務教育費国庫負担金の全額を廃止し税源移譲の対象とすることを前提として，まず中学校分8,500億円に係る負担金を移譲対象補助金とすることを求めました。

これについては，次のようなことに留意する必要があります。

義務教育費国庫負担金の全額を税源移譲の対象とした場合，47の都道府県のうち40の道府県で義務教育費国庫負担金による配分額よりも税源移譲額が下回ることが推計されています（参照：参考資料"その他"）。

そうした懸念もあり，平成17年度には1,044の市区町村（全国の市区町村の47％）の議会から義務教育費国庫負担制度の堅持を求める意見書が提出されています。これは16年度から通算すると全国の市区町村の64％に達しています。小中学校を設置し，その運営に責任を持っているのは市町村です。こうした地方の声や格差拡大の懸念にも留意する必要があります。

（以下略）

（『文部科学白書　平成17年度』2006）

資料12-4　小中連携・一貫教育研究指定校

小中一貫教育6年目の広島・呉
●異学年交流で刺激／中学への「橋渡し」配慮

　公立学校で初めて小中一貫教育に取り組んだ広島県呉市の五番町小，二河小，二河中の研究が最終年度を迎えた。6年間の試みの成果はどうか。今月1，2日に開かれた研究発表を訪ねた。　　　　　　　　　　　　　　　　　　（平野智津）

　黒板に張った正三角形の画用紙の外側と内側に，先生がコンパスでくるりと円を描いた。「この円と中心には名前がついています。中学生で習うからね」

　五番町小6年生の算数の公開授業のテーマは「正三角形のひみつを探ろう」。1人

の先生は主に板書や説明をし，もう1人の先生が児童の席の間を見て回った。

子どもたちは45分の授業の中で，直角三角形6枚を組み合わせて正三角形を作り，そこから辺の長さや角度の大きさ，面積などの性質を見つけて自分の言葉で説明した。授業のねらいは「中学数学への橋渡し」だ。

別の教室では二河，五番町両小学校の3年生と二河中2年生（8年生）が壁新聞や作文に取り組んでいた。年の差がある「異学年交流授業」だ。ある班は買い物や調理実習で苦労した様子を発表する紙芝居のせりふを作っていた。

8年生「うーん，（四苦八苦したという）この言い回し，わかりにくいかなあ」。

3年生「もっと簡単に『難しかった』ってしたら」。

どの班も8年生が3年生をリードするが，3年生のアドバイスで作業がまとまる場面もあった。「初めは小さい子と授業って嫌だなと思ったけど，やってみると楽しい」と，8年生の女子は話す。

下の学年は，上の学年から考え方や技術的なことなどを学ぶ。上の学年は集団のまとめ方を考えると同時に，「自分は周りから認められていない」といった年齢的に抱えがちな悩みを解消できるという。

〈9年かけて進路を指導〉

呉市3校の研究は00年度に始まった。

「6・3制」の義務教育を前期（1〜4年生）▷中期（5〜7年生）▷後期（8，9年生）の「4・3・2制」に区切った。中期で英語を学び始め，理科，社会，体育などの教科を選んで勉強する。9年間を通じて進路指導をする「生き方学習」もつくった。カリキュラムは，中学に上がる際の勉強のつまずきや子どもの心身の変化を考慮。小，中の先生が互いに行き来し，3校で話し合う場も設けた。

子どもたちへのアンケートなどで検証した結果，学力向上や進学時の不安の解消，中卒時の進路への満足感などの効果があったという。

変化は先生たちにもあった。中学教諭だった二宮肇美先生が小学校で授業を始めたころ，子どもから板書の速さにどよめきが起きた。「授業をしてみて違いの大きさに驚いた。ふだんの授業が子どもにとってベストか，小，中の先生が考える必要がある」と話す。

昨年度末の教職員アンケートでは「子どもたちへの理解や見方が変わった」「連携教育で指導方法などに工夫や改善をした」が各95％だった。

しかし，研究発表会を見学した参加者からは「呉の3校のように歩いて数分の距離という立地はまれ。学校同士が離れていると連携しづらい」「小中のかけ持ちで増える教師の負担はどうしたらいいのか」と，課題を指摘する声もあった。

東京学芸大の児島邦宏教授は，子どもや地域の実情に合わせたカリキュラムが必要だとし，「はやりだからと連携を取り入れてもうまくいかない学校もある。先生方がどんな教育をするのか，はっきり分かっていることが大切だ」と語る。

（『朝日新聞』2005年11月13日）

13　新しいタイプの高校

新制高等学校の定着

　戦後教育改革により，新制高等学校は大衆的で単一な後期中等教育機関として1948年に開設された。教育機会均等の理念のもと，義務教育修了後も学校教育を継続しようとする青年男女を可能な限り受け入れることを理想とした。そのため，多くの都道府県で「高校三原則」（総合制・男女共学制・小学区制）が採用され，高校教育の普及と機会の均等を図ろうとした（**資料13−1**）。

　進学率は1950年の42.5％から60年には57.7％，70年には82.1％へと着実に上昇し，新制高校は戦後社会に確実に定着した。だが，その性格は，第一次ベビーブーマーの高校進学期を迎えた60年代前半を境に，大きく変質していく。「希望する者はすべて公立高校に」をスローガンに高校全入運動が全国的に展開されたにもかかわらず，財政上の理由や中卒労働力の確保などから，高校の新増設は極力抑制された（**資料13−2**）。また人的能力開発政策の立場から，高校では単置制の職業高校の割合が増加し，工業科を中心に職業学科の新増設や学科の細分化・専門化が推し進められた。「高校三原則」は次第に放棄され，「能力に応じた」新たな差別を生じさせた。

高校中途退学者問題

　1970年代末ごろより高校中途退学者が急激に増加し，1990年には12万3529人に達した。その後，中退者は減少傾向にあるが，中退率は2％台前半で推移している。ちなみに2003年の退学者は8万1799人，中退率は2.2％であり，理由としては「もともと高校生活に熱意がない」などの「学校生活・学業不適応」が37.5％，「就職を希望」などの「進路変更」が35.5％となっている。また，定時制高校や全日制高校の「指導困難校」に中退者が集中する傾向にもある（**資料13−3**）。

　ところで，中退率2％台前半というと50〜40人に1人の退学を想定するが，高校在学期間（3〜4年間）を考慮すると，同年齢の6〜7％が卒業までに退学

していることとなる。OECDの統計では、日本の後期中等教育機関卒業率は91％（世界第4位）と高い水準にある。だからこそなお、高校教育を享受できなかった約10％の青年たちが、職業機会の制限など生涯にわたる社会的不利益をできる限り蒙ることのないような社会にしなければならない。

「準義務化」状態と生徒多様化への対応

今日、高校は「準義務化」状態であり、生徒の能力・適性、興味・関心、進路等がきわめて多様化している。これに対応して、個性の最大限の伸張を目途に生徒のニーズに応じた学習の選択幅を拡大するなど、多様な特色ある学校づくりが推進されている。

具体的には、次項で述べる新しいタイプの高校の制度化のほか、入試の改善、学習指導要領の改訂、職業教育の活性化などが実施されている。入試の改善については、生徒の多様な能力や適性等を多面的に評価するため、推薦入学の拡大、面接、小論文・作文の採用など、「選抜方法の多様化」、「評価尺度の多元化」が図られた。2003年改訂の『高等学校学習指導要領』では、卒業必要単位数および必修単位数が縮減されるとともに、特色ある教育課程の編成のために各学校独自の教科・科目の開設を可能にした。職業教育の活性化としては、就業体験機会の確保やガイダンス機能の充実などがあげられる。このほか、学習機会の選択幅を増やすため、在学する学校以外での学修成果を単位として認定することも制度化されている。

新タイプの高校教育――単位制・総合学科・中高一貫教育校

臨時教育審議会の「後期中等教育の柔軟化」の方針を受け、1990年代以降、単位制、総合学科、6年一貫制を採用した新しいタイプの高校（中等教育機関）が各地で開設された。

単位制高校は、学年の区分による教育課程をとらず、学年毎の進級認定をせず、所定の単位を修得すれば卒業を認定するものである。1988年度に定時制・通信制課程で制度化され、1993年度からは全日制課程でも認められ、2005年度には684校になっている。生徒が選んだ科目や時間帯での学習が可能となり、個々の生徒のさまざまなニーズに応じた学習の形態を提供する。従来の高校に

はなかった包容力をもち,硬直化した高校教育を改善することも可能となる。

　1991年中央教育審議会は,普通科でも専門学科でもない第3の学科として総合学科を提言し,93年には「高等学校教育の改革の推進に関する会議」がその構想の全体像をまとめた。普通科と専門学科に二分化された高校教育を総合化することは新制高校の本来の教育目的であり,青年期の人間形成として望ましい方向である。94年度に7校が創設され,2005年度には286校設置されている。総合学科では単位制が導入され,生徒の選択による自分だけのカリキュラムを組み学習する（**資料13－4**）ことや,また総合学科と小学区制を結合させた「地域総合高校」も可能となる。

　1993年度には中学校と高校の6年間を一体的に教育する,中高一貫教育校が制度化され,2005年度現在173校が設けられている。中高一貫教育校には,中学校と高校を完全に1つの学校とした中等教育学校,設置者が同一の中高において入試を行わずに接続させた併設型,既存の中高間で教育課程や教員・生徒間の交流などを深める連携型,の3つの形態がある。青年期の発達の様態や生徒の個性を踏まえ,個々の生徒が将来像を描きながら,高校入試に煩うことなく,中等教育6年間をじっくりと人間的に成長する可能性を中高一貫教育校は有している。他方,大学受験や特定能力の早期育成にシフトしたものとなれば,一層熾烈な競争主義に基づく教育が展開されるかもしれない。

スーパー高校

　2002年度には特定分野での卓越した人材育成をめざし,スーパー・サイエンス・ハイスクールとスーパー・イングリッシュ・ランゲージ・ハイスクールが指定された。

　前者では,科学技術や理数科教育に重点を置いた教育を行うため,カリキュラムの開発,授業等での大学や研究諸機関と連携方策,思考力,創造力,独創性を高める指導方法等の研究を実施している（**資料13－5**）。指定期間は当初の3年から5年に延長され,2005年度には新規と継続の合計82校が指定を受けた。

　後者では,英語教育を重視したカリキュラム開発や一部教科を英語で行う授業,大学や中学校等との英語教育の連携方策などの実践的研究を実施する。指定期間は3カ年で,2005年度の指定校は新規と継続をあわせて100校である。

資料

資料13-1　小学区制について

　戦後の公立高校に関しては，一九四八年に制定された旧教育委員会法が規定したように「高等学校の教育の普及及びその機会均等を図るため」に「数個の」通学区を設定しなければならないとされるに至った。通学区の設定に関しては地域内の高校の分布の不均衡の是正を必要とする場合もあったので，通学区制の設定は四八年から四九年にかけて各都道府県ごとに実施された高校統廃合と同時に実施された。普通科に関してその結果を一九五二年についてみれば，一校一学区のみのいわゆる小学区制を実施したのは二三道府県で，全都道府県のちょうど半数であった。そのほかは，一学区におおむね二ないし六校をふくむ中学区（東京は中学区）制を実施したのが一五府県，小学区制と中学区制を併用した県が五，中学区と大学区を併用した県が一，大学区のみの県が二，であった。

　小学校，中学校と同様に一校ごとに通学区域が指定され，居住地によって進学する高校が決まる小学区制——高校が集中している都会地における総合選抜のもとでの合格者の居住地による配分方式も同じ——が理想型とされる。京都府では小学区制のことを地域制とよんでいるが，小学区制の特徴をよくしめしている。この年をピークに小学区制を実施する道府県は年ねん減る一方で，ついに六七年以降は京都府だけになってしまった。（中略）

　小学区制には，通学の便，地域との連帯の強化，小—中—高の生徒指導上の接続関係の緊密化，自然な友人関係や生徒集団の形成，完全な男女共学などさまざまな利点が指摘されている。これに反対する論拠はさまざまであるが，結局のところは，自然な生徒集団では大学進学率が下がるという言い分に帰着するようにおもわれる。この点でも高校の教育力の強化が重要な課題となっているといえよう。

（佐々木享『高校教育の展開』大月書店，1979）

資料13-2　高校全員入学問題全国協議会声明

一九六二（昭三七）．五．二二　高校全員入学問題全国協議会

一．私達日本の父母は「せめて子供を高校に」と言う願いのもとに，結集し，高校全員入学問題全国協議会をつくりました。

　この運動は，二・三年前から母親の運動としてはじまり，父親も参加し，先生もだんだん真剣にとりくむようになったのです。

一．全入全協は現在中央一七団体，全国四六都道府県に組織をもち，運動をつづけています。日本六〇万教師の組織である日高教，日教組がこの協議会に参加しているのは当然のことです。過日荒木文部大臣は，日教組の全入運動を非難する声明，パンフレットをだしました。私共の運動は日本の父母の切実な願いをこめた運動で

す。教育行政を整備する責任のある文部行政の責任者が，この運動を日教組の運動であると，一方的にきめつけ，責任を回避することは許されません。

民間団体の運動を，高校全入運動の可否という形で，勝手に判断を下し押えつけようとするのは，主権在民の憲法の精神をふみにじるものといわねばなりません。
一．批判内容も予算要求に真剣な努力をしない，いいわけに終始しています。

一六三万人分＝二，二〇〇校増設しなければ現状も維持できないのに，二三万人分＝二六三校の計画を発表しています。

そのため高校は一定以上の能力を必要とする学校だから試験地獄も止むを得ないといっています。／このような考え方は，教育条件の整備という文部省本旨の使命を放棄し，行政官庁としての存在価値を自ら否定するものです。

一．私たちは次のような目的のもとに運動をすすめています。
一．中学浪人をださないため，高校を増設する。
一．子供の能力を十分のばすため，すしづめ学級を解消する。
一．義務教育無償の本旨にのっとり，教育費の父母負担を全廃する。

文部省はこの要求に耳をかたむけ，真剣に努力することをのぞみます。

（神田修・山住正己編『史料　日本の教育』学陽書房，1986にも収録されている）

資料13-3　指導困難校への支援のあり方

女子美術大短期大学部助教授（教育制度学）　山田朋子

◆指導困難校　やり直しの場として支援を

学校間の学力格差の中で下位にある高校では，教育問題が深刻化している。特に，基礎学力や生活習慣の習得が十分でなく，生徒指導を重視せざるを得ない「指導困難校」では，日常生活に支障が生じる生徒も少なくない。小学校低学年レベルの計算力や漢字力などの基礎的学力を習得していない生徒たちは，例えばおつりの計算ができない，新聞が読めないなど，生きるために必要な力が不足している。その結果，自己否定感を強め，将来に希望を見いだせずにいる。

この実態の責任は，努力不足と自己選択の結果として本人や家族に課されるのが現状である。しかし，成長途上にある本人の努力だけでは克服できない様々な要因が，指導困難校の実態を生み出していることへの理解が求められる。

◆　◆

文部科学省や各教育委員会は近年，高校改革を急展開させてきた。多様な要求を持つ高校生に教育の選択肢を増やすことで，「個性に応じた教育の保障」を目指したものといえる。その結果，総合学科，単位制，学校間連携など「多様性」のある教育が実現している。私がこれまで行ってきた高校制度と学校現場の実態調査においても，改革が成功している学校も多い。

その中で指導困難校における改革は，学校の社会的評価の向上を目的に実施される場合が少なくない。高い学力が身につき，高校生活への目標と意欲を持つ生徒をより多く確保することが評価向上の有効策であり，「成功」の指標は大学進学率の上

昇にあるとされる。少子化による高校統廃合を回避するためにも、「地域社会からの高い評価」という成果を目指さざるを得ない苦悩がある。

しかしこのような方向性は、問題を根本的に解決するものとはいえない。ある指導困難校の状況が改善されても、そこで生じていた問題は別の学校に場を移し、同じように発生する。

◆　◆

そこで今、生徒が義務教育段階で積み残してきた問題そのものに対応するために、セカンドチャンスとしての高校の役割を積極的にとらえたい。高い社会的評価を目指すという競争から距離を取り、小規模人数の授業や学級編成、教員や予算の増加、家庭や地域との連携協力など特別な支援を行うことで、指導困難校を「やり直しの場」として整備することが望まれる。

さらに、「必要最低限の教育の保障は当然なされるべきだ」とする社会の共通認識が必要である。教育格差や社会の二極分化が指摘される今日、このような支援と認識は10年後の社会の安定となり、有形無形のプラスを生むであろう。

日々格闘する教員たちは「入学時に生徒は『もう一度やり直したい』と思う。その気持ちを大切に、これまで手を掛けられることが少なかった分、じっくり育てる余裕と社会の温かい視線がほしい」と述べる。

大人たちには、指導困難校の実態が、自ら生きる社会の一部であるという認識が求められる。そして、社会全体として生徒に肯定的な理解を持ち、手厚く支援することが急務である。

(『朝日新聞』2005年9月4日)

資料13-4　なぜなに総合学科〜総合学科紹介のHPより〜

Q 「総合学科」はどういう学科ですか？
　A 高校には「普通科」と農業・工業・商業などの「専門学科」があります。「総合学科」はどちらでもない、第3の学科です。選択科目が多く用意されていて、自分の進路や興味関心にあわせて、自分で考えながら科目を選択していくことに一番の特徴があります。

Q 選択科目はどれくらいありますか？
　A どの高校でも学ぶ必修科目、総合学科の原則履修科目、総合的な学習の時間の他に、選択科目が、1年次で6単位、2年次で20単位、3年次で25単位あります。1週間あたり1時間学習するのが1単位です。1年次では週6時間選択科目を勉強します。興味や関心のある科目を自分の意思で選び自分の時間割を作る、就職や進学という目的にそって主体的に学習することができる、それが総合学科です。体験的な学習や課題解決的な学習を通して、学ぶことの楽しさや成就感を体験することができます。

(中略)

Q 総合学科は自由な学科なのですか

II 現代社会と教育

　A　総合学科は，自分が学習する科目を選択し，自分なりの3年間の学習をつくれるなど他の高校にはない自由があります。ただし，自由である反面，「主体的に判断する意志」や「自ら学ぶ姿勢」が必要です。自分で決定できない人はやめたほうがいいと思いますし，選択する分悩むことも多くなります。悩むことを覚悟してください。

Q　どのような人が総合学科への入学を考えればいいのでしょうか
　A　「好きな分野を勉強し自分の個性をのばしたい」「自分がめざす職業に結びつく学習をしたい」「いろいろなことを広く学習したい」「自分の進む道をさがしたい」総合学科への入学を考える人にはさまざまな人がいます。自分を特色づける機会が多くあるのが総合学科です。入学したら，自分のやりたいことを考え，いろいろなことに挑戦してみましょう。みなさんも総合学科への入学を考えてみませんか。

（宮城県小牛田農林高等学校HP　http://kogotanourin.myswan.ne.jp/gakka/gakka004.htm）

資料13-5　スーパー・サイエンス・ハイスクールの実践紹介

　愛知県立岡崎高等学校は平成十四年度にスーパーサイエンスハイスクールの研究指定を受けて以来，「普通科高等学校において最先端の科学を体験させ独創性を育てる指導方法の研究―近隣の大学・研究機関等との連携を礎にして―」をテーマに，次の四つの項目を重点として実践してきた。
①普通科高校における理科・数学を重視したカリキュラムの研究開発
②「知と先端的研究の拠点」である大学や大学共同利用機関との連携方策の研究
③高大連携教育プログラムによる理科・数学の教科指導法の工夫と授業改善
④生徒の創造性や優れた特性の芽の育成と望ましい職業観・勤労観の涵養
〈研究の狙い〉
　平成十六年度の研究開発は，平成十四年度・十五年度の研究開発の成果をさらに発展させ，普通科高校において高い学力を持つ生徒を対象に，東京大学・名古屋大学および大学共同利用機関法人自然科学研究機構の研究者と同校教員が連携し，学校設定教科「スーパーサイエンス」授業，スーパーサイエンス特別課外活動やスーパーサイエンス部の研究活動に取り組ませた。
　独創的な研究者の下でオリジナリティーに富んだ研究に触れさせたり，課題研究や論文作成および集中講義・集中実験を通して，自然の仕組みを物理や化学の手法で解明していくような学問姿勢を体験させて学ばせた。
　また，創造性をはぐくむ教育環境を整備するとともに，生徒に「思考の糧」を与えて，論理的思考力や問題解決力などの伸長を図り，三学年を通じて，授業と特別課外活動や部活動を有機的に組み合わせた研究開発を行うこととした。

（『週刊教育資料』編集部「スーパーサイエンス・スクール〈107〉～最先端の科学を体験させ，創造性を育てる教育―愛知県立岡崎高等学校―」『週刊教育資料』No. 925，2006年2月13日号）

14　大学の大衆化と高等教育改革

高等教育の大衆化と大学「冬の時代」

　著名な社会学者であるマーチン・トロウ（Martin A. Trow）は，当該年齢人口に占める高等教育在学率が15％までの高等教育システムの段階をエリート型，15から50％までをマス型，50％以上をユニバーサル・アクセス型とよんでいる（**資料14－1**）。トロウの発展段階論で重要なのは高等教育の普及につれてその目的や機能，構造が変化すると主張している点である。たとえば，高等教育の機会は，エリート型の段階では「少数者の特権」であるが，マス型では「相対的多数者の権利」とみなされ，ユニバーサル・アクセス型になると「万人の義務」に転化するというのである。

　戦後日本の高等教育の拡大過程（**資料14－2**）をトロウのモデルに当てはめるならば，1960年代前半にマス型となり，1970年代後半にはユニバーサル・アクセス型に転換したことになる。このような高等教育の大衆化は，彼が示唆するように高等教育機関の多様化を伴うものだった。戦前の日本の高等教育は，中等教育機関を卒業後，高等学校を経て大学に進学するコースと，そのまま専門学校に進むコースとに大きく分かれていたが，戦後改革によって四年制大学に一元化して再出発した。しかし，1950年には暫定措置として短期大学が発足し（1964年に恒久化），1962年には中級技術者養成を目的とした高等専門学校が誕生した。さらに1976年には専修学校制度がスタートして，高等学校卒業程度を入学資格とする専門課程が登場したのである。

　高等教育が大衆化する一方で，今世紀に入ってから大学は「冬の時代」を迎えている。1992年度をピークに18歳人口が減少に転じたため，2003年度以降，進学率の上昇にもかかわらず大学・短大への進学者数は漸減しつつある。2006年度には4割の私立大学が入学者定員を充足することができなかった。大学は，どこも入学者の確保に躍起になっている。大衆化と18歳人口の減少は大学のあり方に重大な影響を及ぼしている。

大学設置基準の大綱化

　大学のあり方を制度的に枠付けているのが大学設置基準（**資料14-3**）である。戦後しばらくの間は，1947年に46大学を発起人として設立された民間専門団体である大学基準協会が採択した「大学基準」が大学制度の基本を定める基準として機能していた。しかし，1956年になって文部省が「大学基準」にかえて大学設置基準を省令として制定したのである。そこでは学部や学科などの教育研究上の基本組織や教員組織，収容定員，教育課程，卒業の要件，施設・設備などが規定されている。大学の新設や学部増設などの際，基準の示す要件を満たすことが必要とされるだけでなく，つねに水準の向上を図ることが求められている。

　大学設置基準は，何回も改訂されたが，もっとも大きなインパクトを与えたのは1991年の改訂だった。これは「大綱化」とよばれ，その要点は，①設置基準そのものの大綱化・簡素化，②自己点検・自己評価システムの導入，③生涯学習ニーズ等への対応，の3点にまとめられる。このうちもっとも大きな反響を呼んだのは①であり，とくに教育課程に重大な影響を及ぼした。一般教育，専門教育，体育，その他の教育などの授業科目区分が廃止され，「大学基準」以来の人文・社会・自然の3領域にわたる一般教育科目の画一的な規定も撤廃されたのである。代わりに「幅広く深い教養」「総合的な判断力」「豊かな人間性」を育てることが明記された。大綱化によりカリキュラム編成の自由度は増したが，それまで一般教育＝教養教育を担当してきた教養部などの組織がこれを契機に次々と解体され，教養教育の責任の所在があいまいになってしまうという問題も指摘されている。

　一方，自己点検・自己評価に関する内容は，近年，学校教育法に移され，同時に一定期間ごとに文部科学大臣の認証を受けた機関（「認証評価機関」）による評価を受けることが大学に義務づけられた（学校教育法第69条の3）。

改革の基本方針――高度化・個性化・活性化

　今日，大学は改革を迫られている。それは大衆化と18歳人口の減少に対処するためだけではない。人や物，情報，資本が国境を越えて行き交うグローバリゼーションの進展に対応して国際競争力を強化することが大学に求められてい

るためでもある。このような国内外における社会変動のなかで近年，文部科学省は「教育研究の高度化」「高等教育の個性化」「組織運営の活性化」を基本的な柱とする高等教育改革を展開している。

「教育研究の高度化」は，大学院の量的な整備，世界最高水準の大学づくりを進めるという触れ込みで導入された「21世紀COEプログラム」，法科大学院に代表される専門職大学院制度などの施策である。「高等教育の個性化」については，1991年の大学設置基準の大綱化をテコとしながら大学独自のカリキュラム編成や複数の大学間での単位互換の拡大，教員の授業運営能力を向上させることを目指すFD（ファカルティ・デベロプメント）の実施などがある。「組織運営の活性化」としては，1991年の大学設置基準改訂の際にあわせて導入され，1999年に義務化された自己点検・自己評価，大学外部の認証評価機関による第三者評価制度，2000年の学校教育法改正による評議会と教授会の役割の明確化，大学設置認可手続きの簡素化・弾力化などがある。

以上のような改革にかかわって，国立大学の法人化，公立大学法人制度の創設，株式会社による大学設置を認める構造改革特区など，設置形態の改革も進められてきた。とりわけ2004年4月に断行された国立大学の法人化は大学全体にも重大な影響を与えるものだった。これは，国立大学の自律性を高めることがタテマエとされたが，現実には行財政改革の一環としての意味合いが強く，国立大学側の反対を押し切って実施された。実際，国立大学法人は，政府・文部科学省による設置・監督という根幹には変更がなく，大学ごとに策定が義務づけられた中期計画の認可権や学長の任命権も文科相にある（**資料14-4**）。財政面では，法人化後も従来の予算額を基準とした運営費交付金が国から支出されているが，毎年一定の比率で減額されていくことが決まっている。代わりに授業料や病院診療費などの自己収入の増額や企業など外部からの資金調達といった「経営努力」が求められている。しかし，そもそも大学に民間企業のような経営手法がなじむのか，という疑問や，温存された国立大学法人間の格差の問題，設置形態が接近した私立大学との関係をどう調整するかといった問題なども残されている。

資料

資料14-1　M.トロウによる高等教育システムの段階移行に伴う変化の図式

高等教育システムの段階	エリート型 →	マス型 →	ユニバーサル・アクセス型
全体規模（該当年齢人口に占める大学在籍率）	15％まで	15～50％まで	50％以上
該当する社会(例)	イギリス・多くの西欧諸国	日本・カナダ・スウェーデン等	アメリカ合衆国
高等教育の機会	少数者の特権	相対的多数者の権利	万人の義務
大学進学の要件	制約的（家柄や才能）	準制約的（一定の制度化された資格）	開放的（個人の選択意思）
高等教育の目的観	人間形成・社会化	知識・技能の伝達	新しい広い経験の提供
高等教育の主要機能	エリート・支配階級の精神や性格の形成	専門分化したエリート養成＋社会の指導者層の育成	産業社会に適応しうる全国民の育成
教育課程（カリキュラム）	高度に構造化（剛構造的）	構造化＋弾力化（柔構造的）	非構造的（段階的学習方式の崩壊）
主要な教育方法・手段	個人指導・師弟関係重視のチューター制・ゼミナール制	非個別的な多人数講義＋補助的ゼミ，パートタイム型・サンドイッチ型コース	通信・TV・コンピュータ・教育機器等の活用
学生の進学・就学パターン	中等教育修了後ストレートに大学進学，中断なく学習して学位取得，ドロップアウト率低い	中等教育後のノンストレート進学や一時的就学停止（ストップアウト），ドロップアウトの増加	入学期のおくれやストップアウト，成人・勤労学生の進学，職業経験者の再入学が激増
高等教育機関の特色	同質性（共通の高い基準をもった大学と専門分化した専門学校）	多様性（多様なレベルの水準をもつ高等教育機関，総合制教育機関の増加）	極度の多様性（共通の一定水準の喪失，スタンダードそのものの考え方が疑問視される）
高等教育機関の規模	学生数2000～3000人（共通の学問共同体の成立）	学生・教職員総数3万～4万人（共通の学問共同体であるよりは頭脳の都市）	学生数は無制限的（共通の学問共同体意識の消滅）
社会と大学との境界	明確な区分　閉じられた大学	相対的に希薄化　開かれた大学	境界区分の消滅　大学と社会との一体化
最終的な権力の所在と意思決定の主体	小規模のエリート集団	エリート集団＋利益集団＋政治集団	一般公衆
学生の選抜原理	中等教育での成績または試験による選抜（能力主義）	能力主義＋個人の教育機会の均等化原理	万人のための教育保証＋集団としての達成水準の均等化
大学の管理者	アマチュアの大学人の兼任	専任化した大学人＋巨大な官僚スタッフ	管理専門職
大学の内部運営形態	長老教授による寡頭支配	長老教授＋若手教員や学生参加による"民主的"支配	学内コンセンサスの崩壊？　学外者による支配？

M.トロウ『高学歴社会の大学』により訳者（喜多村）が図表化した．
（喜多村和之『現代の大学・高等教育―教育の制度と機能』玉川大学出版部，1999）

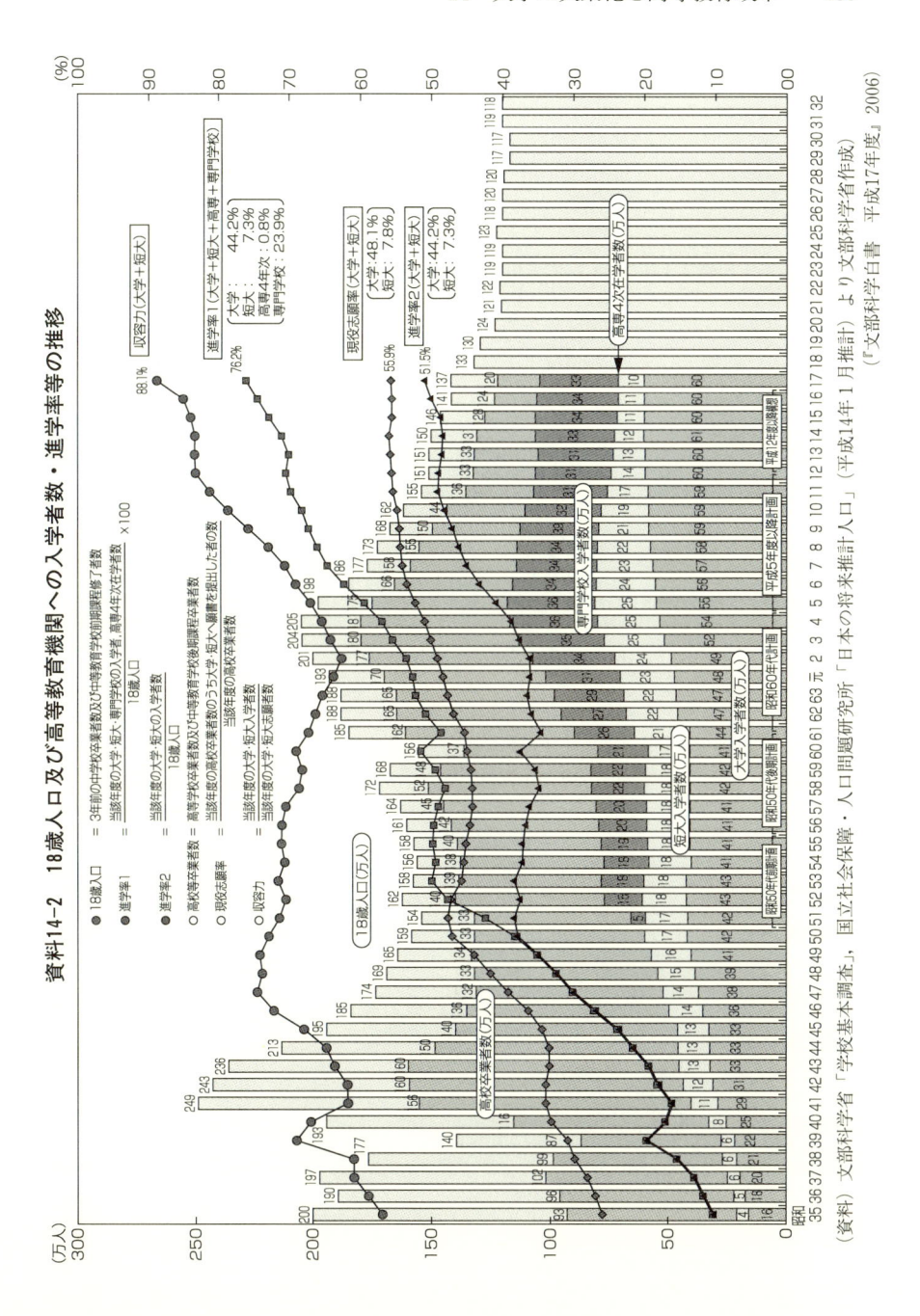

14 大学の大衆化と高等教育改革　135

資料14-2　18歳人口及び高等教育機関への入学者数・進学率等の推移

資料14-3　大学設置基準（2006年3月現在）

（趣旨）
第1条　大学（短期大学を除く。以下同じ。）は，学校教育法（昭和二十二年法律第二十六号）その他の法令の規定によるほか，この省令の定めるところにより設置するものとする。
2　この省令で定める設置基準は，大学を設置するのに必要な最低の基準とする。
3　大学は，この省令で定める設置基準より低下した状態にならないようにすることはもとより，その水準の向上を図ることに努めなければならない。

（自己評価等）
第2条　大学は，当該大学における教育研究活動等の状況について，刊行物への掲載その他広く周知を図ることができる方法によつて，積極的に情報を提供するものとする。（中略）

（教育課程の編成方針）
第19条　大学は，当該大学，学部及び学科又は課程等の教育上の目的を達成するために必要な授業科目を開設し，体系的に教育課程を編成するものとする。
2　教育課程の編成に当たつては，大学は，学部等の専攻に係る専門の学芸を教授するとともに，幅広く深い教養及び総合的な判断力を培い，豊かな人間性を涵養するよう適切に配慮しなければならない。（後略）

資料14-4　国立大学法人の仕組み

【文部科学大臣】
● 中期目標原案・中期計画案（6年）の策定（法人が原案作成）
● 学長候補者の申出
● 中期目標の提示，中期計画の認可・学長の任命（法人が申出）
● 運営費交付金等の交付

【国立大学法人評価委員会】
● 評価（事後チェック）
● 教育研究面の評価

【大学評価・学位授与機構】

【目標の設定】
→戦略的経営を実現
→個性化を促進

【規制緩和】
→予算・組織は大学の責任で決定

【非公務員型】
→弾力的な人事システム
→産学官連携等を推進
→外国人を幹部に登用

【国立大学法人】
（代表者）──学長選考会議──（代表者）
学外者も参画し適任者を学長に選考
↓
学長
↓
民間的発想によるトップマネジメント

学外者の経営参画　学外者が半数以上
経営協議会（主に経営面を審議）

役員会

教学に関する学内の代表者
教育研究評議会（主に教学面を審議）

（『文部科学白書　平成17年度』2006）

15　障害者と教育

障害者教育のあゆみ

　近代日本における障害者への教育的取り組みは，1878年開設の京都盲唖院など視覚・聴覚障害者を対象に始められた。1923年の盲学校及聾唖学校令では，盲・聾教育の分離と道府県立化の方針を示したが，保護者に対する就学させる義務は規定されなかった。1896年には滝野川学園（後の滝乃川学園）で知的障害児を，1921年には柏学園で肢体不自由児を対象に保護的教育が開始された。ともに私立学校であり，両分野での公立学校の開設は，それぞれ大阪市立思斉学校（40年），東京市立光明学校（32年）まで待たなければならなかった。戦前の障害者への公的な教育施策がきわめて消極的であったことがうかがえる。

　戦後教育改革により，日本国憲法，教育基本法はすべての国民が教育を受ける権利を保障した。学校教育法（1947年）には「特殊教育」の章がおかれ，障害児教育が公教育のなかに明確に位置づけられた。保護者に対する子どもを就学させる義務や都道府県に対する「特殊教育諸学校」の設置義務が明記された。これらの義務は，盲・聾学校では48年度から学年進行で，養護学校では79年にようやく実施された。また，通常の小，中学校とは別に障害の種類に応じた「特殊教育諸学校」の構成は，分離教育を原則としたものでもあった。

障害とは

　国際障害者年行動計画（1981年）では，障害を，①個人の特質である身体的，精神的損傷（impairment），②それにより引き起こされる能力不全や機能の低下（disability），③社会的な結果としての不利（handicap）の3側面に区分した。こうした状態にある人々の総称を障害者とし，その自立と社会参加を目標に，各側面に対応した治療・教育など社会的な援助体制の整備，確立を求めた。

　この損傷→能力障害→社会的不利という障害のとらえ方には，「医学モデル」への傾斜，「個人還元主義」，「一方的線形モデル」などの批判があった。そこ

で，2001年の国際障害分類改訂版では，①心身機能・身体構造と②活動と参加の観点から，さまざまに異なる人々の健康領域および健康関連領域の系統的な分類を示し，障害を機能障害（構造障害を含む），活動制限，参加制約のすべてを含む包括用語とした。障害の背景因子として環境因子と個人因子をあげ，障害が2因子の複雑な相互作用により生じるとの考え方が示された（**資料15-1**）。

分離教育から統合教育そして包括教育へ

障害者の権利宣言の国連決議（1975年）や国際障害者年（81年）などの国際的な動きが日本の障害者教育に与えた影響は小さくなかった。養護学校の義務制実施をはじめ，「交流教育」「訪問教育」「通級」などの障害者教育への新たな展開がなされた（**資料15-2**）。

これを支えたのがノーマライゼーションの理念であった。この理念は，①障害者が健常者と同じ人権の主体として尊重されること，②可能な限り普通の（ノーマルな）生活を送ること，③そのために必要な福祉・教育サービスが提供されること，と要約できよう。障害のため特定の施設等での生活を強いられること，自由に外出できないことは，人間としての普通の（ノーマルな）生き方ではない。同様に，障害児だけを「特殊教育諸学校」や「特殊学級」に集めた分離教育も人間として普通の学びのあり方ではない。教育面でノーマライゼーションの理念を具現化する方法の1つが，通常の学級で健常児と障害児が同じ時空を共有することを指向する統合教育である。その形態には，①交流方式，②巡回方式，③通級方式，④完全統合方式などがあり，80年代以降，交流教育や通級制などを中心に広がりをみせた。

統合教育を進めるなかで，障害児と健常児との教育をいかに統合するか，統合の形態をどのようにするかが焦点となった。90年代には，分化を前提とした統合の思想ではなく，人間は本来いかなる理由からも分化されるものでなく，人間として包括されるという考え，インクルージョン思想が重視される。教育では包括教育などと称された。分離教育による特殊な教育機関を解体し，すべての子どもが同じ教育機関に就学し，「個別プログラム」により個々の学習を進め，随時開かれる共同学習へと反映させる形態である。個々人の異なりを最大限認め，人間としての最大限の発達を保障しようとするものである。

サラマンカ宣言

　1990年の「万人のための教育に関する誓約」、93年の国連「障害者機会均等化標準規則」等の採択をうけ、包括教育の推進を各国政府に訴えたのが、94年の特別ニーズ教育に関する世界会議での「特別ニーズ教育における原則、政策および実践に関するサラマンカ宣言」（**資料15－3**）である。

　宣言では、障害をはじめ学習上の困難から派生するあらゆる教育上の特別ニーズを有する者が通常の学校に学ぶことができ、学校は特別のニーズを満たす「子ども中心の教育」のなかへ彼らを受け入れるべきことが明示された。インクルーシブな志向をもつ学校が、差別的態度と闘い、すべての人を受け入れるインクルーシブな地域や社会を構築し、「万人のための教育」の達成に最も効果的であり、費用対効果の面からも有効な改善につながると言及している。そして、各国政府に対して、すべての子どもを包括できる教育制度への改善を政策・予算上で最優先課題とすることを、強く要望したのである。

特殊教育から特別支援教育へ

　国際的な包括教育への動きの中、日本では「特殊教育から特別支援教育へ」の施策が展開されている。特別支援教育とは、従来の特殊教育の対象障害にLD、ADHD、高機能自閉症等を含めた障害のある子どもの自立や社会参加に向け、個別の教育的ニーズを把握し、その持てる力を高め、生活や学習上の困難を改善、克服するために、適切な指導と必要な支援を行うものである。これまでの特殊教育諸学校を障害種別を超えた「特別支援学校（仮称）」に転換し、通常の小中学校に「特別支援教室（仮称）」を置き、特別なニーズを有する子どもの教育を整備するとした。また、障害児を生涯にわたって支援する観点から、関係諸機関が連携して「個別の教育支援計画」「個別の指導計画」の策定、「特別支援教育コーディネーター」の配置、「学校内外の人材の活用と関係諸機関等の連携協力」等が課題として上げられている（**資料15－4**）。

　包括教育とは、条件の違いに関わらずすべての子どもを含み込む教育である。障害児に限定した特別支援教育は、サラマンカ宣言にいう包括教育とは異なる。「特殊」を「特別支援」という語に置き換えたものの、通常教育と特別支援教育との分離を基本とする教育にほかならないのではないだろうか。

資料

資料15-1　ICFの構成要素のICF概観（国際障害分類改訂版より）

〈ICF構成要素の概観〉

定義
健康との関連において 　心身機能（body functions）とは，身体系の生理的機能（心理的機能を含む）である。 　身体構造（body structures）とは，器官・肢体とその構成部分などの，身体の解剖学的部分である。 　機能障害（構造障害を含む）（impairments）とは，著しい変異や喪失などといった，心身機能または身体構造上の問題である。 　活動（activity）とは，課題や行為の個人による遂行のことである。 　参加（participation）とは，生活・人生場面（life situation）への関わりのことである。 　活動制限（activity limitations）とは，個人が活動を行うときに生じる難しさのことである。 　参加制約（participation restrictions）とは，個人が何らかの生活・人生場面に関わるときに経験する難しさのことである。 　環境因子（environmental factors）とは，人々が生活し，人生を送っている物的な環境や社会的環境，人々の社会的な態度による環境を構成する因子のことである。

〈ICFの概観〉

	第1部：生活機能と障害		第2部：背景因子	
構成要素	心身機能・ 身体構造	活動・参加	環境因子	個人因子
領域	心身機能 身体構造	生活・人生領域 （課題，行為）	生活機能と障害へ の外的影響	生活機能と障害 への内的影響
構成概念	心身機能の変化 （生理的） 身体構造の変化 （解剖学的）	能力 標準的環境における課題の遂行 実行状況 現在の環境における課題の遂行	物的環境や社会的環境，人々の社会的な態度による環境の特徴がもつ促進的あるいは阻害的な影響力	個人的な特徴の 影響力
肯定的側面	機能的・構造的 統合性	活動 参加	促進因子	非該当
	生活機能			
否定的側面	機能障害 （構造障害を含む）	活動制限 参加制約	阻害因子	非該当
	障害			

(http://www.mhlw.go.jp./houdou/2002/08/h0805-1.html)

資料15-2　障害児と健常児の交流・共同教育

　あすなろ，ひまわり学級の子どもたちは，障害の程度は比較的軽度であり，個々の差はありましたが，通常学級（交流学級）での教科（音楽，体育，図工など）の学習も可能でした。けれども，「参加できる」ことと主体的に「活動できる」こととはちがいがあります。みんなと同じように参加していても，みんなと同じように活動できない「弱さ」をもっています。「弱さ」を「弱さ」として表すことができない場合もあります。みんなと同じようにしているように見えても「同じではない」辛さ，苦労があります。

　あすなろ，ひまわり学級の子どもたちの行動は，時として，自分勝手，わがままと受け止められることがありました。

　Aちゃんが六年生の時，交流学級の友達，Mさんが書いた日記です。「わたしは，五年生の時，Aちゃんはきらいでした。一学期の時はやさしくしてあげていました。みんな，クラス全体が一学期だけだったけど，やさしくしてあげました。……でも，Aちゃんは王様になった気分のように，えらそうに『おい，〇〇取れーや』『〇〇（人の名前），くそはがいにゃー』とか言い出して，かえって，わがままになって，みんなは親切にするのをやめました。……六年生になっても，みんないやな気持ちは変わりませんでした。先生がAちゃんのことを話してくれたでしょう。実は，私は，心の中で，（ふん！　そうやって先生があまやかしすぎるから，かえって効果がないんだ）と思いながら聞いていました」

　班長だったMさん。クラスの中に，Aちゃんに冷たい雰囲気があることを担任の先生が問題にした時，「先生が甘やかすから」と冷ややかに受け取っていたMさんが，Aちゃんのことを共感的に理解することができるようになったのは，班対抗で集団遊びをしたときのことです。

　「団結の木」というゲームをしました。小さな台の上に，班の全員が乗るというゲームです。小さいところに全員が乗るためには，お互いに支え合ったり，協力することが必要です。みんな夢中になってとりくんでいました。でも，その台の上にAちゃんは，どうしても上がることができなかったのです。体をこわばらせて拒否しているAちゃんの姿を目の当たりにした時，初めて，「自分たちとは同じようにできない」Aちゃんを知ったのです。

　自分たちには当たり前のことが，Aちゃんにとっては「恐怖」に近いという事実を前にしたとき，初めて「Aちゃんを特別扱いしているのではない」という認識がMさんのものとなりえたのではないでしょうか。自分たちにはない「苦労」がAちゃんには存在する。それが「障害」からくるものだということを，六年生のMさんは認識することができたのです。その時から，Aちゃんに対する学級の雰囲気が少しずつ変化していきました。そして，Aちゃんの「苦労」に目を向けることから，Aちゃんの「がんばり」に共感するように変化していきました。

（森敦子「障害を共感的に理解する」稲富眞彦編著『人間が輝く障害児教育——高知から南風にのせて』かもがわ出版，1996）

資料15-3　サラマンカ宣言

●特別ニーズ教育における原則，政策および実践に関するサラマンカ宣言および行動のための枠組み〔抄〕

（一九九四年六月一〇日ユネスコ・特別ニーズ教育に関する世界会議で採択）

（前略）

1　われわれ，九二か国の政府および二五の国際機関を代表し，一九九四年六月七日から一〇日にかけてここスペインのサラマンカに集まって特別ニーズ教育に関する世界会議に参加した代表は，教育上の特別なニーズを有する子ども，青少年および成人に対して普通教育制度のなかで教育を提供することの必要性と緊急性を認識し，ここに万人のための教育に対する決意を再確認するとともに，その規定と勧告の精神が政府および諸機関の指導原理となる「特別ニーズ教育に関する行動のための枠組み」への支持をここに表明する。

2　われわれは次のことを信じ，かつ宣明するものである。

＊すべての子どもは教育への基本的権利を有しており，満足できる水準の学習を達成しかつ維持する機会を与えられなければならない。

＊すべての子どもは独自の特性，関心，能力および学習上のニーズを有している。

＊教育制度の計画および教育プログラムの実施にあたっては，このような特性とニーズの広範な多様性が考慮に入れられるべきである。

＊教育上の特別なニーズを有する者は普通学校にアクセスできなければならず，普通学校はそのようなニーズを満たしうる子ども中心の教育のなかへそのような者を受け入れるべきである。

＊このようなインクルーシブな志向を持つ普通学校は，差別的な態度と闘い，誰もが受け入れられる地域を創造し，インクルーシブな社会を構築し，かつ万人のための教育を達成するもっとも効果的な手段である。のみならず，このような学校は大多数の子どもたちに対して効果的な教育を提供し，かつ教育制度全体の効率およびひいては費用対効果を改善する。

3　われわれは，あらゆる政府に対し，次のような行動をとるよう呼びかけ，かつ強く促す。

＊個人の違いまたは困難に関わりなくあらゆる子どもを包含できるよう教育制度を改善することに，政策上および予算上の最高の優先順位を与えること。

＊法律または政策の問題としてインクルーシブな教育の原則を採択し，他の手段をとらなければならないやむをえない理由がある場合を除いて，あらゆる子どもを普通学校に就学させること。

＊実証となるプロジェクトを発展させ，かつインクルーシブな学校の経験を有する国々との交流を奨励すること。

＊教育上の特別なニーズを有する子どもと成人を対象とした教育の提供の計画，監視および評価のために，地方分権化されたかつ参加型の機構を確立すること。

＊教育上の特別なニーズへの対応に関わる計画および意思決定過程に対する，親，

地域および障害者組織の参加を奨励しかつ促進すること。
＊早期発見と早期介入の戦略およびインクルーシブな教育の職業指導の側面にさらなる努力を払うこと。
＊体系的な変革の文脈のなかで，教員志望者と現職者のいずれを対象にした教員教育プログラムにおいても，インクルーシブな学校における特別ニーズ教育の提供の問題が取り扱われることを確保すること。

(『解説教育六法　平成18年版』三省堂，2006)

資料15-4　特別支援教育を推進するための制度の在り方について（答申）の概要

特別支援教育の理念と基本的な考え方
○　障害のある幼児児童生徒の教育の基本的な考え方について，特別な場で教育を行う「特殊教育」から，一人一人のニーズに応じた適切な指導及び必要な支援を行う「特別支援教育」に発展的に転換。

盲・聾・養護学校制度の見直しについて
○　幼児児童生徒の障害の重度・重複化に対応し，一人一人の教育的ニーズに応じて適切な指導及び必要な支援を行うことができるよう，盲・聾・養護学校を，障害種別を超えた学校制度（「特別支援学校（仮称）」）に転換。
○　「特別支援学校（仮称）」の機能として，小・中学校等に対する支援を行う地域の特別支援教育のセンターとしての機能を明確に位置付ける。

小・中学校における制度的見直しについて
○　通級による指導の指導時間数及び対象となる障害種を弾力化し，LD（学習障害），ADHD（注意欠陥／多動性障害）を新たに対象とする。
○　特殊学級と通常の学級における交流及び共同学習を促進するとともに，特殊学級担当教員の活用によるLD，ADHD等の児童生徒への支援を行うなど，特殊学級の弾力的な運用を進める。
○　「特別支援教室（仮称）」の構想については，研究開発学校やモデル校などを活用し，特殊学級が有する機能の維持，教職員配置との関連や教員の専門性の向上等の課題に留意しつつ，その法令上の位置付けの明確化等について，上記の取組の実施状況も踏まえ，今後検討。

教員免許制度の見直しについて
○　盲・聾・養護学校の「特別支援学校」（仮称）への転換に伴い，学校の種別ごとに設けられている教員免許状を，障害の種類に対応した専門性を確保しつつ，LD，ADHD・高機能自閉症等を含めた総合的な専門性を担保する「特別支援学校教員免許状（仮称）」に転換。
○　「当分の間，盲・聾・養護学校の教員は特殊教員免許の保有を要しない」としている経過措置を，時限を設けて廃止。

(中央教育審議会，2005，文部科学省HP　http://www.mext.go.jp/b_menu/shingi/chukyo/chukyo0/toushin/05120801/g001.html)

16 教員養成制度の改革

教員の資質向上政策

教師の仕事は人間形成を行うことであり，物品の生産活動やサービス業などとの活動とは明らかに異質の精神活動を基本とするものである。人間形成という仕事は，教師に高度の専門性を要請し，教師個人の主体的生き方とさらには厳しい自己規律を要請するといえよう。

文部科学省は，学校教育を充実させるためには，教育現場に立つ教員の資質・能力に負うところがきわめて大きいと考え，次に示す4点から教員の資質能力の向上を図るための施策を進めている。

① 教員の養成・採用・研修の一体的な取り組み。
② 教員の実績評価と処遇等への反映。
③ 指導上の問題がある教員への厳格な対応。
④ 学校教育における社会人の活用。

①についてみると，まず教員養成については，教育に対する使命感や子どもへの愛情を中核にすえ，教育現場の課題に適切に対応できる教員の養成を重視している。そのため，1998年の教育職員免許法改正により，教え方や子どもとの触れ合いを重視したカリキュラム改定を行うとともに，教育現場のニーズを踏まえた教員養成を行うため，大学と教育委員会の連携を進めている。

また，信頼される学校をつくるためには，優れた教員の養成・確保がきわめて重要であるため，2005年12月，中央教育審議会は，「今後の教員養成・免許制度の在り方について」(2004年10月諮問) の中間報告をした。それによれば，①大学の教職課程を教員として必要な資質能力を確実に身につけさせるものに改革する，②教員免許状を，教職生活の全体を通じて，教員として必要な資質能力を確実に保証するものに改革する，という方向で検討が進められている(**資料16－1**)。

教員の採用については，教員にふさわしい人物を幅広く確保するため，学力

試験のみでなく，面接試験（2006年度：48都道府県・指定都市）や実技試験の実施，受験年齢制限の緩和（2006年度：制限なし7，40歳未満25，30歳未満0都道府県・指定都市），社会経験の評価等人物評価に重点を置く選考方法がとられるようになっている。また文部科学省は，新規採用者の教員としての適格性を見るため，条件付採用期間制度の運用を奨励している。

教員研修については，新しく採用された教員に対する初任者研修（学校の内外で1年間），在職期間が10年程度の教員に対して，教員の得意分野を伸ばすために行う10年経験者研修（学校の内外で1年間）等があり，これらは，法律上必ず実施する研修とされている。各都道府県教育委員会においては，これらに加えてさらに5年経験者研修，20年経験者研修，新任教務主任研修，教頭・校長研修等が実施されている。これらの研修は，都道府県等教育委員会が実施するものであるが，このほか国レベルで実施される研修がある。それは各地域の中核となる教職員に対する学校管理研修で，中堅教員研修，校長・教頭等研修である。また，各地域の中核となる事務職員の育成を目的とした研修も行われている。さらに，国際的な視野，識見を有する中核的教員を育成するための海外派遣研修，学校組織マネジメント研修，産業教育等に関する指導者の養成を目的とした国内派遣研修等が実施されている。

学校教育における社会人の活用

幅広い経験，知識，技術等をもつ社会人が，学校教育に参加することは，開かれた学校づくりを推進し，学校教育の多様化，活性化のためにはきわめて重要であり，次のような施策が進められている。

1．社会人講師の活用等

特別非常勤講師制度（教員免許状を持たない社会人が教科や「総合的な学習の時間」の一部等を担当できる制度）の活用が広がっており，2004年度には全国の小・中・高等学校等で21,906件となっている（**資料16-2**）。また2002年6月には，「特別免許状制度」について，授与要件を緩和して学校教育における社会人活用の一層の促進を図っている。

2．民間人校長等の登用

2000年に校長等の資格要件が緩和され，教員免許状を持たず教職経験のない

者であっても，校長に任用することができるようになった。これは，地域から信頼を得て特色がある学校づくりを進めるため，校長や教頭に幅広く優れた人材を確保することを目的とするものであった。この制度による民間人校長の登用は，2001年度6名，'03年度58名，'05年度92名となり，同年度には，全国最年少（32歳）の民間人校長が登用されている。

教職大学院

専門職大学院は，社会の要請に応えて高度な専門能力をもつ人材を育成するため，「高度専門職業人養成に特化した実践的な教育」を行う大学院として，2003年度に設置された。これは，実践力を備えた専門家を育成することに特色があり，学位もこれまでの大学院とは異なる「専門職学位」を授与することとしている。'05年度における専門職大学院の設置状況は，法務，経営管理，公共政策，公衆衛生等の分野で，122校（うち法科大学院74校）である。教員養成に特化した専門職大学院としての教職大学院は，'05年の中央教育審議会中間報告（**資料16-1**）においてその具体像が提示され，'07年度から発足することになった。同中間報告によれば，教職大学院は，専門職大学院創設の趣旨に沿って，特に専門的実践力の強化に重点が置かれている。そのため，たとえば教員組織においては，実務家教員4割以上（一般の専門職大学院では3割以上）を占めることが求められている。そしてカリキュラムにおいて，教育実習10単位（現在の1種免許状の場合は5単位）が課され，事例研究・フィールドワーク等が組み込まれることになっている。

中央教育審議会は，教職大学院の在り方について，教員養成部会に専門職大学院ワーキンググループをおき，審議を重ねてきた（**資料16-3**）。第8回会議（審議経過をまとめる段階）の議事録にある次の発言は，教職大学院のあり方の困難さを物語っていると言えよう。

「教職大学院は法科大学院と違って，教員養成は学部の基礎であり，法科大学院の専門性とは違う。すると，簡単に今の修士課程の大学院と変わらなくなる危険性がある。今の修士課程を全部なくし，現行の修士課程の大学院を専門職大学院に全部変更すると違ったことになる。開放性を原則として，現行上に刺激を与える形では，簡単につくれる形ではないと意味がないのではないか。」

資料

資料16-1　今後の教員養成・免許制度の在り方について（中間報告のポイント）

◆**改革の重要性**

現在，教員に最も求められていることは，広く国民や社会から尊敬と信頼を得られる存在となること。養成，採用，研修等の改革を総合的に進める必要があるが，とりわけ教員養成・免許制度の改革は，他の改革の前提となるものであり，重要。

◆**改革の重要性**

① 大学の教職課程を，教員として必要な資質能力を確実に身に付けさせるものに改革する。

② 教員免許状を，教職生活の全体を通じて，教員として必要な資質能力を確実に保証するものに改革する。

◆**改革の具体的方策**

1：教職課程の質的水準の向上
―大学で責任を持って教員として必要な資質能力を確実に身に付けさせるための教職課程の改革―

- **各大学における組織的指導体制の整備**
  - 「教職指導」の実施を法令上，明確化
    個々の知識・技能を有機的に統合し，教科指導や生徒指導等を実践できる資質能力の形成を指導，助言，援助する取組を充実
  - 「教職実践演習(仮称)」の新設・必修化
    「使命感や責任感，教育的愛情等を持って，教科指導，生徒指導等を実践できる資質能力」を最終的に形成し，確認
  - 「教員養成カリキュラム委員会」の設置推進と機能の充実・強化
- **教職課程に係る事後評価制度の導入や認定審査の充実**
  外部評価・第三者評価の導入等

2：教職大学院制度の創設
―より高度な専門性を備えた力量ある教員を養成し，教職課程改善のモデルとなる「教職大学院」制度の創設―

- ◆**名称** 教職大学院
- ◆**目的・機能**
  - 実践的な指導力を備えた新人教員の養成
  - 現職教員を対象に，スクールリーダー（中核的・指導的な役割を担う教員）の養成
- ◆**教育課程・方法**
  - 体系的に開設すべき授業科目の領域（5領域）を定め，すべての領域にわたり授業科目を開設
  - 事例研究，フィールドワーク等
- ◆**教員組織** 実務家教員4割以上
- ◆**修業年限** 標準2年
- ◆**修了要件**
  2年以上在学し，45単位以上修得（10単位以上は学校における実習）

3：教員免許更新制の導入
―養成段階を修了した後も，教員として必要な資質能力を確実に保証する―

- ◆**趣旨**
  免許状に有効期限を付し，免許状の取得後も，その時々で求められる教員として必要な資質能力が保持されるよう，定期的に必要な刷新（リニューアル）を図るための制度として，更新制を導入
- ◆**免許状の有効期限** 10年間
- ◆**更新要件**
  有効期限内に一定の講習を受講・修了すること（講習は，新設科目と同様の内求められる資質能力に刷新（リニューアル）する内容）
- ◆**更新の要件を満たさなかった場合，免許状は失効**（但し，講習の受講により再授与の申請は可能）
- ◆**現職教員に適用することが可能かどうか，さらに検討**

4：その他

- **上進制度**
  勤務実績を適切に評価する方向で改善
- **取上げ事由の強化**
  分限免職処分を受けた者の免許状の取上げが可能かどうか検討

◆**教員のライフステージ**

【養成段階】
- ◎ 教職課程の質的水準の向上（上記と同じ。）
- ◎ 教職大学院の設置（上記と同じ。）

→

【採用段階】
- ◎ 採用選考の改善・充実
  - 人物評価の一層の充実
  - 大学の成績や教職課程の履修状況の適切な評価
  - 採用スケジュール全体の早期化
  - 受験年齢制限の緩和・撤廃，民間企業経験者や退職教員の活用等，多様な人材の登用促進等

【現職段階】
- ◎ 現職研修の改善・充実
  - 初任研修の内容・方法・評価等の改善・工夫
- ◎ 人事管理の改善・充実
  - 条件附採用制度の厳格な運用や，指導力不足教員に対する人事管理システムによる分限制度の厳格な適用を一層推進
- ◎ 教員評価の推進
  - 一人一人の教員の能力や業績を適正に評価し，その結果を処遇に適切に反映

（『文部科学白書　平成17年度』2006）

資料16-2　特別非常勤講師制度の活用状況と具体的な教授内容の例

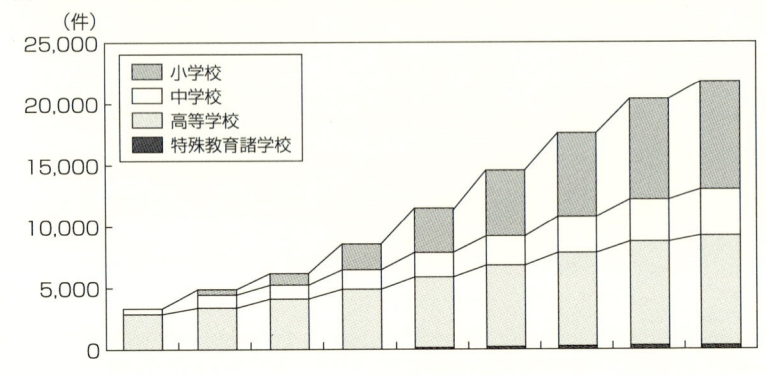

	平成8年度	9年度	10年度	11年度	12年度	13年度	14年度	15年度	16年度
合　計	3,537	5,014	6,280	8,646	11,607	14,695	17,650	20,392	21,906
小　学　校	6	515	920	2,140	3,711	5,490	6,861	8,249	8,881
中　学　校	442	913	1,163	1,604	1,874	2,369	2,946	3,324	3,649
高　等　学　校	3,049	3,563	4,153	4,803	5,886	6,675	7,655	8,589	9,046
特殊教育諸学校	40	23	44	99	136	161	188	230	327

（資料）文部科学省調べ　　　　　　　　　　　　　　　　　　　　　　　　（単位：件）

特別非常勤講師による具体的な教授内容の例

学　校　種	具体的な教授内容の例	特別非常勤講師の職業等
小　学　校	和太鼓，木材加工，ちぎり絵	和太鼓保存会指導者，木工所所長，町民講座講師
中　学　校	コンピューターグラフィックス，エアロビクス，茶道・華道，古典芸能	OAインストラクター，スポーツインストラクター，茶華道教授，能楽師
高　等　学　校	国際ボランティア，点字・手話，看護実習，料理実習	NPO職員，福祉施設職員，看護師，ホテル料理長
盲・聾・養護学校	臨床医学，公衆衛生，リハビリテーション	医師，薬剤師，理学療法士

（『文部科学白書　平成17年度』2006）

資料16-3　教職大学院の制度設計の基本方針

① 教職に求められる高度な専門性の育成に特化

　学部段階で養成される教員としての基礎的・基本的な資質能力を前提に，今後の学校教育の在り方を踏まえた新しい教育形態・指導方法等にも対応し得る知識・技術や，様々な事象を構造的・体系的にとらえることのできる能力など，教職に求められる高度な専門性を育成することを目的として特化する。

② 「理論と実践の融合」を実現

　高度専門職業人の養成を目的とする大学院段階の課程として，綿密なコースワークと成績評価を前提に，理論・学説の講義に偏ることなく実践的指導力を育成する体系的で効果的なカリキュラムを編成するとともに，実践的な新しい教育方法を積極的に開発・導入することにより，これらにより「理論と実践の融合」を強く意識した教員養成プログラムの実現を目指す。

③ 確かな「授業力」と豊かな「人間力」を育成

　学級運営・学校運営の基本ともいうべき確かな「授業力」を徹底して育成するため，理論とともに，従来の学部・大学院教育が軽視しがちであった教育技術面を重視するとともに，その前提として，児童・生徒や保護者，さらには地域住民等とのコミュニケーション能力をはじめとする教職に求められる豊かな「人間力」の育成を目指す。

④ 「学校現場」「デマンド・サイド」との連携を重視

　学校現場をはじめとするデマンド・サイド（教員採用側）との意思疎通を特に重視し，カリキュラム，教育方法，履修形態，指導スタッフ，修了者の処遇，情報公開，第三者評価など大学院の運営全般にわたって，大学院と学校現場との強い連携関係を確立する。

⑤ 第三者評価等による不断の検証・改善システムを確立

　教育内容・方法や指導体制をはじめ大学院運営の全般にわたり，大学関係者，学校関係者，地方教育行政担当者等から構成される専門の認証評価機関による5年ごとの第三者評価（認証評価）を実施することなどを通じ，不断の検証・改善システムを構築し，優れた教員養成の質の保証を図る。

（教員養成部会〈中央教育審議会　初等中等教育分科会〉専門職大学院ワーキンググループ〈第8回〉議事録・配付資料）

17　生涯学習社会と学習機会

生涯学習社会とは

　誰もが，いつでも，どこでも自由に学習機会を選択し，活用でき，その学習成果が適正に評価される社会を生涯学習社会という。急速な科学技術の進展，国際化，情報化等々，激しく変動する現代社会では，生涯学習社会の構築が国家的な教育課題となっている。

　1965年「ポール・ラングラン報告」（I－4，第2節参照）での生涯教育の提言を契機に，生涯にわたる人格の統一的・継続的発達を保障するカリキュラムや教育手段の必要性が認識された。日本では1980年代の臨時教育審議会が，生涯学習体系への移行を主軸とした教育体系の再編成を答申した。以後，生涯学習社会にむけての具体的施策が開始され，現在も進行中である（**資料17－1**）。生涯学習社会の構築により，①技能・経歴の向上，自己実現といった学習者の個人レベルでの学習成果に止まらず，②人材育成の観点からの社会・経済の発展，③地域社会の活性化や高齢者の社会参加などの社会全体の有用性，④学歴主義社会の弊害の是正などの効果が得られると考えられている。

ライフステージ変化と学習ニーズ

　近年の発達心理学や教育学は，それぞれのライフステージの変化に応じて，各段階で自己を見つめ，新たな自分を創り上げ，自己実現を図っていく存在として人間をとらえている。生涯発達観からの人間形成へのまなざしの深まりである。こうした研究の成果が生涯学習・教育の施策に寄与し，一人一人の発達課題に即した，多様で豊かな学習の支援体制が望まれる。

　現行の「学習指導要領」では，「生きる力」の育成を目標として，児童生徒が自ら学び，自ら考えることを基調に教育を展開するとしている。たとえば，新設の「総合的な学習の時間」では，自己の興味・関心をもとに学ぶべき課題を自ら設定し，自ら考え，主体的に判断し，問題を解決し，表現する能力を育成

しようとする。こうした学校での「生きる力」を育む活動が，生涯学習の基礎を培い，主体的な学習者としての基盤を形成するとされている。

青年期には，自己を確立し，将来の職業生活や家庭生活に備え，自らの理想に向かって，社会との関係を模索する時期である。たとえば，職業生活への準備支援策の1つにインターンシップ制度がある。大学生・高校生が自身の専攻や将来のキャリアに関連する職業を体験し，それにより自己の職業意識を高め，学校から職業への円滑な移行を促進しようとするものである（**資料17-2**）。

成人期はいわゆる一人前のおとなとして評価される時期であるが，人生の前半期から後半期への「人生半ばの過渡期」を含んでいる。成人前期には職業生活や家庭生活に関する課題が一応達成される。一方，成人後期には「中年の危機」に直面し，生理的，精神的，社会的に不安定な時期ともなる。労働と愛による社会的地位の獲得に価値をおく人生の前半期から，自己の内面や残りの生を思慮し，生活構造の修正や内的可能性の実現を模索する人生の後半期へと移行するのである。そこで成人期には，①職業能力の発達に関する学習，②親・家庭人としての学習，③地域社会での自己役割の学習，④人間的知性を高める学習，⑤高齢期にむけての人生設計を図るための学習など，広い範囲での学習が必要とされる（**資料17-3**）。

高齢期には，「老い」への不安，職業生活からの離脱，子ども世代の独立など，生活上のさまざまな大きな変化が起こる。生涯発達観の特徴の1つである，喪失・衰退と獲得・増強が典型的に生じる。心身の健康，社会的・経済的地位など，それまで築いてきた人間関係を否応なく失う場合もある。喪失・衰退を受け入れ，新たな自己を発見し，加齢による喪失・衰退を補って余りある「生きがい」づくりへと向かう。学習面では，成人期の達成観を主とするものから，親和的な内容の学習へと変容し，人生の経験に基づく叡知を社会に還元していくことが求められる。

生涯学習ニーズへの取り組み

生涯学習のイメージは多様であり，生涯学習へのニーズは非常に広範であり，その取り組みは，行政機関，民間団体などさまざまな主体により多様な形態で実施されている（**資料17-4**）。

生涯学習の推進，支援のため，文部科学省の生涯学習政策局には「民間教育事業振興室」「地域支援づくり室」が設置され，関係機関・団体間の連携・協力体制の構築等が図られている。また，多くの都道府県には生涯学習の総合的な推進に関する重要事項を審議する「生涯学習審議会」，市町村には生涯学習担当の部課が置かれ，中長期的な基本計画や基本構想を策定している。さらに，各地域には「生涯学習推進センター」が開設され，学習情報の提供，学習相談，学習プログラムの開発などを行っている。

学習機会を提供するものして，まず教育委員会や社会教育施設（公民館，図書館，博物館等）があげられる。そこでは，現代的な課題に応じた講座や体験活動等が実施されている。

大学は，「広く社会に開かれた高等教育」という観点から，高度で体系的，継続的な学習機会提供の場となる。たとえば，OECDの提唱した「リカレント教育」は，職業生活と学習生活とを循環させることにより，社会人のキャリアアップなどにつなげていくものである。社会人ニーズに応えるため，大学や大学院教育へのアクセスも容易になってきている。具体的には，社会人特別選抜，夜間部・昼夜開講制，科目等履修生，通信教育，公開講座などがあげられる。このほか，大学の地域への開放，団塊の世代が大量に離職する2007年問題への対応など，大学が取り組むべき生涯学習の課題は多い。放送大学は放送メディアを活用して，大学教育の機会を幅広く提供することを目的としており，日本の生涯学習の中核機関としての役割を担っている。

通信教育やカルチャーセンター等の民間教育事業者，ボランティア活動を基盤としたNPOなどが生涯学習に果たす役割も重要である。行政とこれらの機関や団体との連携，各機関・団体間の交流・連携等により，学習ニーズを掘り起こし，民間の団体やNGOが培ってきた教育・学習機能を活用し，個々の学習者に適合した学習形態や学習内容・方法を提供できるようにしたい。

生涯学習社会では，学習の推進だけではなく，学習成果の適切な評価が求められる（**資料17-4**）。「文部科学省認定技能審査」の資格検定・審査は，学習の成果を評価する1つである。2004年度には，570万人が志願し，304万人が合格した。また，学校制度を補完するものとして，①大学等単位認定，②高等学校卒業程度認定試験，③大学評価・学位授与機構による学位授与等々がある。

資　料

資料17-1　生涯学習の振興方策
今後の生涯学習振興方策について（審議経過の報告）のポイント

> 生涯学習の振興は，臨教審答申以降，関係者の努力により一定程度進展。

しかしながら，

現在の課題
1. 生涯学習が，あらゆる教育・学習活動の中で行われるものであることが，関係者等に浸透していない。
2. 公民館，図書館等の関係機関の取り組みが現在の社会の要請に必ずしも適合していない。
3. 生涯学習振興の基本的考え方が必ずしも明確に示されていない。

今後の生涯学習を振興していく上での基本的考え方

　人々が，生涯のいつでも，自由に学習機会を選択して学ぶことができ，その成果が適切に評価されるような「生涯学習社会」の実現が目標。
　そうした「生涯学習社会」は，
①「個人の需要」と「社会の要請」のバランスを保つ。
②生きがい・教養・人間的つながりなどの「人間的価値」の追求と「職業的知識・技術」の習得の調和を図る。
③これまでの優れた知識・技術や知恵を「継承」しつつ，それを生かした新たな「創造」を目指す。
ことにより，絶えざる発展を目指す社会

生涯学習を振興していく上で今後重視すべき観点
1. 国民全体の人間力の向上
2. 生涯学習における新しい「公共」の視点の重視
3. 人の成長段階ごとの政策の重点化
4. 国民一人ひとりの学習ニーズを生かした，広い視野に立った多様な学習の展開等
5. ITの活用

今後重点的に取り組むべき分野
1. 職業能力の向上
2. 家庭教育への支援
3. 地域の教育力の向上
4. 健康対策等高齢者への対応
5. 地域課題の解決

関係機関・団体等の活動の活性化と，それを支えるための国，地方公共団体の役割について具体的に提案。

（文部科学省中央教育審議会生涯学習分科会〈審議経過の報告〉平成16年3月29日）

資料17-2　インターンシップについて

　これまでみてきたように若年失業率の高まりや，フリーター，若年無業者の増加といった若年者の就業問題に対する関心の高まりとともに，学校在学中からの職場体験を通じた職業意識啓発は重要であり，その中心的，先進的な取組であるインターンシップに対する期待と関心が高まっている。そうした中で職場体験，インターンシップ等の実施率が年々上昇してきており，平成15年度には公立中学校全体の職場体験の実施率は88.7％となっている。また，公立（全日制）の高等学校全体の52.2％でインターンシップが実施されている。

　さらに，平成14年度の大学生におけるインターンシップ体験学生数が，調査開始年度である平成8年度以来初めて3万人を超え，実施大学の比率も46.3％と上昇傾向で推移している。また，厚生労働省「インターンシップの実態に関するアンケート調査」によりインターンシップに参加した目的についてみると，「働くことがどういうものか体験したい」とする者の割合が全体の8割を占めている（第2―(1)―25図＝〈略〉）。

　また，同調査の企業調査により大学への要望をみると「学生の問題意識を高めること」とする割合が75.1％と最も高くなっており，「実習の注意事項の徹底をはかる」が44.2％，「ビジネスマナーの講習を充実させる」が38.3％，「学生の感想を貴社に伝える」が36.0％の順に割合が高くなっている（付2―(1)―27表＝〈略〉）。大学生を受入れるにあたっての効果は，「学生の意欲の向上」が55.7％と最も高く，次いで「指導にあたる若手社員の成長」，「大学や学生の自社の認知度を高める」，「学生の配置による職場全体の活性化」等の順になっている（付2―(1)―28表＝〈略〉）。

　次に，同調査の大学調査により「大学が学生に身につけて欲しいこと」についてみると，「企業で働くことに関する感覚」が95.0％と非常に高い割合となっており，次いで「学習意欲の向上」が90.0％，「自分の適性や興味への理解」が90.0％，「仕事における責任感」が87.5％，「社会に出る自信」が77.5％の順に割合が高くなっている（付2―(1)―26表＝〈略〉）。

　このように学生の働くことの体験が，学生及び企業の双方にとってメリットがあるものとするために，学生が参加目的を明確に設定し，これにマッチした受入企業を選択するとともに，主体的に取り組むことが働くことの体験の効果をさらに高める。さらに大学においても，学生に対してインターンシップについての明確な目的意識や一定程度の職業意識を育成するための事前指導や情報提供，企業側のニーズの把握等積極的に取り組むことが必要である。

（『厚生労働白書　平成17年版』2005）

17 生涯学習社会と学習機会　155

資料17-3　成人学習の3つのタイプ（段階）

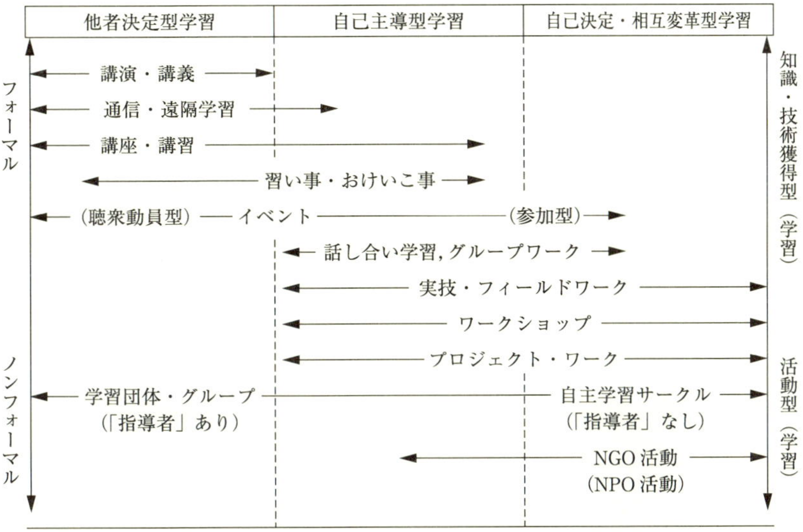

	他者決定型学習	自己主導型学習	自己決定・相互変革型学習	
フォーマル	←講演・講義→			知識・技術獲得型（学習）
	←通信・遠隔学習→			
	←講座・講習――――→			
	←―――習い事・おけいこ事―――→			
	←（聴衆動員型）―イベント―（参加型）→			
		←話し合い学習，グループワーク→		
		←―実技・フィールドワーク―→		
		←――ワークショップ――→		
		←――プロジェクト・ワーク――→		活動型（学習）
ノンフォーマル	←学習団体・グループ→（「指導者」あり）	←自主学習サークル→（「指導者」なし）		
		←―NGO活動―→（NPO活動）		

（渡邊洋子『生涯学習時代の成人教育学』明石書店，2002）

資料17-4　生涯学習に関する世論調査

①「生涯学習」という言葉のイメージ（複数回答）

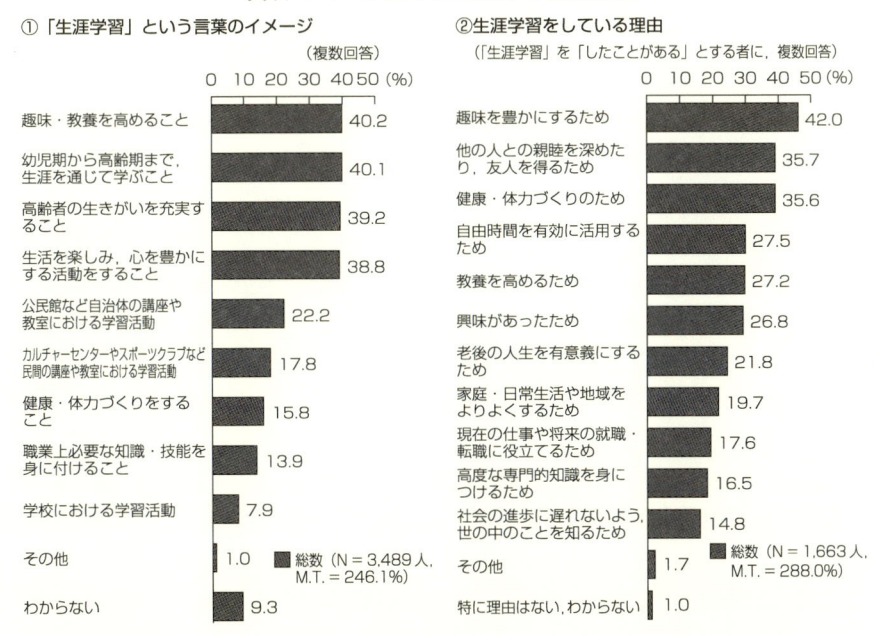

項目	%
趣味・教養を高めること	40.2
幼児期から高齢期まで，生涯を通じて学ぶこと	40.1
高齢者の生きがいを充実すること	39.2
生活を楽しみ，心を豊かにする活動をすること	38.8
公民館など自治体の講座や教室における学習活動	22.2
カルチャーセンターやスポーツクラブなど民間の講座や教室における学習活動	17.8
健康・体力づくりをすること	15.8
職業上必要な知識・技能を身に付けること	13.9
学校における学習活動	7.9
その他	1.0
わからない	9.3

総数（N＝3,489人，M.T.＝246.1%）

②生涯学習をしている理由（「生涯学習」を「したことがある」とする者に，複数回答）

項目	%
趣味を豊かにするため	42.0
他の人との親睦を深めたり，友人を得るため	35.7
健康・体力づくりのため	35.6
自由時間を有効に活用するため	27.5
教養を高めるため	27.2
興味があったため	26.8
老後の人生を有意義にするため	21.8
家庭・日常生活や地域をよりよくするため	19.7
現在の仕事や将来の就職・転職に役立てるため	17.6
高度な専門的知識を身につけるため	16.5
社会の進歩に遅れないよう，世の中のことを知るため	14.8
その他	1.7
特に理由はない，わからない	1.0

総数（N＝1,663人，M.T.＝288.0%）

③生涯学習の形式

(「生涯学習」を「したことがある」とする者に,複数回答)

形式	%
同好者が自主的に行っている集まり,サークル活動	33.1
公民館などにおける都道府県や市町村などの自治体の講座や教室	31.1
自宅での学習活動	25.1
カルチャーセンターやスポーツクラブなど民間の講座や教室	24.3
パソコン・インターネット	16.3
ラジオやテレビ	12.1
図書館	9.7
高校(高等学校,専修学校,各種学校,大学,大学院など)の公開講座や教室	9.4
博物館,美術館	6.5
学校(高等学校,専修学校,各種学校,大学,大学院など)の正規過程	5.3
民間の通信教育	3.3
放送大学	1.1
その他	4.3
わからない	1.7

総数(N=1,663人,M.T.=183.3%)

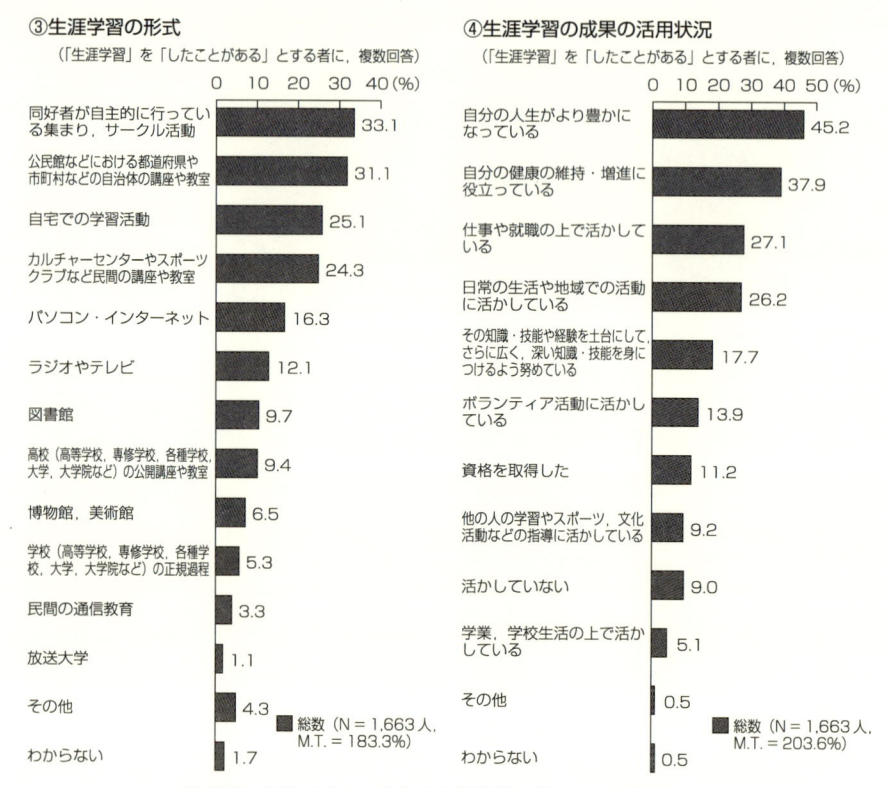

④生涯学習の成果の活用状況

(「生涯学習」を「したことがある」とする者に,複数回答)

活用状況	%
自分の人生がより豊かになっている	45.2
自分の健康の維持・増進に役立っている	37.9
仕事や就職の上で活かしている	27.1
日常の生活や地域での活動に活かしている	26.2
その知識・技能や経験を土台にして,さらに広く,深い知識・技能を身につけるよう努めている	17.7
ボランティア活動に活かしている	13.9
資格を取得した	11.2
他の人の学習やスポーツ,文化活動などの指導に活かしている	9.2
活かしていない	9.0
学業,学校生活の上で活かしている	5.1
その他	0.5
わからない	0.5

総数(N=1,663人,M.T.=203.6%)

(内閣府大臣官房政府広報室「生涯学習に関する世論調査〈平成17年5月調査〉」)

18 教育改革への試行
——教育特区の実践から——

構造改革特別区域法の制定と教育特区

　構造改革特区は，地域の特性に応じた規制の特例措置を設定し，地域が自発的に構造改革を推進することで，地域の活性化，さらには日本の経済発展を図るものであり，2002（平成14）年6月25日閣議決定の「経済財政運営と構造改革に関する基本方針2002」で導入が決められた。その後，同年8月30日を期限として，構造改革特区における特例措置に関する具体的な提案の募集が行われ，地方公共団体や民間事業者などによって426件（物流，研究開発，農業，医療，教育など）の提案が出された。そのうち，教育関連のものは，北海道留萌市「少子化対策子育て特区」，埼玉県新座市「国際化教育特区」，東京都港区「豊かな明日の子どもたちを育む教育特区」，新潟県三条市「エデュケーションエキスパート特区」，岐阜県大垣市「幼（稚園）・保（育所）一元化特区」，京都府亀岡市「義務教育の高機能化（小・中学校一貫教育）の設定特区」，和歌山県教育委員会「学校経営の民間委託」，島根県出雲市「先進科学教育研究特区」，長崎県新魚目町「離島における知的特区」など，44件があった。

　地方公共団体などから寄せられた提案は政府全体で検討され，2002年10月11日，構造改革特区推進本部（本部長は内閣総理大臣）によって，「構造改革特区推進のためのプログラム」が決定された。同プログラムでは，構造改革特区制度の基本的な枠組み，特区において特例措置を講じることができる規制，今後のスケジュールなどが示され，文部科学省関係の特例措置として15項目が掲げられている（**資料18－1**）。それらを活用することによって設置が可能な特区としては，①市町村が独自の判断で社会人などを教員として採用できる特区，②幼稚園と保育所の一体的運用を促進する特区，③不登校児童・生徒のための新しいタイプの学校を設置できる特区，④数学や理科の授業における英語の使用，小・中・高一貫教育など，多様なカリキュラムを編成できる特区，⑤設置認可の基準を緩和することで大学・大学院の設置を促進する特区，⑥大学の研

究施設を民間企業が使用しやすくするなどの規制緩和により，産学連携を促進する特区などがある。なお，特区推進のためのプログラムには，構造改革特区に限定するものとは別に，全国において実施する規制改革事項（11項目）も掲載されている（**資料18－2**）。

2002年12月18日，「構造改革特別区域法」（法律第189号）が制定され，翌年の4月1日から14日にかけて，構造改革特区計画の第1回申請が行われた。そして，4月21日と5月23日に，内閣総理大臣によって117件が認定された。そのうち，文部科学省関係のものは，北海道清水町「文化のまちの心の教育特区」，仙台市「国際知的産業特区」，群馬県太田市「太田外国語教育特区」，東京都八王子市「不登校児童・生徒のための体験型学校特区」，長野県大桑村「切磋琢磨とこまやか学習特区」，岐阜県可児市「IT等を活用した学校復帰支援特区」，京都市「京の人づくり推進特区」，山口県防府市「防府市内幼稚園入園年齢制限の緩和特区」，徳島県海部町「海部町ふるさと教員制度特区」など，41件があった（**資料18－3**）。

地方公共団体や民間事業者の発想をさらに生かすため，2003（平成15）年1月15日を期限として，構造改革特区の第2次提案募集がなされ，651件の特区構想が受け付けられた。教育分野では，株式会社やNPO法人による学校の設置・運営，公設民営型学校の設置，教職員の免許に関する特例，幼保一元化といった内容のものがあった。2003年度以降も，年2回の割合で提案募集は続けられ，特区計画の認定については，2003年度に第2～4回，2004年度に第5～7回，そして，2005年度に第8～10回が行われている。

群馬県太田市のぐんま国際アカデミー——英語で授業を行う学校

群馬県の太田市は，輸出関連の製造業が盛んで，多くの外国人が居住しており，また，海外進出している企業も数多く存在するという特徴をもつ地域である。そのような状況を踏まえて，太田市は，国際化の時代に対応できる能力を育てる，外国語に重点を置いた教育の実現をめざし，2003（平成15）年4月1日に「太田外国語教育特区」の申請を行い，同月21日に特区第1号として認定された（**資料18－4**）。そして，同年4月，学校法人太田国際学園（太田市や出版社によって設立）が運営する，私立の小・中・高一貫校「ぐんま国際アカデ

ミー」が開校した。

　初年度は、小学校第1学年3学級と同第4学年2学級のみでスタートし（在校生の半数は市外・県外の者），2013年度には小学校から高校までの全学年が揃うことになる。入学生は、2003年11月に、適性検査や学科試験、面接によって選ばれ、翌年4月に開設された「プレスクール」で、塾形式の事前英語教育を受けている。

　「国際性豊かな感性と広い視野をもった国際人の育成」を教育目標に据えた、ぐんま国際アカデミーでは、国語以外の教科において英語を用いた授業を行う、「英語イマージョン教育」を実施している。そのため、各学級には、担任として外国人教師と、英語を話せる日本人教師の2名が配置されており、小学校を卒業する時点で英検準2級、中学校を卒業する時点で同準1級程度の能力獲得をめざしている。なお、「イマージョン教育」とは、母国語以外の言語を習得するため、学校における授業を母国語とは異なる言葉で行う教育方法で、1960年代に、英語とフランス語が公用語のカナダにおいて、英語が母国語の生徒に対してフランス語を教えるために導入されたものである。

　イマージョン教育という新しい方法を取り入れた、ぐんま国際アカデミーは、学校建築の面でも従来にはない大きな特徴を有している。オープンスクール形式の壁がない柔軟性のある開かれた空間が設けられ、国語の授業と英語を用いる授業との住み分け、少人数制の授業を行える工夫がなされている（**資料18－5，資料18－6**）。

東京都八王子市の高尾山学園──不登校児童・生徒の学校

　東京都の八王子市では、不登校児童・生徒のために、適応指導教室や総合教育相談室の設置、学習活動指導補助者の配置といった対策を行ってきたが、2001（平成13）年度における不登校児童・生徒の割合が1.44％と、全国や都の平均よりも高い状況にあった。そこで、2003年4月1日に、「不登校児童・生徒のための体験型学校特区」という名称で教育特区の申請を行い、同月21日に第1号の認定を受けた。そして、翌年の4月13日、不登校児童・生徒を対象とした小・中一貫校「八王子市立高尾山学園」として開校し、119名（小学部16名，中学部103名）が入学した。

同校では，①「気持ちを感じ合える人になろう」，②「自分を伸ばせる人になろう」，③「自信を持てる人になろう」という教育目標を定め，不登校児童・生徒各人の興味や能力を踏まえた，柔軟な教育課程の編成がなされている（**資料18-7**）。朝の学級活動前には，苦手な教科の克服など，各自の課題に取り組む「のびのびタイム」を設け，学級活動後には，漢字や計算の練習といった，基礎学力の定着を図る「たかおタイム」を設けている。

各教科学習においては，児童・生徒一人ひとりの特徴に応じた個別学習を基本にして，習熟度別の指導を行っている。また，総合的な学習の時間を利用した，週2日（火曜日と木曜日）2時限分（90分）ずつの「体験講座」があり，本校の教員や外部の講師による多様な講座を設け，各自が興味のあるものを選択して取り組んでいる。

その他に，同校では，他者との関わり方が不得意な児童・生徒が多いことを考慮して，①2名のスクールカウンセラー（週4日勤務）を配置し，昇降口で児童・生徒の出迎え・見送りを行ったり，月に2回，道徳の時間を利用して，担任と連携しながらソーシャルスキルの向上を図る授業を実施する，②大人数の学級に適応しにくい児童・生徒のために，登校しやすい小グループ学級を設け，年度途中でも本人の意思で通常の学級へ戻ることができるようにする，③一般の地域にある児童館を校内に設置し，2名の児童厚生員（専属の市常勤職員）が遊びを通して子どもたちと関わり，他者との関係づくりを学び，自信を獲得できるよう指導する，といった取り組みがなされている。

なお，以上のような実践を通しての，開校初年度における児童・生徒の出席率は64％（最高は4月の74.0％，最低は10月の58.8％，年度末は61.0％）であった。

岡山県岡山市の朝日塾中学校──株式会社立の学校

岡山県の岡山市にある朝日塾中学校は，構造改革特区制度に基づいて朝日学園グループが設立した，全国初の株式会社立の中学校である。従来，学校の設置主体は，「学校教育法」第2条において，国，地方公共団体，学校法人に限定されていたが，構造改革特区では，株式会社やNPO法人による学校の設置も認められるようになった。この制度により，朝日塾中学校は，株式会社朝日

学園が設置する義務教育機関として，2004（平成16）年4月に開校した（**資料18-8**）。なお，開校当初は御津町であったが，翌年3月の市町村合併により岡山市になった。

　御津町（現・岡山市御津）に株式会社立の中学校が設置された背景には，少子化による小・中学校の統廃合が進み，廃校後の施設の有効活用といった課題を抱えていた町の事情があった。そこで，教育を核とした地域の活性化をめざして，2003年7月11日に「御津町教育特区」の申請を行い，翌月29日に認定を受けたのである。

　朝日塾中学校では，特区研究開発学校として認定されたことで，文部科学省の「学習指導要領」による制約が緩やかになり，柔軟なカリキュラム編成が可能となった。その結果，ハイレベルの進学校をめざして，①コミュニケーション能力を養成する「ディスカッション科」（全国初，週3回）の設置，②英語以外の教科指導（美術や体育など）における英語の使用（日本人教員と外国人教員が協力），③主要5教科における授業時数の増加（公立中の1.67倍，3年間でみると公立中の5年分の授業時数を確保）といったことがなされている。

北海道清水町の「文化のまちの心の教育特区」──少人数学級の導入

　北海道上川郡の清水町では，複式校における児童数の急激な減少により，町内の小学校8校を単式の2校に再編することになった。そして，その際，複式校の利点であった少人数学級を生かし，個に応じたきめ細かな学習・生活指導を図るため，教育特区の申請を決めた。特区の名称は「文化のまちの心の教育特区」で，2003（平成15）年4月に申請された。その内容は，小学校低学年の学習集団として適正とされる20人規模を基準とした，少人数学級の実現をめざし，それに伴う教員の増加を町費で賄うというものであった。

　従来，市町村立小・中学校の教職員の任命権は，学校の設置者である市町村の教育委員会ではなく，都道府県の教育委員会にあり，教職員の給与も，市町村ではなく都道府県が負担するという，県費負担教職員制度であった。そこで，構造改革特区では，地域の実情に応じた特色ある教育の実現を可能にするため，市町村が自ら給与を負担して常勤の教職員を任用できるよう，「市町村立学校職員給与負担法」（第1条）の特例措置が設けられることになった。

このような市町村費負担教職員の制度化により、清水町では、2003年度から、清水小学校において少人数学級を導入することにした。しかし、特区の認定が5月23日になったため、4月の時点では、町が非常勤講師を配置し、主要教科の時間のみ2学級を3分割して少人数学習の授業を行った。そして、認定後の6月からは、町費負担による常勤の教員を1名配置して、1学級20人程度の3学級編制を実施した。2年目となる2004年度は、町費負担の教員を増やして、第2学年でも少人数学級編制を行い、特区申請当初の計画通り、小学校低学年における少人数指導を実現した。

清水小学校の少人数学級における具体的な取り組みとしては、①自分の気持を伝える時間が十分にあることを認識させ、落ち着いて話を聞くことや順番を待つことができるように、繰り返し指導する、②挨拶や整理整頓、時間を守ることといった生活習慣に関して、個別指導や全体指導の時間を十分に確保し、繰り返し指導する、③音読や作文、感想などにおいて、一人ずつ話し、発表する機会を多く設ける、といったことがあげられる。そして、少人数学級による指導のさらなる充実を図るため、第1・2学年の保護者に対してアンケート調査を実施している（**資料18－9**）。その結果では、児童一人ひとりに応じたきめ細かな指導がなされ、基礎的な学力や生活習慣の獲得に役立っていると、多くの保護者が少人数学級の有効性を認めている。

資　料

資料18-1　構造改革特区において実施することができる特例措置（文部科学省関係）

番号	構造改革特区において実施可能な特例措置	講じられる特例措置に係る根拠条項
1	特定の種類の学校を設置する学校法人を設立する際の校地校舎の自己所有要件の緩和	学校法人の寄付行為及び寄付行為の変更の認可に関する審査基準
2	研究開発学校制度の下に新設する「構造改革特区研究開発学校制度（仮称）」による，小中高一貫教育等，学校種間のカリキュラムの円滑な連携，教育課程の弾力化，教科の自由な設定，学習指導要領の弾力化	（学校教育法施行規則第26条の2）※本条項に基づき研究開発学校制度の下に「構造改革特区研究開発学校制度（仮称）」を新設
3	不登校児童生徒を対象とした新しいタイプの学校の設置による，教育課程の弾力化	学校教育法施行規則第24条，24条の2，25条
4	他の高等学校や中等教育学校の後期過程に修得した単位を高等学校の単位数に互換できる単位数の上限の緩和	学校教育法施行規則第63の5
5	引きこもり状態にある不登校児童生徒を対象として，ＩＴ等を活用した学習活動の可能化	運用
6	幼稚園入園年齢制限の「満三歳に達する年度」への緩和	学校教育法第80条
7	幼稚園と保育所を一体的に運用する場合において，幼稚園児と保育所児等が一緒に教育・保育活動を行う（幼稚園の学級定員の範囲内で幼稚園に在籍しない同年齢帯の幼児の教育・保育活動への参加を可能とする）	幼稚園設置基準
8	教育職員検定の合格決定手続きにおいて，都道府県教育委員会が機動的に学識経験者の意見聴取を行うことにより，免許状授与までに要する期間を短縮	運用
9	市町村の提案があった場合における都道府県教育委員会の教員免許状の授与手続きの運用による簡素化	運用
10	市町村教育委員会による市町村費負担教職員の任用の制度化	市町村立学校職員給与負担法第1条，第2条
11	校地面積基準を校舎面積と連動しない形で定める等全国規模の基準の緩和を超えた大学設置の際の校地面積基準の緩和	大学設置基準第37条，附則
12	大学院の校地・校舎面積に関する基準の緩和	大学院大学の審査基準について
13	国立大学等の試験研究施設の民間企業による廉価使用の対象範囲の拡大（国の研究と関連性がある研究を実施する者への拡大）及び条件の緩和（当該施設で行った研究データの全てを国等に提出することが廉価使用の条件とされているが，これに代えて，当該施設で行った研究の成果に関して国等に報告する場合についても廉価使用を認める。）	研究交流促進法第11条第1項
14	国立大学等の敷地の民間企業による廉価使用の対象範囲の拡大（国が現に行っている研究と密接に関連し，かつ，当該研究の効率的推進に特に有益な研究，又は国の研究機関の研究成果を活用して研究に必用な試験研究施設を大学内に整備する者への拡大）及び条件の緩和（当該施設で行った研究データの全てを国等に提出することが廉価使用の条件とされているが，これに代えて，当該施設で行った研究の成果に関して国等に報告する場合についても廉価使用を認める。）	研究交流促進法第11条第2項
15	国立大学等の試験研究施設，敷地の民間企業による廉価使用の際の各省各庁の長の認定に係る手続の緩和	研究交流促進法施行令第9条第1項，第3項 研究交流促進法施行令第10条第1，4項

（「文部科学広報」第27号，2002年11月28日）

資料18-2　全国において実施する規制改革事項（文部科学省関係）

番号	規制改革の内容	規制改革事項に係る根拠法令等	実施時期
1	大学入学資格の緩和等によりインターナショナルスクールの卒業者の大学入学機会を拡大する。	学校教育法第56条 学校教育法施行規則第69条	平成14年度中
2	中学校卒業程度認定試験の受験資格の緩和等によりインターナショナルスクール卒業者の高等学校入学機会を拡大する。	学校教育法第47条 学校教育法施行規則第63条 就学義務猶予免除者等の中学校卒業程度認定規則	平成14年度中
3	大学において、学位の種類・分野の変更を伴わない学部・学科の新設、廃止手続を、認可制から届出制に変更する。	学校教育法第4条 学校教育法施行令第23条	今秋臨時国会に法案提出（平成15年度施行）
4	大学等の校舎につき、地方自治体からの全部借用を認めるなど、学校法人が私立学校を設置する際に必要となる学校法人の自己資産条件を緩和する。	私立学校法第25条 学校法人の寄付行為及び寄付行為変更の認可に関する審査基準	平成15年4月1日から施行
5	①校舎面積の3倍以上とされている校地面積を、校舎と連動しない形で定めたり、合理的な理由があれば数量基準を緩和するなどの方法により、新たな数量基準を設定する。 ②校地の2分の1を自己所有とする要件を緩和する。	大学設置基準 大学設置審査基準要項 大学設置審査基準要項細則	平成15年4月1日から施行
6	大学院大学の設置認可に係る校地・校舎面積に関する基準を明確化する。	大学院大学の審査基準について	平成14年度中
7	大学の新設や収容定員増を抑制する方針を撤廃する。	平成12年度以降の大学設置に関する審査の取扱方針	平成14年度中
8	複数の大学が連合して大学院を設置する場合に、一定の要件の下で教員の兼務を認める。	大学院設置基準	平成14年度中
9	国が受託研究により取得した特許権・実用新案権の国以外の者へ譲与する場合に必要となる文部科学大臣の承認を不要とし、事後通知とする。	文部科学省所管国有財産取扱規程第40条	特区法施行と合わせて実施
10	大学において行う研究又は教員から教授される知見を基に学生が創業する場合に、国立大学の施設を使用できることを明確化する。	国立大学の施設を国立大学等の研究成果を活用した事業を行う者に使用許可する場合の取扱いについて（H14.6.14振環産第12号）	平成14年10月（措置済み）
11	国立大学教員等が産学官連携活動のために勤務時間内兼業を行うことについて、その政策的意義、公益性等について明らかにした上で、国立大学の法人化後における服務、勤務時間管理等に係る文部科学省の方針を踏まえて、一定の基準・手続の下で実施できるようにする。	国家公務員法第104条	平成15年度

（前掲「文部科学広報」）

資料18-3　認定された構造改革特区計画（第1回申請，文部科学省関係）

平成15年4，5月に認定された特区計画のうち文部科学省に関係するもの（全41件）
①構造改革特別区域研究開発学校…8件 　　福島県会津若松市（会津若松ITP特区） 　　群馬県太田市（太田外国語教育特区） 　　埼玉県狭山市（外国語早期教育推進特区） 　　埼玉県新座市（国際化教育特区） 　　埼玉県戸田市（国際理解教育推進特区） 　　千葉県・成田市（国際教育推進特区） 　　東京都荒川区（国際都市「あらかわ」の形成特区） 　　滋賀県長浜市（ホスピタリティ市構想特区）
②不登校児童生徒対象学校設置に係る教育課程弾力化…1件 　　東京都八王子市（不登校児童・生徒のための体験型学校特区）
③IT等の活用による不登校児童生徒の学習機会拡大…3件（うち1件再掲） 　　福島県会津若松市（会津若松ITP特区）【再掲】 　　岐阜県可児市（IT等を活用した学校復帰支援特区） 　　岐阜県多治見市（キキョウ学習特区）
④高等学校等における学校外学修の認定可能単位数拡大…1件 　　宮城県（みやぎ教育特区）
⑤市町村費負担教職員任用…5件 　　北海道清水町（文化のまちの心の教育特区） 　　長野県大桑村（切磋琢磨とこまやか学習特区） 　　京都市（京の人づくり推進特区） 　　広島県三次市（教育都市みよし特区） 　　徳島県海部町（海部町ふるさと教員制度特区）
⑥三歳未満児に係る幼稚園入園…5件 　　岩手県一関市（幼稚園早期入園特区） 　　埼玉県北本市（幼児教育特区） 　　山梨県富士吉田市（幼稚園入園事業特区） 　　長野県（満3歳になる年度当初から幼稚園に入園できる特区） 　　山口県防府市（防府市内幼稚園入園年齢制限の緩和特区）
⑦幼稚園における幼稚園児及び保育所児等の合同活動…1件 　　群馬県六合村（幼保一体化特区）
⑧校地面積基準の引き下げによる大学設置…1件 　　京都府・大阪府・奈良県（けいはんな学研都市知的特区）
⑨研究交流促進のための国有施設等の廉価使用の拡大（条件・手続の緩和）…18件（うち1件再掲） 　　青森県（津軽・生命科学活用食料特区） 　　山形県（超精密技術集積特区） 　　山形県鶴岡市（鶴岡バイオキャンパス特区） 　　仙台市（国際知的産業特区） 　　茨城県（つくば・東海・日立知的特区） 　　千葉県（新産業創出特区） 　　愛知県・豊橋市・蒲郡市・御津町・田原町（国際自動車特区） 　　岐阜県・八幡町・岩村町（スイートバレー・情場形成特区） 　　京都市（知の創出・活用特区） 　　大阪府（バイオメディカル・クラスター創成特区） 　　京都府・大阪府・奈良県（けいはんな学研都市知的特区）【再掲】 　　神戸市（先端医療産業特区） 　　広島県・広島市・呉市・東広島市（広島研究開発・創業特区） 　　山口県・宇部市（宇部地域産学公連携研究開発促進特区） 　　愛媛県・松山市・重信町（愛媛バイオ研究開発特区） 　　福岡県・福岡市（福岡アジアビジネス特区） 　　福岡県・飯塚市（飯塚アジアIT特区） 　　北九州市（北九州市国際物流特区）

（「文部科学広報」第37号，2003年6月27日）

166　II　現代社会と教育

資料18-4　ぐんま国際アカデミー（群馬県太田市）の特色

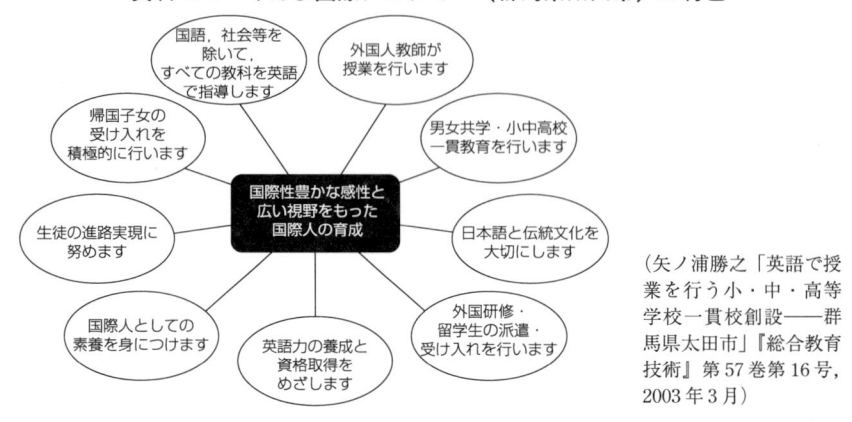

中心：国際性豊かな感性と広い視野をもった国際人の育成

- 国語、社会等を除いて、すべての教科を英語で指導します
- 外国人教師が授業を行います
- 帰国子女の受け入れを積極的に行います
- 男女共学・小中高校一貫教育を行います
- 生徒の進路実現に努めます
- 日本語と伝統文化を大切にします
- 国際人としての素養を身につけます
- 外国研修・留学生の派遣・受け入れを行います
- 英語力の養成と資格取得をめざします

（矢ノ浦勝之「英語で授業を行う小・中・高等学校一貫校創設——群馬県太田市」『総合教育技術』第57巻第16号，2003年3月）

資料18-5　ぐんま国際アカデミーの建築計画

■建築計画　ハウスとネイバーフッド，そして多彩な空間

　この学校では一学年は3クラスからなるが，チームティーチングの際には6つの集団に分かれて少人数で授業を行う。つまり，少なくとも学年ごとに6つの空間が必要となる。また，英語イマージョン教育のためには，日本語の授業を行っている部屋から外に音がもれてこないように閉じた空間を確保できることも必要となる。

　このような条件から，オープンスクールの形式をベースに，クラスのホームとなる「クラスベース」と呼ぶ空間を3つ，日本語授業のための閉じた空間を1つ，オープンな空間を2つ，学年ごとに用意し，人数や教科に合わせて柔軟に使い分けることができるようにしている（小学校の場合）。

　この一学年のまとまりが「ハウス」だ。さらに，ハウスが三学年分集まって「ネイバーフッド」を構成する。ハウスを連携させることで，英語の習熟度や学習の進み具合に応じた学年を超えた授業ができるようにする，という考え方だ。

　「どういう事態になっても対応できるように建築空間は柔軟性を持つべきだ」と千葉大学助教授の柳澤氏は言う。「先進国の中でもIT化，個別化，多様化が進む国では，様々な質の空間を用意するスタイルにシフトしている。特に，スウェーデンの学校では，サイズの異なるオープンな場所やクローズドな場所をつくり，子どもたちが様々な集団で学習できるようにしている」。

　こうした動きは，日本にも及びつつある。40人を入れる固定的な教室ではなく，ぐんま国際アカデミーで提示されたような多様な選択ができる空間を用意する形式は，通常の学校でもモデルの一つとなりうるだろうと柳澤氏は位置付けている。

（中﨑隆司「英語教育特区の開放型・小中高一貫校——学校法人太田国際学園ぐんま国際アカデミー」『日経アーキテクチュア』第800号，2005年7月）

18 教育改革への試行　167

資料18-6　ぐんま国際アカデミーの校舎平面図

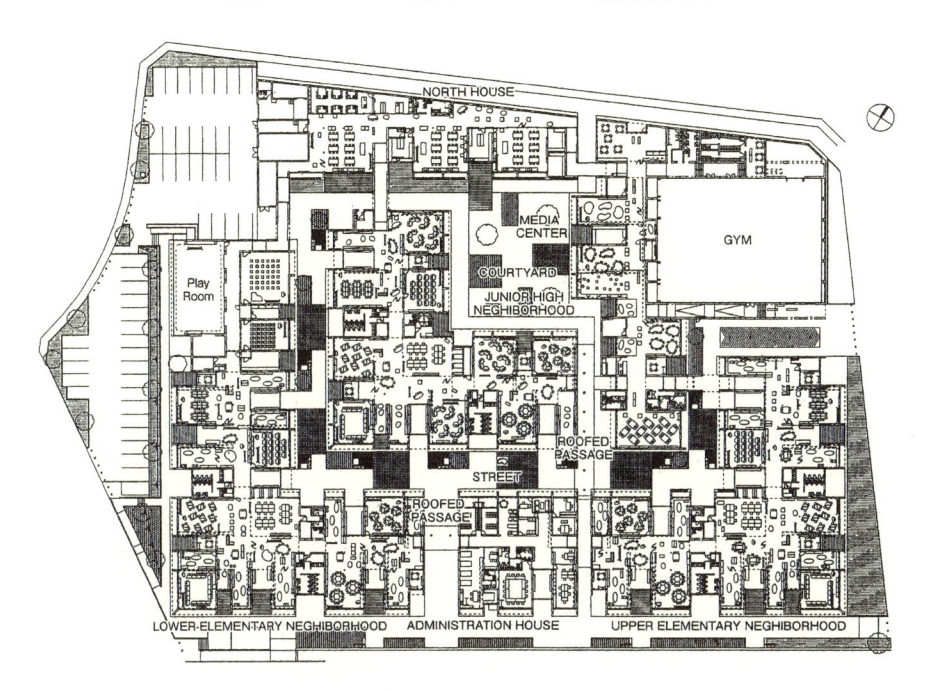

小学校低学年・高学年，中学校の3つのネイバーフッドからなる。小学校のハウスはワークスペース，オープンスペース，クラスベース，クワイエットルーム，水場，アート＆サイエンス，クローズドスペースからなる。中学校のハウスはオープン，セミクローズド，クローズドのクラスルームとロッカー室が基本。これらをFLA（フレキシブル・ラーニング・エリア）が結ぶ。ノースハウスは特別教室棟

（作品名：「ぐんま国際アカデミー」・建築設計：宇野享＋小嶋一浩＋赤松佳珠子／CAn＋CAt・図版提供：CAn＋CAt）

資料18-7　八王子市立高尾山学園（東京都）の週時程表

	月	火	水	木	金
8：15			教職員出勤		
8：30			打ち合わせ		
始業時刻9：00 9：50	教科学習 （補修発展） 1	6	9	13	16
10：00 10：30		休み時間			
	漢字・読書・計算で3コマ分（国語2・数学1）25・26・27				
	休み時間				
10：40 11：25	2	7	10	14	17
	休み時間				
11：35 12：20	3	8	11	15	18
	昼食・昼休み				
13：10 13：55	4	帰りの学活 13：20 体験講座 21・22	12	帰りの学活 13：20 体験講座 23・24	19
	休み時間	清掃		休み時間	
14：05 14：50	5		帰りの学活		20
15：00	清掃 帰りの学活			清掃 帰りの学活	

（高倉ひでみ「不登校児童・生徒のための体験型学校特区——不登校児童・生徒のための公立小中一貫校」『学校運営』第47巻第6号，2005年9月）

資料18-8　朝日学園学園長の学校観（サービス業としての学校）

〈学校にも競争原理の導入を〉

　私は学校というものは一種のサービス業であると考えている。従って教職員はそのサービス業の従業員であると言える。学校は「教育」という商品を児童生徒やその保護者という消費者に提供し，授業料等という名称の対価を受けとる。

　消費者は沢山の選択肢の中から自己のニーズに合う学校を選ぶことができるのが望ましい。当然，選択した商品を購入できるだけの資格（経済力・学力等）は必要だが。商品提供者である学校側は「より良い商品をより安価に」提供すべきであるし，その結果としての提供者である学校間には競争があるべきで，消費者のニーズに合った商品を提供する学校が実績をあげ，生き残っていき，そうでない学校が退場するのは当然の姿である。

　公正な学校間競争のためには各学校が同じような基盤に立って「教育」という商品の品質向上，研究開発に努め，消費者満足度を向上させるべきものと思う。ところが助成という一つの観点では公立の義務教育学校はその存在意義からとりあえず論外としても，少なくとも私立学校においては設置者の違いによってその経済的基盤の大きな要素である私学助成にゼロから満額までの大きな差をつけるのは「同じ

基盤」という点でおかしい。

　ちなみに私どもの株式会社朝日学園は「非営利の株式会社」として定款が認証されており「利益は全額を地方公共団体等に寄付する」と定めているので「株式会社は営利企業なので税金による私学助成はしない」という論は当らない。公正な同じ基盤での競争という点では，株式会社立やＮＰＯ法人立の学校にも私学助成をするか，または学校法人立の学校にも私学助成をしないかではないだろうか。国家の教育政策としての是非は別としてもとにかく学校間競争が教育の向上のためには必要である。

（鳥海十児「株式会社立・朝日塾中学校」『学校運営』第47巻第6号，2005年9月）

資料18-9　清水小学校（北海道清水町）における保護者を対象とした少人数学級のアンケート調査

(二) 少人数学級に対する保護者の評価

　子ども達によりよい環境のもとで，質の高い教育の提供をめざして取り組まれた教育特区「少人数学級」の実施にあたっては，指導する教職員間でその具体的な取組や期待される効果などについて共通理解が図られたことや，保護者や町に理解と協力，支援を得ることによって実現できたものである。このような状況の中，本校での取組がどのように見られ，思われているのか（評価），どんなことを期待されているのか（期待・願い）をしっかりと把握し，改善かつ継続して取り組んでいくことが重要であると考えた。

　そこで，子ども達の様子（子ども達の変容）や保護者の思いを外部評価（アンケート）という形で調査した設問事項とその結果は次のとおりである。（アンケートの対象は二年生と一年生の保護者）

□一年生の保護者への設問
①基礎的な学習を身につけるのに有効だと思う
②一人ひとりに応じた指導が行われると思う
③基礎的な生活習慣を身につけるのに有効だと思う
④子どもと教師の人間関係が深まると思う
⑤子ども同士の人間関係が深まると思う
⑥保護者との連携が深まると思う

　結果は，①②③④のいずれも７割強の保護者が，「よくあてはまる」「ややあてはまる」と答えている。しかし，⑤については四割強，⑥については七割が「あまりあてはまらない」「まったくあてはまらない」と答えている。このことから一人の教師が受け持つ子どもの数は少人数である方が，目が行き届き，きめ細かな教育・指導を受けることができるから賛成としながらも，一番臨（ママ）んでいることは子どもの個性を生かし，信頼できる教師に教育・指導してほしいと願っていることが分かる。それは，アンケートに「……先生の人柄というか力量もあるのでは……」などと記述されているように，教師の高い資質・能力が期待され，求められていると言える。

このことは，私達が心を一つにして努力しなければならないことでもある。

□二年生の保護者への設問

①子どもが落ち着いて学習に取り組むことができる
②子どもの発表する機会が多く取れたり，順番が早く回ってくるなど活動が保障されている
③教師が個々の学習状況をより的確に把握して指導を進めている
④子どもに基礎的な学力が身についている
⑤机の配置等，教室空間をうまく利用している
⑥子どもの挨拶やきまりを守るなどの基本的生活習慣が身についている
⑦教師と子どもとの関わりが深まっている
⑧子ども同士の関わりが深まっている
⑨保護者との連携が深まっている
⑩子どもが喜んで学校に行っている

　結果は，①②③⑤⑥⑩はほとんどの保護者が「よくあてはまる」「ややあてはまる」と答えており，少人数学級の有効性を実感していると考えられる。また，兄姉がいる保護者は，少人数学級と普通学級とを直接比較し，その違いを明確に感じ取っているものと考えられる。さらに，児童数が少ないという物理的条件は，教師が子どもに関わる時間的なゆとりと教室内の空間的ゆとりを生むことから，保護者に安心と期待を与えていると言える。それゆえ，教職員の責任は重く，私達の資質・能力が問われているとも言える。

（山下勇「文化のまちの心の教育特区——いきいきと輝く人づくりを目指した少人数学級の取組」『学校運営』第47巻第6号，2005年9月）

19　高度情報社会と教育

情報教育のあゆみと目的

　ユネスコの成人教育推進国際委員会（1965）で，ラングラン（Lengrand,P, 1910-　）が予言したとおり，現代人は溢れる情報の洪水の中でその適切な取捨にとまどうばかりか，人間としてのあるべき姿が問われることになった。とりわけコンピュータの急速な普及にともなって出現したインターネット社会は，われわれに大きな利便性を与えたが，反面で，サイバー犯罪など深刻な問題を引き起こしている。そのような情報革命（IT革命）の波に飲み込まれているのは，児童・生徒も同じである。

　そこで，臨時教育審議会・第2次答申（1986年）は，情報化社会を生きるためには「情報及び情報手段を主体的に選択し活用していくための個人の基礎的な資質（情報活用能力）」を育成することが必要であるとして，学校での新たな取り組みを求めた（**資料19-1**）。その後，「学習指導要領」第6次改訂（1989年）で「生きる力」を育てる手段とされ，1998年に小・中学校，翌年に高等学校の改訂（第7次）があって，本格的な情報教育が開始されることとなった。**資料19-2**は，「学習指導要領解説」に示された情報教育体系化のイメージであるが，情報活用能力を「情報活用の実践力」「情報の科学的な理解」「情報社会に参画する態度」の3要素でとらえ，発達段階に応じた内容・教科を示している。

　学力としてのメディア・リテラシーの形成が，学校教育の重要な課題となったのである。そこでは，メディアを使いこなす力，メディアの特性に関する理解力，読解・解釈・鑑賞能力，批判的な受容力，表現力とコミュニケーションの力などが求められ，「いかに社会が変化しようとも，自分で課題を見つけ，自ら学び，自ら考え，主体的に判断し，行動し，より良く問題を解決する資質や能力」（第15期中央教育審議会答申）である「生きる力」の育成をめざすものとなった。

学習環境の情報化

ほぼ同時期に進行した学校施設のインテリジェント化政策，とくに1992年の「学校施設整備指針」(**資料19-3**) は，「高機能かつ多機能で弾力的な学習環境」づくりを進めるもので，情報教育の条件づくりという点においても画期的意義を認めることができる。それは，教育内容・方法の多様化，情報化に対応した施設として，多目的教室・コンピュータ教室・視聴覚教室を備え，教職員の執務空間の充実をめざすものであった。

この結果，各学校ではコンピュータの導入が進められ，インターネットを利用したカリキュラムの開発や授業法が工夫されることになった。また，国際交流・環境教育情報・文化遺産情報など各種の情報ネットワークの拠点として，あるいは地域の情報センターとして，利用対象を児童・生徒に限定せず，地域住民の生涯学習に貢献しようとするインテリジェントスクール (**資料19-4**) をめざす学校も現れている。たしかに，近年，教育用コンピュータの設置状況の進展は目覚ましく (**資料19-5**)，2004年度には，1校あたり全国平均43.2台で，中学校46.5台，高校107.6台であり (**資料19-6**)，インターネットに接続している学校は80％を上回る状況であり (**資料19-7**)，情報教育を支える基盤が徐々に整いつつあるといえる。しかし，コンピュータを用いて指導できる教員の割合は，中学校60.5％，高校55.1％と決して高いわけではなく，特定の教師に依存しているのが実情であり (**資料19-8**)，指導者の充実は今後の課題でもある。

情報ネットワークを利用して，学習のために必要な情報を容易に収集することができるようになると，新しい学びの形が可能になる。近隣の学校にとどまらず海外の学校との交流学習や，研究所・文教施設と結んで，児童・生徒の個別的・集団的な課題学習を進めたり，不登校児のための家庭学習支援 (サイバースクール) や遠隔教育 (e-Learning) などができるようになった。いずれも，学習に関わる時間的・空間的制約からの解放を特徴としており，学ぶ場を学校に限定するものではない。学習者の生活形態，学習の進度や興味・関心・能力に応じた柔軟で多様な学び方を可能にし，場所代・交通費・人件費などの面でも経済的である。実際，離れた場所にキャンパスがある大学の授業や，急速な知識・技術の革新に対応する必要に迫られ，習得すべき膨大な内容を抱え込む医療技術者の研修などに，速習性をもつ e-Learning を取り入れた実践例

がある（神田浩路ほか）。しかし，こうしたメリットの反面，態度形成・意欲の向上を阻害するなど非対面性教育に共通する限界を持つとされ（久保田ほか），教師は一方的な知識伝達型学習に導かない配慮が必要である。

ネットワーク社会と子ども

　情報化社会を生きる子どもたちは，いくつかの共通的特徴をもっている。たとえば，①直接的友人関係や交遊を重視しないこと。『通信白書』（2000・**資料19-9**）によれば，近年，遠距離に住む友人や疎遠であった友人と連絡を取り合う回数は増えたが，直接会ったこともない友人数や友人と会う回数自体が減少したという傾向が強くなっているという。ケータイ，Ｅメールの普及によって，対話などを避け間接的・仮想的人間関係に止めようとするからである。それゆえ，「思いこみの友人」でしかない多数のアドレスを大切にしている場合が多い。ネット上に形成される「メディア・コミュニティ」に籍を置くが，地域文化や生活感・利害を共有し，自らの参考とする身近な友人を失いつつあるのである。それは，ネットワーク社会の孤独というべきであろう。

　②情報教育の本来の趣旨にもかかわらず，子どもたちはメディアに対して従順すぎる。発信者の作為や欺瞞を見抜こうとせず，情報の巧みな利用のみに走る傾向がある。多く，深く読み取る煩雑を避け，結果として客観的で公平な見方ができない。やがて，さまざまなコンピュータ犯罪に巻き込まれる危険に晒されるのである。ＮＩＥ運動は，そのような子どもの姿に危機感をもつ人々の試みでもある。水越（2005）は，情報化社会の倫理的危険性に対処するには，児童・生徒の発達段階に応じた具体的指導を繰り返す必要があると述べている。ⓐ経験を与え訓練する，ⓑ思考を深める，ⓒ実感を育てる，ⓓ概念・法則を教えるなどカリキュラムと指導法を工夫することが大切であるという。

　また，③情報化社会の発展が，子どもたちに新たな差別をもたらしていることも忘れてはならい。情報機器の扱いの困難，経済的・教育的環境の劣悪，情報格差，教師の指導力不足，子どもの意欲の欠如などが「取り残された子ども」を生み出している（デジタル・ディバイド）。公平で平等な学習環境を整備し，学習権を保証する意味でも，情報バリアフリーの普及を図らなくてはならない（**資料3-7**参照）。

資料

資料19-1　教育改革に関する第二次答申（要旨）

臨時教育審議会（昭和六一年四月二三日）

第二章　情報化への対応のための諸改革

(1) 情報化に対応した教育に関する原則

　情報化に対応した教育を進めるに当たっては，情報化の光と影を明確に踏まえ，マスメディアおよび新しい情報手段が秘めている人間の精神的，文化的発展への可能性を最大限に引き出しつつ，影の部分を補うような十全の取組みが必要である。このような見地から，情報化に対応した教育は，以下の原則にのっとって進められるべきである。

　ア　社会の情報化に備えた教育を本格的に展開する。
　イ　すべての教育機関の活性化のために情報手段の潜在力を活用する。
　ウ　情報化の影を補い，教育環境の人間化に光をあてる。

(2) 初等中等教育や社会教育などへの情報手段の活用と情報活用能力の育成

　初等中等教育や社会教育などへの情報手段の活用を進め，それを通じて情報活用能力（情報リテラシー）の育成を図る必要がある。

　ア　良質の教育用ソフトウェアの開発，蓄積，流通の促進のための本格的な施策に早急に着手する。
　イ　情報化に関する教員の資質の育成を図る。
　ウ　情報手段の教育活用に関する実践的な応用研究の促進に努めるべきである。

(3) 高等教育や学術研究への情報手段の活用と人材の育成

　高等教育や学術研究への情報手段の活用を進めるとともに，人間の精神的，文化的発展に貢献する方向に情報化社会をリードし，構築していく人材の育成を図る必要がある。

　ア　大学の情報関係学部，学科の拡充を図り，あわせて学術情報システムの整備，図書館の情報化などの推進を図る。
　イ　大学における情報関係学部，学科以外の学生に対する情報教育を拡充するともに，先端的科学技術分野の人材養成のための新しい教育研究組織の設置を検討する。

（『文部時報』No. 1309）

資料19-2　情報教育の体系化のイメージ（文部科学省）

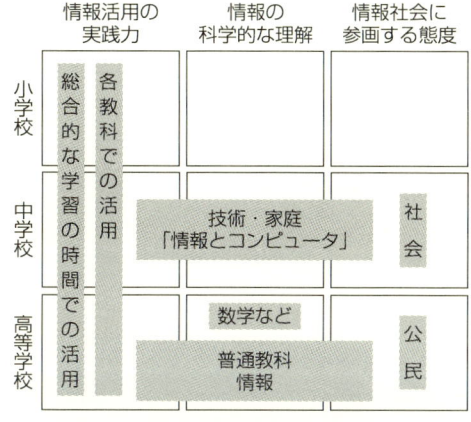

	情報活用の実践力	情報の科学的理解	情報社会に参画する態度
小学校	総合的な学習の時間での活用／各教科での活用		
中学校	総合的な学習の時間での活用／各教科での活用	技術・家庭「情報とコンピュータ」	社会
高等学校	総合的な学習の時間での活用／各教科での活用	数学など／普通教科 情報	公民

（『高等学校学習指導要領解説』情報編 2001年3月）

資料19-3　学校施設整備指針の主な改正内容

1　教育内容・方法の多様化，情報化に対応した施設づくり

　科学技術の急速な進歩，高度情報社会の到来その他の社会の変化による教育内容の高度化，教育方法の多様化などに対応して，多様な学習形態，コンピュータその他の高度な教育機器の導入などを可能とする高機能かつ多機能な学習環境づくりのための施設計画・設計に係る内容を充実したこと。

〔主な改善内容〕

○多目的教室の計画・設計に係る内容の追加，○コンピュータ教室，視聴覚教室，ＬＬ教室，図書室等の計画・設計に係る内容の充実及び追加，○コンピュータ及び視聴覚教育メディアの多様な活用方法に対応した施設計画に係る内容の追加，○屋内外の運動施設の計画・設計に係る内容の充実及び追加，○教職員の執務空間の計画・設計に係る内容の充実及び追加，○構造の計画・設計に係る内容の追加，○設備の計画・設計に係る内容の追加

（『文部時報』No.1386）

176　Ⅱ　現代社会と教育

資料19-4　インテリジェント・スクールのイメージ図

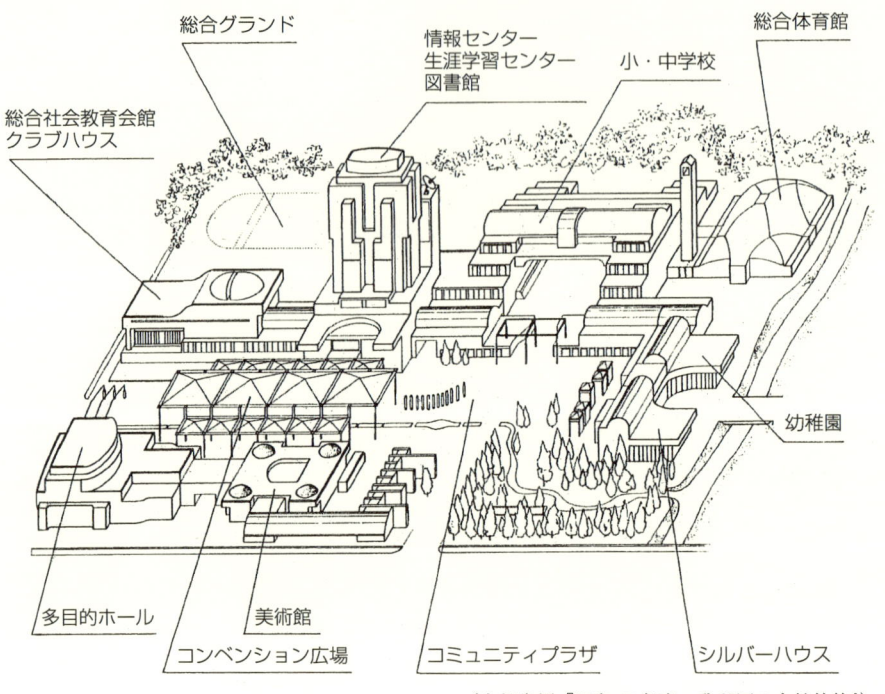

（ラベル：総合グランド／情報センター　生涯学習センター　図書館／小・中学校／総合体育館／総合社会教育会館　クラブハウス／多目的ホール／美術館／コンベンション広場／コミュニティプラザ／シルバーハウス／幼稚園）

（文部省編『昭和63年度　我が国の文教施策』）

資料19-5　コンピュータ普及率の推移

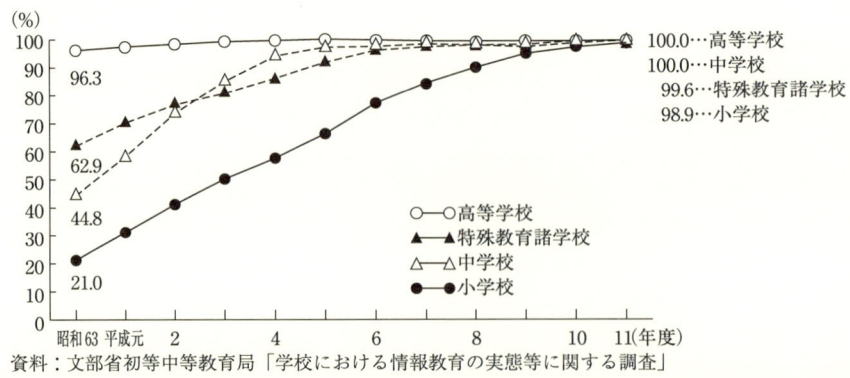

（%）
- 100.0…高等学校
- 100.0…中学校
- 99.6…特殊教育諸学校
- 98.9…小学校

昭和63年：96.3／62.9／44.8／21.0

凡例：
- ○—○高等学校
- ▲--▲特殊教育諸学校
- △--△中学校
- ●—●小学校

横軸：昭和63　平成元　2　4　6　8　10　11（年度）

資料：文部省初等中等教育局「学校における情報教育の実態等に関する調査」
（日本子ども家庭総合研究所編『日本子ども資料年鑑2001』KTC中央出版，2001）

19 高度情報社会と教育　177

資料19-6　教育用コンピュータの設置状況（平成16年度）

区　分	学校数 (A)	教育用コンピュータの総台数 (B)	1学校当たりの教育用コンピュータの平均設置台数 B/A	教育用コンピュータ1台当たりの児童生徒数
小学校	22,720	698,804	30.8	10.1
中学校	10,254	477,066	46.5	7.1
高等学校	4,076	438,721	107.6	6.2
中等教育学校	7	433	61.9	2.9
特殊教育諸学校　盲学校	68	1,997	29.4	1.7
聾学校	104	3,590	34.5	1.4
養護学校	762	21,756	28.6	3.9
小計	934	27,343	29.3	3.4
合計	37,991	1,642,367	43.2	8.1

(注) 調査対象は全国の公立学校。平成17年3月31日現在（学校数は平成17年3月1日，児童生徒数は平成16年5月1日現在）。
　　教育用以外のコンピュータとは，事務・管理・校務処理専用等のものである。
資料：文部科学省初等中等教育局「学校における教育の情報化の実態等に関する調査結果」2005
（『日本子ども資料年鑑2005』）

資料19-7　インターネット接続学校数（平成15・16年度）

区　分	学校数 (A)		インターネット接続学校数 (B)		インターネット接続率 B/A (%)		高速インターネット接続学校数 (C)		高速インターネット接続率 C/B (%)	
	平成15年度	平成16年度	平成15年度	平成16年度	平成15年度	平成16年度	平成15年度	平成16年度	平成15年度	平成16年度
小学校	22,913	22,720	22,837	22,691	99.7	99.9	15,519	17,807	68.0	78.5
中学校	10,292	10,254	10,282	10,244	99.9	99.9	7,445	8,430	72.4	82.3
高等学校	4,098	4,076	4,098	4,076	100.0	100.0	3,609	3,894	88.1	95.5
中等教育学校	4	7	3	7	75.0	100.0	3	7	100.0	100.0
特殊教育諸学校　盲学校	68	68	68	68	100.0	100.0	56	63	82.4	92.6
聾学校	104	104	104	104	100.0	100.0	86	98	82.7	94.2
養護学校	758	762	757	761	99.9	99.9	606	688	80.1	90.4
小計	930	934	929	933	99.9	99.9	748	849	80.5	91.0
合計	38,237	37,991	38,149	37,951	99.8	99.9	27,324	30,987	71.6	81.7

(注) 1　調査対象は全国の公立学校。平成17年3月31日現在（学校数は平成17年3月1日，児童生徒数は平成16年5月1日現在）。
　　2　高速インターネット接続学校数：インターネット接続回線速度が400kbps以上の学校の合計。
資料：文部科学省初等中等教育局「学校における教育の情報化の実態等に関する調査結果」2005
（『日本子ども資料年鑑2005』）

II 現代社会と教育

資料19-8 コンピュータで指導できる教員の割合（％）

区分	平成10年度	11	12	13	14	15	16
小学校	28.7	36.5	50.7	59.4	66.3	72.7	80.1
中学校	26.1	29.7	36.0	41.5	46.1	53.8	60.5
高等学校	26.0	28.1	31.5	34.4	38.1	46.1	55.1
特殊教育諸学校	16.5	20.5	27.7	33.2	37.4	48.5	56.6
中等教育学校	—	—				75.4	80.0
合計	26.7	31.8	40.9	47.4	52.8	60.3	68.0

① 平成13年度以降は、「コンピュータを使って教科指導等ができる教員：教育用ソフトウェア，インターネット等を使用してコンピュータを活用したり，大型教材提示装置（プロジェクタ等）によってコンピュータ画面上のネットワーク提供型コンテンツや電子教材などを提示しながら授業等ができる教員」と定義している。
② 各年度の教員数における，①の教員数の割合。
③ 平成12年度〜14年度は，中等教育学校の数を高等学校に含めている。

（文部科学省「学校における情報教育の実態等に関する調査」2000〜2006より作成）

資料19-9 インターネット利用によるコミュニケーションの変化

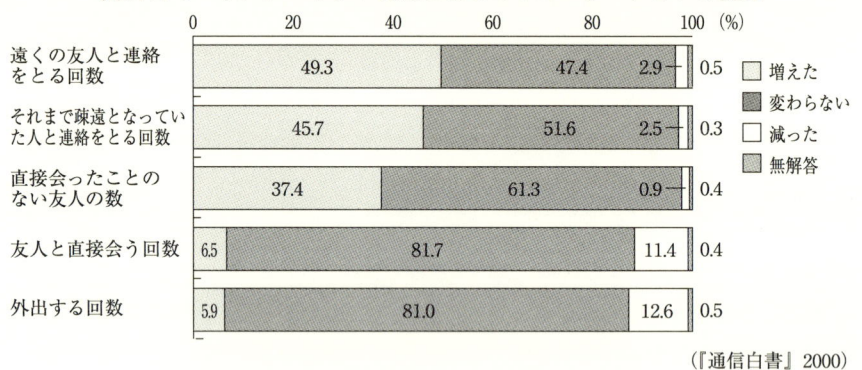

項目	増えた	変わらない	減った	無解答
遠くの友人と連絡をとる回数	49.3	47.4	2.9	0.5
それまで疎遠となっていた人と連絡をとる回数	45.7	51.6	2.5	0.3
直接会ったことのない友人の数	37.4	61.3	0.9	0.4
友人と直接会う回数	6.5	81.7	11.4	0.4
外出する回数	5.9	81.0	12.6	0.5

（『通信白書』2000）

20 国際化と教育

「国際化教育」施策の流れ

　国際化，グローバル化時代における教育のあり方（ここでは「国際化教育」という）が，国家的な課題ないしは公教育全体の課題として問われるようになってからすでに久しい。1974年の中教審答申「教育・学術・文化における国際交流について」では，「国際社会の一員として諸外国と協力・協調しつつ国際社会に対して積極的に貢献」するため，「国際理解教育の推進」「外国語教育の改善」「大学の国際化」等々が提唱された。1987年の臨教審最終答申では直面する教育の最重要課題として，生涯学習社会への移行などとともに情報化・国際化への対応を掲げ，「帰国子女・海外子女教育への対応」「留学生の受入れ体制の整備・充実」「外国語教育の見直し」「国際的視野における高等教育のあり方」などを提言した。1996年の中教審「21世紀を展望した我が国の教育の在り方について」（第1次答申）では「国際理解教育の充実」「外国語教育の改善」「海外に在留している子供たち等の教育の改善・充実」があげられている。

　2005年の文部科学省「初等中等教育における国際教育推進検討会報告書」では，①異文化や異文化を持つ人々を受容し，共生できる態度・能力，②自国の伝統・文化に根ざした自己確立，③自己の考え・意見を発信し，行動できる態度・能力の育成を提言した。そのための方策として，「学びが広がり深まる授業づくり」をはじめ8項目の取り組みを求めている（**資料20－1**）。

　ところで，上記の臨教審答申では，①全人類的・地球的視野に立って，人類の平和と繁栄のために国際社会への貢献，②「国際社会のなかに生きるよき日本人」の育成を求めている。そこには＜国際人としての日本人＞という二面性に矛盾はないのであろうか。途上国への教育援助のあり方に，国際貢献よりも自国の利益という図式が浮かび上がることと同様の危惧がある（**資料20－2**）。

　「国際化教育」の対象は，異文化理解の教育などの国際理解教育，海外子女および帰国子女教育，開発教育，人権，平和，環境などの教育，国際交流・国

際協力等々，非常に広範な領域に及ぶ。以下では，海外・帰国子女の教育，在日外国人子女の教育等について簡単に述べることにする。

海外・帰国子女教育

　1970年代以降，経済や文化活動等の国際化，グローバル化により，海外に長期滞在する日本人が急増した。それにともない，海外で生活する子どもたち（学齢段階）も1990年代には約5万人となり，2005年には55,566人に達した。また地域別では同年，北米地域を抜き，アジア地域がトップとなっている。

　海外子女の就学形態は，①日本人学校，②補習授業校＋現地校等，③現地校・その他，に大別され，2005年では31.8％，28.2％，40.0％の内訳となっている。90年代には海外子女の約8割が①②の形態に属していたが，現在は6割に止まっている。

　日本人学校とは日本国内の小中学校と同等の教育を行う全日制の学校であり，主に現地の日本人会などが設置主体となっている。補習授業校とは，現地校や国際学校に就学する子どもに土曜日や放課後などを利用して国内の一部の授業を行うものである。そのほか，日本の学校法人などが文部科学大臣による認定・指定を受け，国内と同等の学校教育を行う「私立在外教育施設」がある。日本人学校と同様に，卒業者には国内の上級学校への入学資格が認められている。海外子女教育では，日本人としての基礎教育を重視しながらも，海外での生活体験を生かした，国際性豊かな人間の育成が期待される。日本人学校での教育が，国内と同等という観点からのみではなく，子どもたちの海外生活に立脚した授業展開が求められよう。

　2003年度に海外から帰国した児童生徒（「帰国子女」）は，1万295人を数える。帰国子女には，海外での学校教育経験（課程や在外年数）を国内の学校教育に相当させることができる。日本での学校生活への円滑な適応を図り，海外生活経験により育まれた特性を伸張するとともに，国際理解教育の充実に取り組む施策が実施されている。また，帰国子女を対象に特別推薦枠の設定や選抜方法を考慮した「キコク入試」を採用する高校，大学も多くなった。しかし，日本語学力，日本の学校や社会への適応，受験準備など抱える問題は少なくない。個々の帰国子女に即した学校教育の弾力的運用が望まれる。

在日外国人子女の教育

　海外子女教育の課題への取り組みは，それと表裏の関係にある日本に在住する外国人子女に対する教育の課題を顕在化させる。1970年代以前にも，日本には多数の外国人が居住していたが，主に在日韓国・朝鮮人に対する「在日」差別問題や民族教育の課題としてとらえられてきた。1980年代以降の日本経済の動向は，３K労働力の供給源をアジアや南米地域の途上国に求め，いわゆるニュー・カマーを急増させた。そして，彼らの子どもたちの多くが通常の日本の学校に在学している。

　『文部科学白書 平成16年度』では，それまでの「外国人児童生徒に対する日本語指導など」から「外国人児童生徒に対する教育の充実」へと項目名称を変更し，日本で生活する外国人子女の教育を受ける権利の保障に言及したが，公立義務教育学校への就学を前提としている（**資料20－3**）。2004年現在，公立初等・中等学校に在籍する外国人は約７万人，うち日本語指導を必要とする児童生徒は約２万人である。日本社会への適応の手だてとともに，それぞれの子ども自身の言語（母語），文化等への学習を保障するものでありたい。在日外国人子女の学ぶ権利を保障することは，日本の子どもたちが他の国や民族，文化への理解を深め，共生の理念のもとでの日本社会の国際化につながるものと考える。その意味でも在日外国人子女の教育の充実は急務といえよう。

教室の中での国際化

　帰国子女や日本在住外国人子女の学ぶ学校や学級では，他の子どもたちとの異文化理解をはかる授業を展開するところも多い。それ以外の学校でも，外国人チューターの派遣，総合的な学習の時間での「国際理解」分野など，実際の授業での「国際化教育」が進んできた。

　また，日本の近現代史のとらえ直しを通して戦争や平和について考える授業，日本人の食生活から途上国の人々の飢えと世界の食糧事情を考える授業なども行われている。身近な素材による「地球市民」としての共生の理念に立った授業である。人権，平和，環境，開発といった地球的規模の課題を認知させ，その解決にむけて未来志向的考察を引き出し，子どもたちのなかに国際理解や国際連帯の芽を積極的に育んでいくことが期待されている（**資料20－4**）。

資料

資料20-1 「初等中等教育における国際教育推進検討会報告書」のポイント

(1) 学びが広がり深まる授業づくり

　各教科等や総合的な学習の時間の相互関連性を意識し，学びが広がり深まる授業づくりを進めるとともに，優れた取組の普及やモデルカリキュラムの開発，情報通信技術の活用等を図り，実践的な態度・能力を育成する授業づくりの支援を行う。

(2) 教員の実践力の向上

　教員養成段階における取組の充実とともに，参加型・実践型の研修の実施や海外研修の充実を図る。

(3) 直接的な異文化体験の重視

　留学，海外研修旅行，海外修学旅行，姉妹校提携による学校間交流など，バランスのとれた国際交流を推進する。

(4) 外国人児童生徒教育の充実

　政府関係省庁や地方の関係機関と連携し，日本語指導や就学支援等，受入体制を一層充実させるとともに，外国人児童生徒と共に進める国際教育を推進する。

(5) 海外派遣教員の活用

　人事配置上の工夫などによる，在外教育施設等派遣教員や海外研修経験者の活用・登用の促進や，海外派遣教員の情報発信の支援を行う。

(6) 地域における協働の促進

　学校の外部にある人材や組織等が連携し，地域の国際教育ネットワークを形成するとともに，優れた実践事例の普及を図る。

(7) 海外での成果を日本の学校教育に生かす

　小学校段階における外国語教育や，小学部・中学部併設による乗り入れ授業の実施等，海外子女教育の成果を検証し，情報発信を行う。

(8) 時代の変化に対応した海外子女教育・帰国児童生徒教育

　昨今の海外子女教育をめぐる状況やニーズの変化を踏まえた海外子女教育の充実方策を検討するとともに，特性に配慮した帰国児童生徒教育を充実する。

(『文部科学白書　平成17年度』2006)

資料20-2　教育援助の特質

　日本は1989年にトップドナーとなってからは国内外の圧力から国際援助コミュニティの開発援助理念との協調が重要な政策課題となり，国際援助コミュニティに対応した開発援助方針（民主化，市場経済，環境問題等），あるいは教育援助方針を打ち出している。教育援助においては，JICAの報告書やODA白書などでWCEFA以降は従来のアジア中心の高等教育，職業／技術教育援助とは180度異なる基礎教育重

視，アフリカ諸国重視，ソフト分野援助重視の開発援助方針を打ち出している。しかしながら，日本の開発援助の実施状況をみると，いまだに経済インフラ関係の運輸や通信が約40％を占め，ハード中心，アジア地域偏重の援助である。教育援助においても，教育機関建設や借款によるハード型の教育援助が増加し，基礎教育援助も教育開発援助の約5％しか占めていないのが現状である。国際援助コミュニティの新たなパラダイムシフトに対応した教育援助を行っていないことには多くの要因が考えられるが，従来，日本は高等教育や職業／技術教育援助，学校建設や資材の供与といったハード面での援助を中心に行い，主たる教育援助対象国は東南アジアであった。このことから，基礎教育や教員養成・質的向上，教科書・カリキュラムの改善や教育行政の強化といったソフト面での人材確保が難しく，また十分な経験を有していないアフリカ諸国などの地域研究の必要性等，多くの課題が指摘されるのである。日本は量的には国際援助コミュニティのなかでトップドナーとなったが，国際援助コミュニティの教育援助理念形成に指導的役割を果たしていないといえる。

（佐藤眞理子「1990年代における先進国の教育援助の特質」『比較教育学研究』第31号〈2005年〉）

資料20-3　外国人児童生徒の教育の充実に向けて

① 外国人児童生徒に対する日本語指導など

　日本語指導が必要な外国人児童生徒は，平成14年9月時点で，公立小・中・高等学校に1万8,734人在籍し，在籍校数は5,130校に上っています。これら外国人児童生徒のほとんどは，来日前に日本語教育を受けないまま言語も生活習慣も異なる環境に入ってくることから，適切な日本語指導や学校生活への適応指導を行うことができる体制を整備していくことが重要です。

　このため，文部科学省では，①学校教育におけるJSL（第2言語としての日本語）カリキュラムの開発，②帰国・外国人児童生徒と共に進める教育の国際化推進地域の指定，③日本語指導などに対応した教員の加配，④外国人児童生徒等教育相談員派遣事業の実施，⑤校長，教頭，指導主事や担当教員を対象とした講習会・研究協議会の実施などの施策を行っています。

（『文部科学白書　平成15年度』2004）

② 外国人児童生徒に対する教育の充実

　平成15年5月現在，公立の小学校，中学校，高等学校，盲・聾・養護学校及び中等教育学校に在籍する外国人児童生徒は，7万902人です。そのうち，日本語指導が必要な外国人児童生徒は，15年9月現在，1万9,042人在籍しており，在籍校数は5,231校に上っています。また，当該児童生徒の母語数は，63言語にわたっています。

　外国人については，我が国の義務教育への就学義務は課されていませんが，公立の義務教育諸学校への就学を希望する場合は，無償で受け入れており，教科書の無償給与や就学援助等を含め，日本人と同一の教育を受ける機会を保障しています。しかしながら，外国人児童生徒のほとんどは，来日前に日本語教育を受けないまま

言語も生活習慣も異なる環境に入ってくることから，適切な日本語指導や学校への適応指導を行うことができる体制を整備することが重要です。

このため，文部科学省では，次の施策を行っています。
① 日本語指導等に対応した教員の配置
② 学校教育におけるJSLカリキュラム（第二言語としての日本語指導法）の開発
③ 母語を用いた帰国・外国人児童生徒支援に関する調査研究の実施
④ 帰国・外国人児童生徒と共に進める教育の国際化推進地域事業の実施
⑤ 指導主事や校長，教頭の管理職や指導的立場にある教員を対象とした研修会等の実施
⑥ 外国人児童生徒の保護者向けの就学ガイドブックの作成・配布

(『文部科学白書　平成16年度』2005)

資料20-4　「南北問題の解決に向けて，あなたの考え・意見を自由に書きなさい」
（開発教育による『地理』を1年間受講した高校2年生の文章）

　日本は南北問題に真剣に取り組めているのでしょうか。日本の政府は活動をしているけれど，一体どれぐらいの日本にすんでいる人々が，南北問題のことを知っているのでしょうか。日本に住んでいる私たちは，空腹になると食べ，病気になるとすぐ病院へ行きます。けれどこのように私たちが当然だと思っていることができず，日本の1日の残飯のごく一部があれば多くの人が助かることを知り，私はやるせない気持ちになりました。

　私は，南北問題の具体的な解決方法を考える前に，もっと多くの人がこの問題そのものについて知らねばならないと思います。自分だけが幸せならそれでいいという考えは捨て，皆が幸せであるように考えるべきです。北側にいる日本は，アジアの中でも世界の中でもトップであるのに，自分さえよければいいという考えがいつも潜んでいるように思います。支援しているのはよいことですが，「かわいそうに……」と同情し，見下げている気持ちもあるのではないでしょうか。確かにゆとりのある国でないと支援はできないかもしれません。しかし，ある国ではこのあいだの阪神大震災の復興にと，決して日本のように裕福ではないのに，義援金をたくさん集めていました。逆の立場なら，日本ではそのようなことが決してできないでしょう。まず意識しているレベルから考えていかねばならないと思います。

　日本に住んでいる私たちだからこそできることもあると思います。けれどみんながまず南の国々の状況を知って，取り組まなければよい対策も見つけられません。

　今のままではいけないのです。本当に地球に住んでいる人が，皆幸せになるためには，日本が本当の意味での裕福な国にならないといけないと思います。

(西岡尚也『開発教育のすすめ』かもがわ出版，1996)

21　現代教育のひずみ

入学者選抜の改善

　試験には資格試験と選抜試験の2種類がある。資格試験は自動車の運転免許証取得試験や看護師の国家試験のように，ある一定の水準に達すれば何人でも合格できる制度で，絶対評価と言える。それに対して選抜試験は，高校入試や大学入試のような種類のものである。すなわち，選抜試験では仮によい成績をとったとしても，自分より成績のよい者が定員以上存在している場合は，残念ながら不合格となってしまう。それゆえ，選抜試験は相対評価によって合格者を生み出すことになる。

　そこで，この相対評価を表現するものさしとして登場してきたのが偏差値である。偏差値が入学試験の合否判定の目安に利用されてきたので，高校や大学のランク付けの元凶という見方があり，弊害も生じていた。しかしながら，高校入試や大学入試の志望校決定に大きな役割を果たしてきていることも否定することはできない。

　1998年から99年にかけて小・中・高校等の学習指導要領が全面改訂された。その際，子ども一人ひとりがこれからの社会の中で，生涯にわたって，心豊かに主体的に生活していくことのできる資質や能力を育成することを主眼に置いている。この考え方に立って，①豊かな人間性や社会性，国際社会に生きる日本人としての自覚を育成すること，②自ら学び，自ら考える力を育成すること，③ゆとりのある教育活動を展開する中で，基礎・基本の確実な定着を図り，個性を生かす教育を充実すること，④各学校が創意工夫を生かし特色ある学校づくりを進めることの4方針が打ち立てられることになった。そして，この趣旨を実現するために，学習指導要領の基準性を踏まえた指導の充実，総合的な学習の時間の充実，個に応じた指導の充実を一層図ることが求められている。

　このことは，従来の過度の受験競争といわれた高校入試にも影響を与え，「選抜方法の多様化」「評価尺度の多元化」の観点からの改善が進められている。

たとえば，2002年度から中学校生徒指導要録における教科の評定が絶対評価の記載とされたり，2005年度入学者選抜においては，約9割の都道府県で調査書の評定が絶対評価によることとしている。

また，大学入試においても，今日展開されているセンター試験の活用を含む方向で検討されていて，「大学全入時代の到来」ということとの関連もあり，受験生の能力・適性などを多面的に判定できるように，改善への取り組みがなされている。

不登校（登校拒否）

不登校とは「主として何らかの心理的・情緒的な原因により，客観的に妥当な理由がはっきりしないまま，児童生徒が登校しない，あるいはしたくてもできない状態にあること」（文部省（当時）編『生徒指導資料第18集』）と定義付けられている。不登校の問題が，わが国において関心をもたれはじめたのは，昭和30年代の初期のことであり，中期になると「学校恐怖症」という言葉が登場してくる。そして，後半期から昭和40年代に入ると，「学校恐怖症」という表現よりも，「登校拒否」という言葉が用いられ，今日では「不登校」という言い方になっている。

資料21-1は，1995年度から2004年度までの不登校児童生徒数の推移である。文部科学省の調べによれば，「不登校」を理由に年間30日以上学校を欠席した児童生徒数は，2001年度をピークに漸減の傾向にあるが，依然として相当数に上っている。

このような不登校については，どの生徒や児童にも生じ得るものであるという観点が必要であり，学校全体においては，自主性や主体性を育むような教育が展開され，人間関係を育てる工夫や児童や生徒の立場に立った教育相談が必要になってくる。

文部科学省では，第15期中央教育審議会答申（1996年）を受けて，学校教育法施行規則を改正し，1997年4月から中卒認定試験の受験資格を拡大し，中学校を卒業できない不登校児童生徒にも高校入学資格を与えている。また，2003年度からは，不登校児童生徒への早期の対応ときめ細かな支援を行うため，いわゆる適応指導教室（不登校児童生徒の学校外の居場所である教育支援センタ

一）を核として，地域ぐるみのネットワークを整備する「スクーリング・サポート・ネットワーク整備事業（SSN）」を実施している。さらに，2005年度においては，不登校児童生徒および保護者への指導，支援に実績のあるNPO，民間施設，公的施設に対し，効果的な学習カリキュラム，活動プログラム等の開発を委託している。なお，構造改革特区の特別措置として，不登校児を対象とした教育課程の弾力化も実施されている（**資料18-1参照**）。

いじめ

前掲『文部科学白書　平成17年度』によれば，全国の公立小，中，高，盲・聾・養護学校におけるいじめの発生件数は2万1,671件であり，8年ぶりに増加した前年度から減少している（**資料21-2**）。しかしながら，2004年に警察が取り扱ったいじめに起因する事件の件数は，**資料21-3**で見るように161件，検挙・補導した少年（犯罪少年及び触法少年）は316人で，前年に比べ件数で55件（51.9％），検挙・補導人員で87人（38.0％）の増加となっている。

『青少年白書　平成17年版』によれば，いじめの発生件数は小学校から学年が進むにつれて多くなり，中学1年生で最も多くなり，その後は学年が進むにつれて減少している。小学校から中学校への環境の変化が一因となっていることが考えられる。また，**資料21-4**から明らかなように，いじめの態様については，「冷やかし・からかい」が小学校・中学校・高等学校では一番多く，盲・聾・養護学校では「言葉の脅し」が最も多くなっている。これは，いじめられる側は，いじめる側の単なる手段として利用されているのであって，対等な人として相互にやりとりをしているのではないことを物語っている。

このようないじめに対して，文部省（当時）は1994年12月に，「いじめ対策緊急会議」を開催し，翌年3月13日には「いじめの問題の解決のために当面取るべき方策等について」の報告書を提出している。同省ではこの報告を受け，その趣旨の徹底を図っている。4月1日からは，より適切な人材を確保するという観点から，保健主事には養護教諭を充てることができるように，学校教育法施行規則が改正されている。

さらに1995年度には，学校におけるカウンセリングの充実を図るために「スクールカウンセラー」の活用・効果等に関する調査が行われ，スクールカウン

セラーを学校に派遣している。

　前掲『文部科学白書　平成17年度』によれば，1996年7月に「いじめの問題に関する総合的な取組について～今こそ，子どもたちのために我々一人一人が行動する～」と題する報告書が出され，いじめ問題への取り組みの基本的な認識として，①「弱いものをいじめることは人間として絶対に許されない」との強い認識に立つこと，②いじめられている子どもの立場に立った親身の指導を行うこと，③いじめは家庭教育のあり方に大きなかかわりを有していること，④いじめの問題は，教師の児童生徒観や指導のあり方が問われる問題であること，⑤家庭，学校，地域社会などすべての関係者がそれぞれの役割を果たし，一体となって真剣に取り組むことが必要であること，の5点があげられている。

　このような基本的認識を踏まえ，とりわけいじめを行う児童生徒に対しては，いじめの非人間性や，それが他人の人権を侵害する行為であることを認識させる指導が強く求められる。そして，いじめを行う児童生徒に対しては，出席停止を講ずることも必要になる場合もある。

　また，いじめられる児童生徒については，緊急避難としての欠席や学級替えなどの実施が求められることが必要になる場合がある。この方策が効果的であればよいが，実際にはなかなか思うような成果を期待することは難しいと考えられるので，その場合には「転校」措置の弾力的運用などが考えられる。この際の視点としては，あくまでもいじめられる児童生徒の立場に立った取り組みがなされることが重要であり，「いじめられる方も悪い」という考え方を抱くことはよくない。

　いじめによる被害対策としては，前述のような学校，地域，家庭での取り組みだけでは不十分であり，警察や法務省との連携が必要になる場合もある。たとえば，警察においてはいじめを受けた生徒などに対しては，保護者や学校をはじめ関係団体との連携を図りながら，いじめの原因や環境等に細かな分析を行い，支援を行っている。その際，サポートセンターとの緊密な連携や専門職員等による継続的なカウンセリングの実施等を展開し，いじめられる側に立った親身の指導に力を入れている。

　また，法務省の人権擁護機関においては，「いじめ」を人権侵犯事件として調査し，その事実が認定された場合には，保護者や教職員等に対して，人権思

想の啓発に努めている。さらには，子どもの人権専門委員を中心にして，地方法務局の職員や人権擁護委員が地域の教育機関を訪問し，いじめをなくすための啓発活動に力を入れている。

暴力行為

児童生徒による暴力行為を大別すると，学校内における暴力行為と家庭内における暴力行為の2種類と言える。

学校内暴力は通常「校内暴力」とよばれている。**資料21－5**は1995年度から2004年度までの間（小学校は1995，1996年度を除く）に，全国の公立小・中・高等学校の児童生徒が起こした暴力行為の発生状況を示している。暴力行為には対教師暴力・生徒間暴力・対人暴力・器物損壊の4形態がある。**資料5**によれば中学校・高校における暴力行為は2003年度から翌年度にかけて減小していることがわかる。しかしながら，小学校においては増加していて，2004年度には最多の数字となっていて，楽観することはできない状況である。さらに，内訳を示したのが**資料21－6**であり，暴力行為は決して許されるものではないので，その根絶に取り組んでいく必要がある。

家庭内で生じる暴力にはさまざまな形態がある。夫婦間の暴力，きょうだいげんか，親子げんかなどがそれに該当している。しかし，最近いわゆる家庭内暴力と言えば，思春期の子どもが両親に対して振るう暴力のことを指すことが多い。家庭内暴力の推移と対象別件数を示したものが**資料21－7**である。これによれば，1983年をピークに下がりはじめ，1994年には688人まで減少したが，また上昇に転じ，2000年には1,386人までに至っている。さらに，2004年の対象別件数では母親への暴力が最も多く，**資料21－8**によれば原因・動機では，しつけ等親の態度に反発した場合が第1位で，半数近くとなっている。

子どもの自殺

資料21－9は，1980年から2004年までの年齢階級別，死因順位別子ども（1～4歳，5～9歳を除く）の死亡率の比較を示したものである。これによると，10～14歳では1980年に第8位であった自殺が，1985年には第5位，1990年には第7位，1995年には第5位となり，2000年以降は第3位となっている。また

15～19歳では，1990年の第3位以外はすべて第2位となっている。

　直接動機は年齢や性別によってかなりの差が生じている（**資料21-10**，**資料21-11**，**資料21-12**）。このような自殺を防止する手段としては，家庭や学校において，子どもを孤独に追いやらず，きめの細かい助言などが求められている。それとともに，子どもの自殺は流行する傾向があり，マスコミの報道等にも十分配慮することが必要である。

非行

　前掲『青少年白書　平成17年版』によれば，警察が補導した非行少年の推移は**資料21-13**のとおりである。この表で明らかなように，2004年の刑法犯少年，特別法犯少年，触法少年（刑法）は前年に比べ減少したものの，触法少年（特別法），ぐ犯少年は前年より増えていて，少年非行は依然として憂慮すべき状況にあるといえる。

　資料21-14は2004年の刑法犯少年の包括罪種別検挙状況である。同書によれば，刑法犯のうちでも初発型非行（万引き，自転車盗，オートバイ盗，占有離脱物横領）は，単純な動機から安易に行われることが多いと考えられるが，これらは，粗暴犯や薬物乱用等の本格的な非行の入口ともなり，ゆるがせにできないと記されている。

　政府ではこのような状況に対して，非行の予兆の把握，非行が深刻化する前段階での対応等を可能とする「関係機関の連携による少年サポート体制の構築について」を2004年9月に申し合わせ，地方自治体に対して周知し，取り組みの普及を図っている。また，法務省においては，次代を担う中学生に焦点を当てた「中学生サポート・アクション」を実施している。

資料

資料21-1　不登校児童生徒数の推移

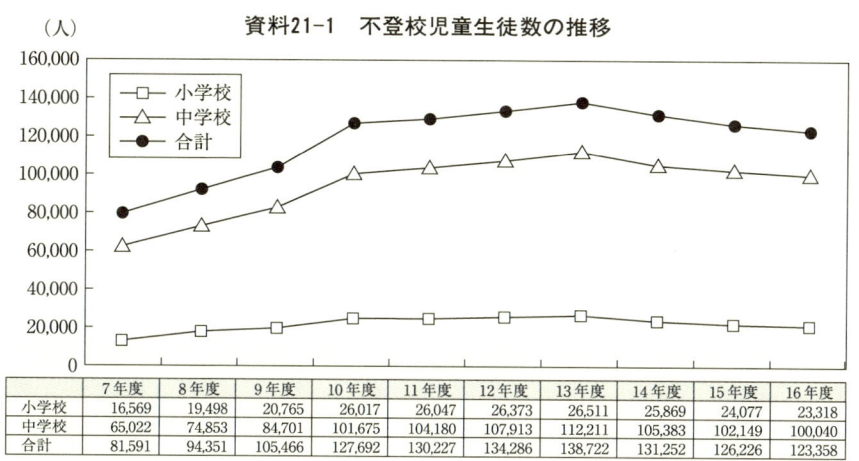

(人)

	7年度	8年度	9年度	10年度	11年度	12年度	13年度	14年度	15年度	16年度
小学校	16,569	19,498	20,765	26,017	26,047	26,373	26,511	25,869	24,077	23,318
中学校	65,022	74,853	84,701	101,675	104,180	107,913	112,211	105,383	102,149	100,040
合計	81,591	94,351	105,466	127,692	130,227	134,286	138,722	131,252	126,226	123,358

（資料）文部科学省調べ

（『文部科学白書　平成17年度』2006）

資料21-2　いじめの発生件数の推移

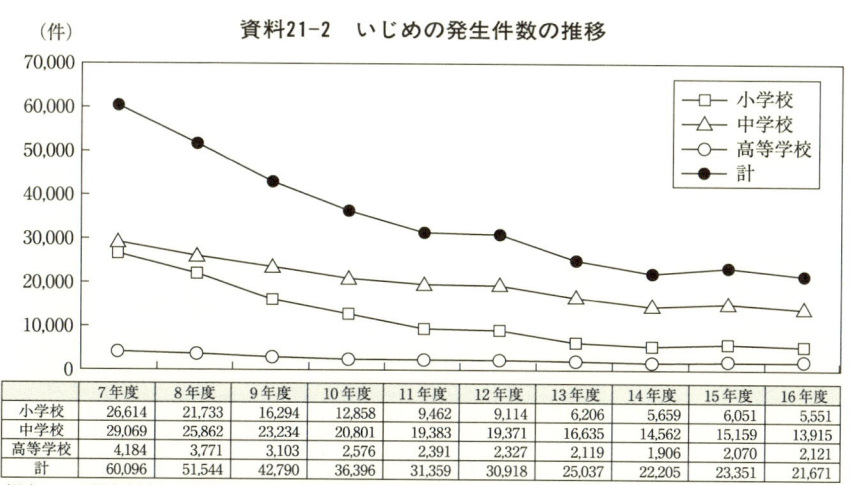

(件)

	7年度	8年度	9年度	10年度	11年度	12年度	13年度	14年度	15年度	16年度
小学校	26,614	21,733	16,294	12,858	9,462	9,114	6,206	5,659	6,051	5,551
中学校	29,069	25,862	23,234	20,801	19,383	19,371	16,635	14,562	15,159	13,915
高等学校	4,184	3,771	3,103	2,576	2,391	2,327	2,119	1,906	2,070	2,121
計	60,096	51,544	42,790	36,396	31,359	30,918	25,037	22,205	23,351	21,671

（注）1．調査対象：公立小・中・高・特殊教育諸学校
　　　2．計には，特殊教育諸学校の発生件数も含む。

（資料）文部科学省調べ

（『文部科学白書　平成17年度』2006）

II　現代社会と教育

資料21-3　いじめに起因する事件で検挙・補導した少年の推移（平成12年～平成16年）

区分＼年	平成12	13	14	15	16
件　数（件）	170	110	94	106	161
人　員（人）	450	288	225	229	316

資料：警察庁調べ　　　　　　　　　　　　　　　（内閣府編『青少年白書　平成17年版』2006）

資料21-4　いじめの態様（公立学校）（平成15年度）

区分	小学校		中学校		高等学校		盲・聾・養護学校		計	
	件数(件)	構成比(%)	件数(件)	構成比(%)	件数(件)	構成比(%)	件数(件)	構成比(%)	件数(件)	構成比(%)
言葉での脅し	1,454	16.8	3,714	18.2	650	20.7	23	22.5	5,841	18
冷やかし・からかい	2,529	29.2	6,788	33.2	866	27.5	20	19.6	10,203	31.5
持ち物隠し	667	7.7	1,600	7.8	228	7.3	9	8.8	2,504	7.7
仲間はずれ	1,652	19.1	2,563	12.5	225	7.2	11	10.8	4,451	13.8
集団による無視	523	6.0	1,125	5.5	109	3.5	0	0.0	1,757	5.4
暴力を振るう	1,206	13.9	3,018	14.8	625	19.9	17	16.7	4,866	15.0
たかり	136	1.6	455	2.2	172	5.5	12	11.8	775	2.4
お節介・親切の押し付け	94	1.1	141	0.7	34	1.1	3	2.9	272	0.8
その他	395	4.6	1,056	5.2	235	7.5	7	6.9	1,693	5.2
計	8,656	100.0	20,460	100.0	3,144	100.0	102	100.0	32,362	100.0

（注）　複数回答
資料：文部科学省調べ　　　　　　　　　　　　　　　　　（『青少年白書　平成17年版』2006）

資料21-5　学校内における暴力行為発生件数の推移

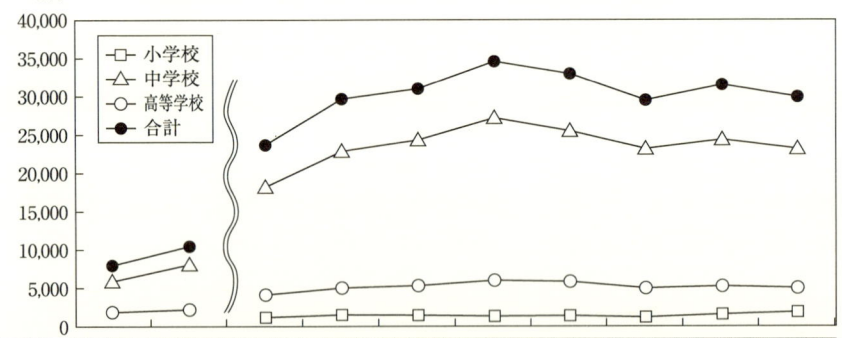

	7年度	8年度	9年度	10年度	11年度	12年度	13年度	14年度	15年度	16年度
小学校			1,304	1,528	1,509	1,331	1,465	1,253	1,600	1,890
中学校	5,954	8,169	18,209	22,991	24,246	27,293	25,769	23,199	24,463	23,110
高等学校	2,077	2,406	4,108	5,152	5,300	5,971	5,896	5,002	5,215	5,022
合計	8,031	10,575	23,621	29,671	31,055	34,595	33,130	29,454	31,278	30,022

（注）　1．調査対象：公立小・中・高等学校。
　　　　2．平成8年度までは「校内暴力」の状況についての調査。
　　　　3．平成9年度からは調査方法等を改めたため，それ以前との比較はできない。
　　　　　なお，小学校については，9年度から調査を行っている。
（資料）文部科学省調べ　　　　　　　　　　　　　　（『文部科学白書　平成17年度』2006）

21 現代教育のひずみ

資料21-6　暴力行為の発生状況の推移

区分			公立学校総数	学校内				学校外				合計
				発生学校数（校）	発生学校数の割合	発生件数（件）	増減率（%）	発生学校数（校）	発生学校数の割合	発生件数（件）	増減率（%）	発生件数（件）
対教師暴力	計	13年度	38,294	2,050	5.4	5,285	−7.2	69	0.2	75	−8.5	5,360
		14年度	38,088	1,928	5.1	4,788	−9.4	60	0.2	68	−9.3	4,856
		15年度	37,856	1,966	5.2	5,142	7.4	35	0.1	39	−42.6	5,181
		16年度	37,570	1,822	4.8	4,730	−8.0	38	0.1	42	7.7	4,772
	小学校	13年度	23,719	98	0.4	210	2.9	2	0.0	2	100.0	212
		14年度	23,560	107	0.5	182	−13.3	2	0.0	2	0.0	184
		15年度	23,381	124	0.5	253	39.0	0	0.0	0	−100.0	253
		16年度	23,160	162	0.7	336	32.8	1	0.0	2	—	338
	中学校	13年度	10,429	1,453	13.9	4,311	−7.8	57	0.5	61	−7.6	4,372
		14年度	10,392	1,365	13.1	3,912	−9.3	39	0.4	45	−26.2	3,957
		15年度	10,358	1,382	13.3	4,193	7.2	29	0.3	30	−33.3	4,223
		16年度	10,317	1,236	12.0	3,738	−10.9	33	0.3	36	20.0	3,774
	高校	13年度	4,146	499	12.0	764	−6.1	10	0.2	12	−20.0	776
		14年度	4,136	456	11.0	694	−9.2	19	0.5	21	75.0	715
		15年度	4,117	460	11.2	696	0.3	6	0.1	9	−57.1	705
		16年度	4,093	424	10.4	656	−5.7	4	0.1	4	−55.6	660
生徒間暴力	計	13年度	38,294	4,486	11.7	15,647	−7.0	2,194	5.7	3,441	−12.4	19,088
		14年度	38,088	4,320	11.3	14,075	−10.0	1,943	5.1	2,862	−16.8	16,937
		15年度	37,856	4,416	11.7	15,149	7.6	1,810	4.8	2,678	−6.4	17,827
		16年度	37,570	4,393	11.7	14,898	−1.7	1,743	4.6	2,643	−1.3	17,541
	小学校	13年度	23,719	339	1.4	790	18.3	79	0.3	110	−1.8	900
		14年度	23,560	333	1.4	647	−18.1	76	0.3	89	−19.1	736
		15年度	23,381	378	1.6	854	32.0	103	0.4	122	37.1	976
		16年度	23,160	439	1.9	992	16.2	114	0.5	134	9.8	1,126
	中学校	13年度	10,429	2,662	25.5	11,595	−7.4	1,462	14.0	2,476	−9.6	14,071
		14年度	10,392	2,576	24.8	10,479	−9.6	1,330	12.8	2,081	−16.0	12,560
		15年度	10,358	2,651	25.6	11,389	8.7	1,212	11.7	1,940	−6.8	13,329
		16年度	10,317	2,570	24.9	10,934	−4.0	1,157	11.2	1,923	−0.9	12,857
	高校	13年度	4,146	1,485	35.8	3,262	−10.3	653	15.8	855	−20.5	4,117
		14年度	4,136	1,411	34.1	2,949	−9.6	537	13.0	692	−19.1	3,641
		15年度	4,117	1,387	33.7	2,906	−1.5	495	12.0	616	−11.0	3,522
		16年度	4,093	1,384	33.8	2,972	2.3	472	11.5	586	−4.9	3,558
対人	計	13年度	38,294	139	0.4	229	3.6	1,163	3.0	1,585	−10.5	1,814
		14年度	38,088	123	0.3	191	−16.6	1,016	2.7	1,381	−12.9	1,572
		15年度	37,856	120	0.3	181	−5.2	1,032	2.7	1,397	1.2	1,578
		16年度	37,570	118	0.3	144	−20.4	995	2.6	1,315	−5.9	1,459
	小学校	13年度	23,719	9	0.0	12	100.0	44	0.2	53	35.9	65
		14年度	23,560	13	0.1	20	66.7	48	0.2	49	−7.5	69
		15年度	23,381	15	0.1	16	−20.0	42	0.2	55	12.2	71
		16年度	23,160	15	0.1	18	12.5	60	0.3	74	34.5	92

II 現代社会と教育

区分	学校	年度	学校数	発生学校数	%	件数	増減%	発生学校数	%	件数	増減%	計
暴力	中学校	13年度	10,429	83	0.8	148	−3.9	744	7.1	1,082	−8.9	1,230
		14年度	10,392	67	0.6	116	−21.6	665	6.4	970	−10.4	1,086
		15年度	10,358	63	0.6	104	−10.3	684	6.6	981	1.1	1,085
		16年度	10,317	69	0.7	87	−16.3	669	6.5	915	−6.7	1,002
	高校	13年度	4,146	47	1.1	69	13.1	375	9.0	450	−17.3	519
		14年度	4,136	43	1.0	55	−20.3	303	7.3	362	−19.6	417
		15年度	4,117	42	1.0	61	10.9	306	7.4	361	−0.3	422
		16年度	4,093	34	0.8	39	−36.1	266	6.5	326	−9.7	365
器物損壊	計	13年度	38,294	2,891	7.5	11,969	1.0	—	—	—	—	11,969
		14年度	38,088	2,707	7.1	10,400	−13.1	—	—	—	—	10,400
		15年度	37,856	2,835	7.5	10,806	3.9	—	—	—	—	10,806
		16年度	37,570	2,581	6.9	10,250	−5.1	—	—	—	—	10,250
	小学校	13年度	23,719	218	0.9	453	0.0	—	—	—	—	453
		14年度	23,560	220	0.9	404	−10.8	—	—	—	—	404
		15年度	23,381	242	1.0	477	18.1	—	—	—	—	477
		16年度	23,160	249	1.1	544	14.0	—	—	—	—	544
	中学校	13年度	10,429	1,974	18.9	9,715	−2.3	—	—	—	—	9,715
		14年度	10,392	1,870	18.0	8,692	−10.5	—	—	—	—	8,692
		15年度	10,358	1,942	18.7	8,777	1.0	—	—	—	—	8,777
		16年度	10,317	1,727	16.7	8,351	−4.9	—	—	—	—	8,351
	高校	13年度	4,146	699	16.9	1,801	23.5	—	—	—	—	1,801
		14年度	4,136	617	14.9	1,304	−27.6	—	—	—	—	1,304
		15年度	4,117	651	15.8	1,552	19.0	—	—	—	—	1,552
		16年度	4,093	605	14.8	1,355	−12.7	—	—	—	—	1,355
合計	計	13年度	38,294	5,962	15.6	33,130	−4.2	3,047	8.0	5,101	−11.7	38,231
		14年度	38,088	5,674	14.9	29,454	−11.1	2,728	7.2	4,311	−15.5	33,765
		15年度	37,856	5,885	15.5	31,278	6.2	2,668	7.0	4,114	−4.6	35,392
		16年度	37,570	5,765	15.3	30,022	−4.0	2,491	6.6	4,000	−2.8	34,022
	小学校	13年度	23,719	532	2.2	1,465	10.1	115	0.5	165	8.6	1,630
		14年度	23,560	548	2.3	1,253	−14.5	123	0.5	140	−15.2	1,393
		15年度	23,381	620	2.7	1,600	27.7	148	0.6	177	26.4	1,777
		16年度	23,160	665	2.9	1,890	18.1	166	0.7	210	18.6	2,100
	中学校	13年度	10,429	3,516	33.7	25,769	−5.6	1,978	19.0	3,619	−9.3	29,388
		14年度	10,392	3,317	31.9	23,199	−10.0	1,808	17.4	3,096	−14.5	26,295
		15年度	10,358	3,446	33.3	24,463	5.4	1,755	16.9	2,951	−4.7	27,414
		16年度	10,317	3,366	32.6	23,110	−5.5	1,643	15.9	2,874	−2.6	25,984
	高校	13年度	4,146	1,914	46.2	5,896	−1.3	954	23.0	1,317	−19.4	7,213
		14年度	4,136	1,809	43.7	5,002	−15.2	797	19.3	1,075	−18.4	6,077
		15年度	4,117	1,819	44.2	5,215	4.3	765	18.6	986	−8.3	6,201
		16年度	4,093	1,734	42.4	5,022	−3.7	682	16.7	916	−7.1	5,938

(注) 公立小・中・高等学校の値。発生件数はのべ数、発生学校数は実数。器物損壊は学校内で起きた場合のみ。

資料：文部科学省初等中等教育局「生徒指導上の諸問題の現状について」
（日本子ども家庭総合研究所編『日本子ども資料年鑑2006』KTC中央出版、2006）

21 現代教育のひずみ　195

資料21-7　家庭内暴力の推移と対象別件数

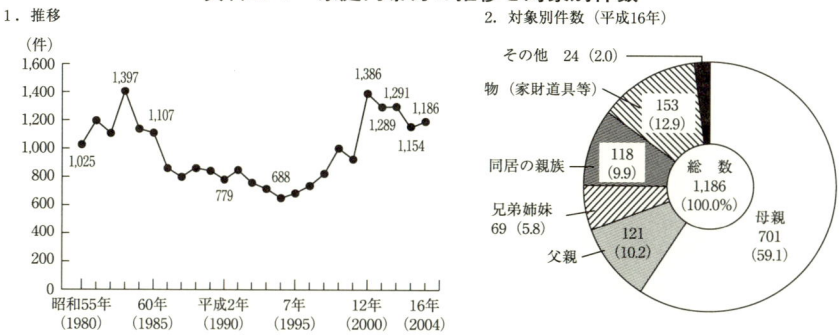

1. 推移（件）

年	件数
昭和55年(1980)	1,025
昭和60年(1985)	1,397
平成2年(1990)	1,107
平成7年(1995)	779
平成12年(2000)	688 / 1,386
平成16年(2004)	1,186

（グラフ中の主な数値：1,025／1,397／1,107／779／688／1,386／1,291／1,289／1,154／1,186）

2. 対象別件数（平成16年）

総数 1,186 (100.0％)
- 母親　701 (59.1)
- 父親　121 (10.2)
- 兄弟姉妹　69 (5.8)
- 同居の親族　118 (9.9)
- 物（家財道具等）　153 (12.9)
- その他　24 (2.0)

資料：警察庁「警察白書」／「平成16年中における少年の補導及び保護の概況」2005

（『日本子ども資料年鑑2006』）

資料21-8　家庭内暴力の原因・動機別件数

総数 1,186件（100.0％）

原因・動機	件数（％）
しつけ等親の態度に反発して	586 (49.4)
物品の購入要求が受け入れられず	170 (14.3)
理由もなく	119 (10.0)
非行をとがめられて	89 (7.5)
勉強をうるさくいわれて	27 (2.3)
不明	195 (16.4)

資料：警察庁生活安全局「平成16年中における少年の補導及び保護の概況」2005

（『日本子ども資料年鑑2006』）

資料21-9　年齢階級別，死因順位別子ども（1～19歳）の死亡率の比較（1～4歳，5～9歳を除く）

10～14歳　　　　　　　　　　　　　　　　　　　　　　（10～14歳の人口100,000対）

区分	昭和55年 1980	昭和60年 1985	平成2年 1990	平成7年 1995	平成12年 2000	平成15年 2003	平成16年 2004
第1位	悪性新生物 4.4	不慮の事故及び有害作用 4.1	不慮の事故及び有害作用 3.8	不慮の事故 5.0	不慮の事故 2.6	不慮の事故 2.4	不慮の事故 2.5
第2位	不慮の事故及び有害作用 4.2	悪性新生物 3.9	悪性新生物 3.3	悪性新生物 2.9	悪性新生物 2.0	悪性新生物 2.3	悪性新生物 2.0
第3位	心疾患 1.5	心疾患 1.3	心疾患 1.3	心疾患(高血圧性を除く) 1.1	自殺 1.1	自殺 1.1	自殺 0.8
第4位	中枢神経系の非炎症性疾患 1.1	先天異常 1.0	先天異常 0.9	先天奇形, 変形及び染色体異常 1.0	心疾患(高血圧性を除く) 0.9	心疾患(高血圧性を除く) 1.0	心疾患(高血圧性を除く) 0.7
第5位	先天異常 1.0	自殺 0.8	良性及び性質不詳の新生物 0.6	自殺 0.9	先天奇形, 変形及び染色体異常 0.6	先天奇形, 変形及び染色体異常 0.4	先天奇形, 変形及び染色体異常 0.5

第6位	肺炎及び気管支炎 0.9	良性及び性質不詳の新生物 0.6	肺炎及び気管支炎 0.6	肺　　　炎 0.6	その他の新生物 0.5	その他の新生物 0.4	その他の新生物 0.3
第7位	良性及び性質不詳の新生物 0.7	中枢神経系の非炎症性疾患 0.6	自　　　殺 0.6	その他の新生物 0.6	肺　　　炎 0.5	他　　　殺 0.3	脳血管疾患 0.3
第8位	自　　　殺 0.6	喘　　　息 0.6	中枢神経系の非炎症性疾患 0.5	喘　　　息 0.5	脳血管疾患 0.3	脳血管疾患 0.3	肺　　　炎 0.3
第9位	他　　　殺 0.4	肺炎及び気管支炎 0.5	喘　　　息 0.4	脳血管疾患 0.3	他　　　殺 0.2	肺　　　炎 0.3	他　　　殺 0.1
第10位	脳血管疾患 0.4	他　　　殺 0.3	他　　　殺 0.2	他　　　殺 0.2	喘　　　息 0.2	敗　血　症 0.1	喘　　　息 0.1

15～19歳　　　　　　　　　　　　　　　　　　　　　　　　　　　　　　（15～19歳の人口100,000対）

区分	昭和55年 1980	昭和60年 1985	平成2年 1990	平成7年 1995	平成12年 2000	平成15年 2003	平成16年 2004
第1位	不慮の事故及び有害作用 22.9	不慮の事故及び有害作用 25.2	不慮の事故及び有害作用 25.0	不慮の事故 20.8	不慮の事故 14.2	不慮の事故 11.7	不慮の事故 10.6
第2位	自　　　殺 7.3	自　　　殺 5.1	悪性新生物 4.2	自　　　殺 5.0	自　　　殺 6.4	自　　　殺 7.3	自　　　殺 7.5
第3位	悪性新生物 5.6	悪性新生物 5.0	自　　　殺 3.8	悪性新生物 4.0	悪性新生物 3.2	悪性新生物 3.3	悪性新生物 3.2
第4位	心疾患 3.0	心疾患 2.5	心疾患 2.5	心疾患（高血圧性を除く） 2.1	心疾患（高血圧性を除く） 1.7	心疾患（高血圧性を除く） 2.1	心疾患（高血圧性を除く） 1.6
第5位	中枢神経系の非炎症性疾患 1.3	中枢神経系の非炎症性疾患 1.0	先天異常 1.0	先天奇形，変形及び染色体異常 0.9	先天奇形，変形及び染色体異常 0.7	先天奇形，変形及び染色体異常 0.6	先天奇形，変形及び染色体異常 0.6
第6位	肺炎及び気管支炎 1.1	先天異常 0.8	喘　　　息 0.8	喘　　　息 0.6	その他の新生物 0.5	脳血管疾患 0.4	その他の新生物 0.4
第7位	先天異常 1.0	肺炎及び気管支炎 0.8	良性及び性質不詳の新生物 0.7	肺　　　炎 0.6	肺　　　炎 0.5	肺　　　炎 0.4	肺　　　炎 0.4
第8位	良性及び性質不詳の新生物 0.7	脳血管疾患 0.6	肺炎及び気管支炎 0.7	他　　　殺 0.5	その他の新生物 0.4	その他の新生物 0.3	脳血管疾患 0.3
第9位	脳血管疾患 0.5	良性及び性質不詳の新生物 0.5	中枢神経系の非炎症性疾患 0.6	その他の新生物 0.4	脳血管疾患 0.4	他　　　殺 0.3	他　　　殺 0.3
第10位	他　　　殺 0.3	喘　　　息 0.5	脳血管疾患 0.3	他　　　殺 0.2	喘　　　息 0.2	糖尿病 0.2　喘　息 0.2	喘　　　息 0.2

（注）　平成7年より死因分類項目が変更された。死亡数が同じものは，間のけい線を省略してある。
資料：厚生労働省大臣官房統計情報部「人口動態統計」

（『日本子ども資料年鑑2006』）

21 現代教育のひずみ

資料21-10 自殺した少年の学職別状況（平成16年） （人）

区　分	小学生	中学生	高校生	予備校生	高専生	大学生等	各種学校生等	計	総数
計	10	70	204	19	13	370	98	784	32,325
構成比（％）	0.0	0.2	0.6	0.1	0.0	1.1	0.3	2.4	100.0
男　子	4	45	117	16	5	267	68	522	23,272
女　子	6	25	87	3	8	103	30	262	9,053

（注）構成比は平成16年中の自殺総数32,325人に対する割合。
資料：警察庁生活安全局地域課「平成16年中における自殺の概要資料」2005
（『日本子ども資料年鑑2006』）

資料21-11 少年の自殺の原因・動機（平成16年） （件）

区　分	総数	遺書あり	家庭問題	健康問題	経済・生活問題	勤務問題	男女問題	学校問題	その他	不詳	遺書なし
計	589	177	21	50	7	4	15	41	30	9	412
割合（％）	100.0	30.1	3.6	8.5	1.2	0.7	2.5	7.0	5.1	1.5	69.9
男　子	361	109	14	27	6	3	10	22	22	5	252
女　子	228	68	7	23	1	1	5	19	8	4	160

（注）0〜19歳の値。
資料：警察庁生活安全局地域課「平成16年中における自殺の概要資料」2005
（『日本子ども資料年鑑2006』）

資料21-12 児童生徒の自殺の主たる原因別状況（平成16年） （人）

区　分		小学生	中学生	高校生	計
家庭事情	家庭不和	0　(0.0)	1　(3.3)	1　(1.1)	2　(1.6)
	父母等のしっ責	1　(25.0)	4　(13.3)	3　(3.3)	8　(6.4)
	貧困	0　(0.0)	0　(0.0)	0　(0.0)	0　(0.0)
	その他	0　(0.0)	0　(0.0)	1　(1.1)	1　(0.8)
	小計	1　(25.0)	5　(16.7)	5　(5.5)	11　(8.8)
学校問題	学業不振	0　(0.0)	0　(0.0)	4　(4.4)	4　(3.2)
	進路問題	0　(0.0)	2　(6.7)	3　(3.3)	5　(4.0)
	教師のしっ責	0　(0.0)	0　(0.0)	0　(0.0)	0　(0.0)
	友人との不和	0　(0.0)	1　(3.3)	0　(0.0)	1　(0.8)
	いじめ	0　(0.0)	0　(0.0)	0　(0.0)	0　(0.0)
	その他	0　(0.0)	1　(3.3)	1　(1.1)	2　(1.6)
	小計	0　(0.0)	4　(13.3)	8　(8.8)	12　(9.6)
病気等による悲観		0　(0.0)	0　(0.0)	3　(3.3)	3　(2.4)
厭世		0　(0.0)	4　(13.3)	8　(8.8)	12　(9.6)
異性問題		0　(0.0)	0　(0.0)	3　(3.3)	3　(2.4)
精神障害		0　(0.0)	0　(0.0)	6　(6.6)	6　(4.8)
その他		3　(75.0)	17　(56.7)	58　(63.7)	78　(62.4)
合計		4　(100.0)	30　(100.0)	91　(100.0)	125　(100.0)

（注）主たる理由を1つ選択。
資料：文部科学省初等中等教育局「生徒指導上の諸問題の現状について（概要）」2005
（『日本子ども資料年鑑2006』）

198　II　現代社会と教育

資料21-13　警察に検挙・補導された非行少年の推移（平成7〜16年）

(人)

区分＼年	平成7	8	9	10	11	12	13	14	15	16
刑法犯少年	126,249	133,581	152,825	157,385	141,721	132,336	138,654	141,775	144,404	134,847
特別法犯少年	10,436	9,369	9,130	9,368	8,340	7,481	7,025	6,449	6,771	6,272
触法少年（刑法）	22,888	23,242	26,125	26,905	22,503	20,477	20,067	20,477	21,539	20,191
触法少年（特別法）	261	245	254	294	282	285	214	280	355	401
ぐ犯少年	1,567	1,652	1,676	1,888	1,557	1,887	1,811	1,844	1,627	1,657

1　刑法犯少年とは、「刑法」（明40法45）、「盗犯等ノ防止及処分ニ関スル法律」（昭5法9）、「暴力行為等処罰ニ関スル法律」（大15法60）、「決闘罪ニ関スル件」（明22法34）、「爆発物取締罰則」（明17太政官布告32）、「航空機の強取等の処罰に関する法律」（昭45法68）、「火炎びんの使用等の処罰に関する法律」（昭47法17）、「航空の危険を生じさせる行為等の処罰に関する法律」（昭49法87）、「人質による強要行為等の処罰に関する法律」（昭53法48）、「流通食品への毒物の混入等の防止等に関する特別措置法」（昭62法103）、「サリン等による人身被害の防止に関する法律」（平7法78）、「組織的な犯罪の処罰及び犯罪収益の規制等に関する法律」（平11法136）、「公職にある者のあっせん行為による利益等の処罰に関する法律」（平12法130）、「公衆等脅迫目的の犯罪行為のための資金の提供等の処罰に関する法律」（平14法67）に規定する罪（交通事故に係る業務上（重）過失致死傷、危険運転致死傷を除く。）で警察に検挙された14歳以上20歳未満の者をいう。
2　特別法犯少年とは、上記1以外の罪（交通事故に係る業務上（重）過失致死傷、危険運転致死傷や「道路交通法」（昭35法105）、「自動車の保管場所の確保等に関する法律」（昭37法145）等の道路交通関係法令に規定する罪を除く。）で警察に検挙された14歳以上20歳未満の者をいう。
3　触法少年とは、刑罰法令に触れる行為をした14歳未満の者をいう。
4　ぐ犯少年とは、性格、行状等から判断して、将来、罪を犯し、又は刑罰法令に触れる行為をするおそれのある20歳未満の者をいう。

資料：警察庁調べ

（『青少年白書　平成17年版』2006）

資料21-14　刑法犯少年の包括罪種別検挙状況（平成16年）

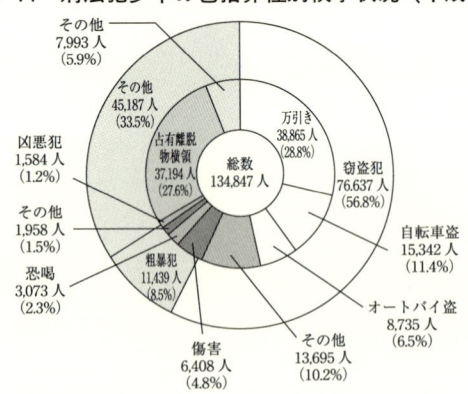

総数 134,847人

- その他 7,993人（5.9%）
- その他 45,187人（33.5%）
- 占有離脱物横領 37,194人（27.6%）
- 凶悪犯 1,584人（1.2%）
- その他 1,958人（1.5%）
- 恐喝 3,073人（2.3%）
- 粗暴犯 11,439人（8.5%）
- 傷害 6,408人（4.8%）
- その他 13,695人（10.2%）
- オートバイ盗 8,735人（6.5%）
- 自転車盗 15,342人（11.4%）
- 窃盗犯 76,637人（56.8%）
- 万引き 38,865人（28.8%）

資料：警察庁調べ

（『青少年白書　平成17年版』2006）

22 「子どもの権利条約」

条約成立の経緯

1989年11月20日,国際連合(国連)の総会で,「子どもの権利に関する条約」(Convention on the Rights of the Child,日本政府訳名「児童の権利に関する条約」,以下では「子どもの権利条約」と記す)が満場一致で採択された。この条約の出発点は,すべての大人は子どもに「最善のものを与える義務を負う」と国際レベルで初めて宣言した「ジュネーブ宣言」(1924年)にまでさかのぼる。この宣言は,史上初の総力戦となった第一次世界大戦の後,戦争による人類滅亡の危機への自覚と反省から,次代を担う子どもの保護の必要性が広く承認されるようになったことをうけたものだった。その後,「世界人権宣言」(1948年),「子どもの権利宣言」(1959年),「国連人権規約」(1966年)などを経て,人権思想が一段と深められ,「子どもの権利条約」に結実したのである。しかし,条約採択後の日本政府の取り組みは積極的なものとはいえなかった。およそ2年がたった1991年12月には世界165カ国中の105カ国が批准をすませていたが,日本政府はまだ将来の批准の意志を示す署名をしただけだった。1994年4月になってようやく批准し,5月に発効したが,それは世界で158番目のことであった。

訳語問題と内容上の特徴

「子どもの権利条約」には正文として,アラビア語,中国語,英語,フランス語,ロシア語,スペイン語が用意されているが,日本語はない。このため,国内に適用する際には翻訳する必要があった。しかし,訳語をめぐってさまざまな議論が生じた。ここでは,次に述べるように政府訳には疑問な点もあるため,民間の訳を掲げた(**資料22−1**)。

訳語をめぐる議論のなかでもっとも象徴的なものは,childの訳語である。政府訳はこれを「児童」とした。しかし,条約の第1条でchildを〈18歳未満

のもの〉と定義づけているため，一般に小学生が連想される語である「児童」は不適切であるという批判が強く出された。また，正文の第3条では「子どもの最善の利益」を〈primary に考慮する〉とあるが，政府訳では primary が「主として」と訳出されている。これに対しては，「第一次的」ないしは「第一義的」と訳さないと意味が弱まってしまうという意見がある。このように訳語についての対立は，表面的なものにとどまらず，子どもやその人権をどう考えるかという問題にもかかわっている。

「子どもの権利条約」は，前文のほか，54の条文からなる。前文は，この条約が作られた背景や理念を示しており，それに続く条文を解釈するための指針となるものである。そこでは，人間の尊厳と人権の承認が世界の自由，正義，平和の基礎であることの確認，社会進歩や生活水準の向上を大きな自由のなかで促進すること，差別の禁止，子どもへの特別なケアと保護，子どもが成長する環境としての家族や地域社会への保護と援助，困難な状況下で生活する子どもがすべての国に存在することの確認と彼ら／彼女らへの特別な保護の考慮，発展途上国への生活条件改善のための国際協力などの要請が記されている。

条文は，具体的権利に関する実体規定である第Ⅰ部，批准後の締約国と国連との関係を規定した第Ⅱ部，批准の手続きを規定した第Ⅲ部に分けられる。全体を通じてとくに重要な特徴は，①「子どもの最善の利益」(the best interests of the child) の考慮を求めていること，②子どもを権利行使の主体として位置づけたことにある。①は，先述の「ジュネーブ宣言」からの流れを汲むもので，第3条をはじめとして7つの条文で繰り返し使われており，この条約の中心テーマとなっている。②は，従来，ともすれば未成熟であるという理由で，単なる保護の対象として権利の客体に押しとどめられがちであった子どもを初めて本格的に権利主体として認めた点で画期的なものである。それがもっともよく表れているのが子どもの聴聞権を含む「意見表明権」（第12条）であり，「表現・情報の自由」「思想・良心・宗教の自由」「結社・集会の自由」「プライバシィ・通信・名誉の保護」などの市民的自由権の保障（第13〜16条）である。とりわけ「意見表明権」は，「子どもの最善の利益」を考慮する際に子どもの意思の確認を要請するものであるといえる。

条約実質化の現状

「子どもの権利条約」は，国内法より上位にくるため（ただし憲法よりは下位），これに触れる法令は認められない。しかも条約の第4条にあるように，締約国は子どもの権利を保障するためにあらゆる立法上・行政上の措置をとらなければならない。だが，もともと日本政府は「この条約の締結により我が国が負うことになる義務は，既存の国内法で実施可能」（外務省「児童の権利に関する条約の説明書」1993年11月）との立場をとっており，批准にあたって国内法が制定または改正されることはなかった。しかし，今日においても子どもの権利を実質化するためにはまだ多くの課題が残されている。

たとえば，婚内子（＝「嫡出子」＝夫婦から生まれた子）と婚外子（＝「非嫡出子」＝婚姻関係のない男女から生まれた子）を法的に「区別」している点があげられる。とくに現行の民法（900条4号）で婚外子の遺産相続分が婚内子の2分の1とされている点について出生による差別で，憲法にも違反するとしてしばしば裁判で争われている。今のところ合憲という判断が下されているが，子どもは親を選んで生まれてくるわけではないのであり，憲法のみならず出生等による差別を禁じた条約第2条にも違反しているという疑念は根強い。また「学習指導要領」や「校則」，「日の丸」，「君が代」の押し付けが「意見表明権」や「思想・良心・宗教の自由」の規定に反しているという意見も多い。条約第42条にある，より積極的な条約の広報も重要な課題の1つであろう。

一方，教育現場では条約の理念を実践に生かそうという積極的な取り組みもなされている。北海道の札内北小学校は，それまで教師が取り仕切っていた学校行事を子どもたちに返し，原案づくりから子どもの参加を進めるということを出発点に「子どもが主人公の学校」を創る試みを始めた（**資料22-2**）。その取り組みは，やがて「子どもなんだから経験がない。やはり指導がもっとも大切だ」といった教職員の意識を変革していく。「子どもに任せていると無駄な時間がかかってしまう」という問題を解決するために教育課程を工夫し，子どものためにできるだけ多くの時間を生み出せるようにした。さらには校務分掌までも子どもの動きに合わせたものに変えていった。そのような経過を踏まえたうえで，子どもの「権利学習」へと展開し，子どもの参加との融合を図ることで，その実質化をめざしている。

資料

資料22-1 子どもの権利に関する条約

前文

この条約の締約国は,

国際連合憲章において宣明された原則に従い,人類社会のすべての構成員の固有の尊厳および平等のかつ奪いえない権利を認めることが世界における自由,正義および平和の基礎であることを考慮し,

国際連合の諸人民が,その憲章において,基本的人権ならびに人間の尊厳および価値についての信念を再確認し,かつ,社会の進歩および生活水準の向上をいっそう大きな自由の中で促進しようと決意したことに留意し,

国際連合が,世界人権宣言および国際人権規約において,すべての者は人種,皮膚の色,性,言語,宗教,政治的意見その他の意見,国民的もしくは社会的出身,財産,出生またはその他の地位等によるいかなる種類の差別もなしに,そこに掲げるすべての権利および自由を有することを宣明しかつ同意したことを認め,

国際連合が,世界人権宣言において,子ども時代は特別のケアおよび援助を受ける資格のあることを宣明したことを想起し,

家族が,社会の基礎的集団として,ならびにそのすべての構成員とくに子どもの成長および福祉のための自然的環境として,その責任を地域社会において十分に果たすことができるように必要な保護および援助が与えられるべきであることを確信し,

子どもが,人格の全面的かつ調和のとれた発達のために,家庭環境の下で,幸福,愛情および理解のある雰囲気の中で成長すべきであることを認め,

子どもが,十分に社会の中で個人としての生活を送れるようにすべきであり,かつ,国際連合憲章に宣明された理想の精神の下で,ならびにとくに平和,尊厳,寛容,自由,平等および連帯の精神の下で育てられるべきであることを考慮し,

子どもに特別なケアを及ぼす必要性が,一九二四年のジュネーブ子どもの権利宣言および国際連合総会が一九五九年一一月二〇日に採択した子どもの権利宣言に述べられており,かつ,世界人権宣言,市民的及び政治的権利に関する国際規約(とくに第二三条および第二四条),経済的,社会的及び文化的権利に関する国際規約(とくに第一〇条),ならびに子どもの福祉に関係ある専門機関および国際機関の規程および関連文書において認められていることに留意し,

子どもの権利宣言において示されたように,「子どもは,身体的および精神的に未成熟であるため,出生前後に,適当な法的保護を含む特別の保護およびケアを必要とする」ことに留意し,

国内的および国際的な里親託置および養子縁組にとくに関連した子どもの保護お

よび福祉についての社会的および法的原則に関する宣言，少年司法運営のための国際連合最低基準規則（北京規則），ならびに，緊急事態および武力紛争における女性および子どもの保護に関する宣言の条項を想起し，

とくに困難な条件の中で生活している子どもが世界のすべての国に存在していること，および，このような子どもが特別の考慮を必要としていることを認め，

子どもの保護および調和のとれた発達のためにそれぞれの人民の伝統および文化的価値の重要性を正当に考慮し，

すべての国，とくに発展途上国における子どもの生活条件改善のための国際協力の重要性を認め，

次のとおり協定した。

第Ⅰ部

第一条（子どもの定義）

この条約の適用上，子どもとは，一八歳未満のすべての者をいう。ただし，子どもに適用される法律の下でより早く成年に達する場合は，この限りでない。

第二条（差別の禁止）

1 締約国は，その管轄内にある子ども一人一人に対して，子どもまたは親もしくは法定保護者の人種，皮膚の色，性，言語，宗教，政治的意見その他の意見，国民的，民族的もしくは社会的出身，財産，障害，出生またはその他の地位にかかわらず，いかなる種類の差別もなしに，この条約に掲げる権利を尊重しかつ確保する。

2 締約国は，子どもが，親，法定保護者または家族構成員の地位，活動，表明した意見または信条を根拠とするあらゆる形態の差別または処罰からも保護されることを確保するためにあらゆる適当な措置をとる。

第三条（子どもの最善の利益）

1 子どもにかかわるすべての活動において，その活動が公的もしくは私的な社会福祉機関，裁判所，行政機関または立法機関によってなされたかどうかにかかわらず，子どもの最善の利益が第一次的に考慮される。

2 締約国は，親，法定保護者または子どもに法的な責任を負う他の者の権利および義務を考慮しつつ，子どもに対してその福祉に必要な保護およびケアを確保することを約束し，この目的のために，あらゆる適当な立法上および行政上の措置をとる。

3 締約国は，子どものケアまたは保護に責任を負う機関，サービスおよび施設が，とくに安全および健康の領域，職員の数および適格性，ならびに職員の権限ある監督について，権限ある機関により設定された基準に従うことを確保する。

第四条（締約国の実施義務）

締約国は，この条約において認められる権利の実施のためのあらゆる適当な立法上，行政上およびその他の措置をとる。経済的，社会的および文化的権利に関

して，締約国は，自国の利用可能な手段を最大限に用いることにより，および必要な場合には，国際協力の枠組の中でこれらの措置をとる。
（中略）

第一二条（意見表明権）
1 　締約国は，自己の見解をまとめる力のある子どもに対して，その子どもに影響を与えるすべての事柄について自由に自己の見解を表明する権利を保障する。その際，子どもの見解が，その年齢および成熟に従い，正当に重視される。
2 　この目的のため，子どもは，とくに，国内法の手続規則と一致する方法で，自己に影響を与えるいかなる司法的および行政的手続においても，直接的にまたは代理人もしくは適当な団体を通じて聴聞される機会を与えられる。

第一三条（表現・情報の自由）
1 　子どもは表現の自由への権利を有する。この権利は，国境にかかわりなく，口頭，手書きもしくは印刷，芸術の形態または子どもが選択する他のあらゆる方法により，あらゆる種類の情報および考えを求め，受け，かつ伝える自由を含む。
2 　この権利の行使については，一定の制限を課することができる。ただし，その制限は，法律によって定められ，かつ次の目的のために必要とされるものに限る。
　(a)　他の者の権利または信用の尊重
　(b)　国の安全，公の秩序または公衆の健康もしくは道徳の保護

第一四条（思想・良心・宗教の自由）
1 　締約国は，子どもの思想，良心および宗教の自由への権利を尊重する。
2 　締約国は，親および適当な場合には法定保護者が，子どもが自己の権利を行使するにあたって，子どもの能力の発達と一致する方法で子どもに指示を与える権利および義務を尊重する。
3 　宗教または信念を表明する自由については，法律で定める制限であって，公共の安全，公の秩序，公衆の健康もしくは道徳，または他の者の基本的な権利および自由を保護するために必要な制限のみを課することができる。
（中略）

第二八条（教育への権利）
1 　締約国は，子どもの教育への権利を認め，かつ，漸進的におよび平等な機会に基づいてこの権利を達成するために，とくに次のことをする。
　(a)　初等教育を義務的なものとし，かつすべての者に対して無償とすること。
　(b)　一般教育および職業教育を含む種々の形態の中等教育の発展を奨励し，すべての子どもが利用可能でありかつアクセスできるようにし，ならびに，無償教育の導入および必要な場合には財政的援助の提供などの適当な措置をとること。
　(c)　高等教育を，すべての適当な方法により，能力に基づいてすべての者がア

クセスできるものとすること。
　(d) 教育上および職業上の情報ならびに指導を，すべての子どもが利用可能でありかつアクセスできるものとすること。
　(e) 学校への定期的な出席および中途退学率の減少を奨励するための措置をとること。
2　締約国は，学校懲戒が子どもの人間の尊厳と一致する方法で，かつこの条約に従って行われることを確保するためにあらゆる適当な措置をとる。
3　締約国は，とくに，世界中の無知および非識字の根絶に貢献するために，かつ科学的および技術的知識ならびに最新の教育方法へのアクセスを助長するために，教育に関する問題について国際協力を促進しかつ奨励する。この点については，発展途上国のニーズに特別の考慮を払う。
(中略)
第Ⅱ部
第四二条（条約広報義務）
　締約国は，この条約の原則および規定を，適当かつ積極的な手段により，大人のみならず子どもに対しても同様に，広く知らせることを約束する。
　　　　　　　　（永井憲一編『子どもの権利条約の研究』法政大学現代法研究所・法政大学出版局，1992）

資料22-2　札内北小学校での「子どもの権利条約」を生かした学校づくり

2000年度　新たな学校創りへの挑戦
　児童会の活動の変革を軸に学級・学校を変えていこう，今後の完全学校五日制に向けた新たな学校像を創造していこうとするものであった。
・学校完全五日制を見据えた教育課程の自主編成
・子どもたちの興味，関心，意欲からつくりあげる活動
・総会を主とした子どもたちの民主的な話し合いによる決定
の3本を柱とし，取り組みを進めていった。
2001年度　学校変革へのさらなる一歩
・子どもの動きに合わせた校内分掌の見直し
・ゆとりの中で子どもたちが活動できるシステムづくり
・児童・職員会議の設置　・総合学習の取り組み　・教育課程の自主編成
などの課題が出され，一つひとついい形を模索しながらさらによい方向へ，学校を変えていった。
2002年度　「子ども参加の学校」の定着へ
・完全学校五日制に対応し，子どもにゆとりのある教育課程の自主編成
・総合学習のとらえ方と実践
・校内研究への「子どもの権利条約」の文言の挿入と研究内容としての位置づけ

- ・町内各学校への啓発と課題の明確化を目指した実践公開の実施
- ・児童総会をはじめ各総会での話し合いの充実（課題）
- ・権利学習の必要性（課題）
- ・保護者の不安・不満への真摯な対応（課題）

　3年目を迎え，一歩ずつ進んできている。課題も出てくるが，その都度話し合いを持ちながら将来を見据えて取り組みを進めている。

2003年度　「新たな一歩」をふみだす

- ・教育懇談会の開催（保護者への説明）
- ・ゆとりある教育課程の自主編成
- ・教職員の子どもへの関わり方の議論と共通理解
- ・各行事における内容の充実
- ・校内研修「子どもの権利条約」の推進

　前年度，保護者からの不満の声が大きくなり，表面化してきた。この取り組みに対する保護者の理解は絶対に必要なことから，今までの取り組みの荒さを検証し，より細やかな取り組みを行うこととした。また，子どもとの関わり方がもっとも大きな問題であることから，関わり方についての共通理解を図った。こうして，今までの取り組みを振り返りつつ，新たな一歩をふみだす年となった。

2004年度　「権利学習」と「子ども参加」の融合

- ・学習の中にも「子ども参加」の考え方と実践を
- ・「権利学習」（子どもの権利条約について）の必要性と実践
- ・大きく変わったメンバー（教職員）との共通理解
- ・取り組みのさらなる発展のための課題の明確化

　今まで，児童会活動・総合学習に視点をおき，子ども主体の活動づくりを行ってきた。「子どもたちが主人公の学校」「子どもの権利条約を生かす学校」となるためには，各教科の学習においても「子ども参加」が生かされていなければならない。そのため教科学習における「子ども参加」について研究した。また，「経験」と「権利意識」とのマッチアップのため「権利学習」を行い，子どもたちの経験に意味を持たせるようにした。

（伊藤義明「子どもとともに創り続ける学校――札内北小学校1999年から2004年の歩み」澤田治夫・和田真也・喜多明人・荒牧重人編『子どもとともに創る学校――子どもの権利条約の風を北海道・十勝から』日本評論社，2006年，27～28ページ）

参考文献

I 教育とはなにか

1 人間形成と教育

E. カッシーラー　宮城音彌訳『人間』岩波書店　1958年

E. デュルケム　麻生誠・山村健訳『道徳教育論I』明治図書出版　1964年

時実利彦『人間であること』岩波書店　1989年

A. ポルトマン　高木正孝訳『人間はどこまで動物か』岩波書店　1971年

J. J. ルソー　今野一雄訳『エミール　上』岩波書店　1962年

立花隆著『脳を究める　脳研究最前線』朝日文庫　2001年3月

坂野登著『脳のはたらきと子どもの教育』青木書店　1981年12月

OECD教育研究革新センター（CERI）編著　小泉英明監修，小山麻紀訳『脳を育む　学習と教育の科学』明石書店　2005年2月

2 人間の発達と教育

香川正弘・宮坂広作編著『生涯学習の創造』ミネルヴァ書房　1994年

J. ピアジェ　滝沢武久訳『思考の心理学』みすず書房　1968年

J. B. ワトソン　安田一郎訳『行動主義の心理学』河出書房新社　1980年

久世妙子・松田惺・小嶋秀夫・水山進吾『子どもの発達心理学』有斐閣　1976年

G. マーカス　大隅典子訳『心を生みだす遺伝子』岩波書店　2005年

森正義彦編『教育心理学要論』有斐閣　1986年

平山諭・早坂方志編著『発達の臨床からみた心の教育相談』ミネルヴァ書房　2003年

平山諭・保野孝弘編著『脳科学からみた機能の発達』ミネルヴァ書房　2003年

L. S. ヴィゴツキー　柴田義松ほか訳『子どもの知的発達と教授』明治図書出版　1975年

3　子どもの生活

高橋勝『文化変容のなかの子ども』東信堂　2002年
門脇厚司『子どもの社会力』岩波新書　1999年
深谷昌志『子どもの生活史』黎明書房　1996年
中西新太郎「家族の中の『個』と共同」日本科学者会議編『日本の科学者』Vol.37, No.4, 2002年

4　教育の思想

堀尾輝久『現代教育の思想と構造』岩波書店　1971年
長尾十三二『西洋教育史』東京大学出版会　1978年
教育思想史学会編『教育思想事典』勁草書房　2000年
小澤周三ほか『教育思想史』有斐閣　1993年
宮澤康人『近代の教育思想』放送大学教育振興会　2003年
佐藤学編『教育本44 転換期の教育を考える』平凡社　2001年
金子茂・三笠乙彦編『教育名著の愉しみ』時事通信社　1991年
小澤周三編『教育学キーワード＜新版＞』有斐閣　1998年
麻生誠・堀薫夫編『生涯学習と自己実現』放送大学教育振興会　2002年

5　近代公教育と義務教育制度

国立教育研究所編『日本近代教育百年史　3～6』教育研究振興会　1974年
仲新・伊藤敏行編『日本近代教育小史』福村出版　1984年
林正登『炭坑の子ども・学校史』葦書房　1983年
大門正克『民衆の教育経験』青木書店　2000年
青木宗也ほか編『戦後日本教育判例体系2』労働旬報社　1984年
松戸市に夜間中学校をつくる市民の会編『松戸自主夜間中学校の20年』勁草書房　2003年

6　教育課程の編成

熱海則夫・奥田眞丈編『教育課程の編成』（新学校教育全集2）ぎょうせい　1994年
安彦忠彦編『新版カリキュラム研究入門』勁草書房　1999年

柴田義松『教育課程　カリキュラム入門』有斐閣　2000年
山口満編著『第二版　現代カリキュラム研究』学文社　2005年

7　教育の内容と方法

唐沢富太郎『教科書の歴史』創元社　1956年
中内敏夫『教材と教具の理論』有斐閣　1978年
柴田義松『教科書　子どもにとってよい教科書とは』有斐閣　1983年
山住正己『学習指導要領と教科書』岩波書店　1989年
水越敏行・熱海則夫編『教科書・教材教具』ぎょうせい　1995年
佐藤学『習熟度別指導の何が問題か』岩波書店　2004年
梅原利夫・小寺隆幸編著『習熟度別授業で学力は育つか』明石書店　2005年
江川玟成・高橋勝・葉養正明・望月重信編『最新教育キーワード137（第11版）』時事通信社　2005年
和田成「生きた指導法にするために大事なこととは？──『初めに習熟度別指導ありき』ではなく……」『教育ジャーナル』第44巻第2号　2005年5月
日本教育方法学会編『現代教育方法事典』図書文化社　2004年
恒吉宏典・深澤広明編『授業研究──重要用語300の基礎知識』明治図書　1999年
日本近代教育史事典編集委員会編『日本近代教育史事典』平凡社　1971年
梅根悟・勝田守一監修，中野光編『世界教育学選集69　分団式動的教育法（及川平治）』明治図書　1972年
依田新「能力別学級編成について」『児童心理』第3巻第3号　1949年3月
丸木政臣「中学校の習熟度別指導について」『教育評論』第489号　1988年3月
岩内亮一・萩原元昭・深谷昌志・本吉修二編『教育学用語辞典（第三版）』学文社　1995年
森敏昭「体験学習の指導と評価はいかにあるべきか」『教育展望』第51巻第7号　2005年8月
天野正輝編『教育課程──重要用語300の基礎知識』明治図書　1999年
長島貞夫「問題解決学習をめぐる教育論争」『児童心理』第8巻第11号　1954年11月
斎藤貴男『教育改革と新自由主義』子どもの未来社　2004年

8 道徳教育から心の教育へ

藤田昌士『史料　道徳教育～その歴史・現状・課題』エイデル研究所　1985年
宇田川宏『道徳教育と道徳の授業』同時代社　1989年
文部省『学習指導要領　社会科編（試案）』1947年
久木幸男ほか編『日本教育論争史録4　現代編　下』第一法規出版　1980年
『教育に関する答申――臨時教育審議会第一～第四（最終）答申』1988年
文部省『中学校学習指導要領』（1998年改訂）　1998年
中央教育審議会答申「新しい時代を拓く心を育てるために――次世代を育てる心を失う危機」（1997年6月）
河村潤子ほか編著『新中学校教育課程講座＜総則＞』ぎょうせい　2000年

9 教師の仕事

朝日新聞テーマ談話室編『先生・1000万人の教師像』朝日ソノラマ　1987年
上田薫『人間のための教育』国土社　1978年
国分一太郎『教師』岩波新書　1956年
篠田弘・手塚武彦編著『教員養成の歴史』（学校の歴史5）第一法規出版　1979年
寺崎昌男編『教師像の展開』国土社　1973年
文部省『我が国の文教施策　平成元年度』1989年

II　現代社会と教育

10 教育改革の動向

アメリカ教育省　西村和夫ほか編訳『アメリカの教育改革』京都大学学術出版会　2004年
新井郁男ほか『比較教育制度論』放送大学教育振興会　2003年
黒沢惟昭ほか編『世界の教育改革の思想と現状』理想社　2000年
佐藤三郎編『世界の教育改革』東信堂　1999年
藤田英典『教育改革』岩波新書　1997年
苅谷剛彦ほか『教育改革を評価する　犬山市教育委員会の挑戦』岩波書店　2006年
堤清二・橋爪大三郎『選択・責任・連帯の教育改革』岩波書店　1999年

中村政則編『年表昭和史増補版1926-2003』岩波書店　2004年
藤田英典『新時代の教育をどう構想するか　教育改革国民会議の残した課題』岩波書店　2001年
藤田英典『義務教育を問いなおす』筑摩書房　2005年
藤田英典『教育改革のゆくえ　格差社会か共生社会か』岩波書店　2006年
益川浩一「社会教育・生涯学習行政再編における社会教育・生涯学習部門の首長部局移管問題に関する一考察」(2006年九州教育学会ラウンドテーブル「自治体改革と社会教育の再編」における口頭発表　於長崎大学　2006年11月26日)
歴史学研究会／日本史研究会『日本史講座10　戦後日本論』東京大学出版会　2005年
渡辺治「戦後教育運動の歩みと教育改革」『人間と教育』16　旬報社　1997年
渡辺治『日本とはどういう国か　どこへ向かって行くのか』教育史料出版会　1998年
渡辺治『企業社会・日本はどこへ行くのか』教育史料出版会　1999年
『2006年版　教育小六法』学陽書房　2006年
『季刊教育法』94（1993年9月）～150（2006年9月）　エイデル研究所
教育科学研究会『教育』442（1984年8月）～731（2006年12月）　国土社

11　少子化対策と幼児教育改革

今城かおり『働きながら、子育て』岩波書店　2001年
柏木惠子『子育て支援を考える　変わる家族の時代に』岩波書店　2001年
近藤幹生『保育園と幼稚園がいっしょになるとき』岩波書店　2006年
宍戸健夫／村山祐一『保育所「改革」と子どもの権利』岩波書店　1995年
前田正子『少子化時代の保育園　いま、何を変えるべきか』岩波書店　1999年
文部科学省編『文部科学白書　平成17年度』2006年
厚生労働省編『厚生労働白書　平成18年版』ぎょうせい　2006年
日本子どもを守る会編『子ども白書　2006』草土文化　2006年
全国保育団体連絡会・保育研究所編『保育白書　2006年版』ちいさいなかま社　2006年
内閣府編『国民生活白書　平成18年版』時事画報社　2006年
文部科学省編『学校基本調査報告書　平成17年度（初等中等教育機関、専修学校・各種学校編）』　2005年

12 義務教育の今日的課題

『教育に関する答申——臨時教育審議会第一〜第四（最終）答申』1988年
森田尚人ほか編『教育学年報5　教育と市場』世織書房　1996年
黒崎勲『学校選択と学校参加』東京大学出版会　1994年
永井憲一『憲法と教育基本権（新版）』勁草書房　1970年
文部科学省編『文部科学白書　平成17年度』2006年
『学校から『合校』へ——学校も社会も地域も自らの役割と責任を自覚し，知恵と力を出し合い，新しい学びの場をつくろう』　社団法人経済同友会　1995年
日本教育制度学会編『教育改革への提言集』東信堂　2002年
市川昭午編『教育改革の論争点－臨教審から今日まで』教育開発研究所　2004年

13 新しいタイプの高校

小森健吉『高校制度改革の総合的研究』多賀出版　1986年
神田修・山住正己編『史料　日本の教育』学陽書房　1982年
佐々木享『高校教育の展開』大月書店　1979年
『教育に関する答申——臨時教育審議会第一〜第四次（最終）答申』1988年
文部科学省編『文部科学白書　平成15年度〜平成17年度』2004〜2006年
日本子ども家庭総合研究所編『日本子ども資料年鑑2006』KTC中央出版　2006年
『週刊教育資料』No.925　日本教育新聞社　2006年
日本教育制度学会編『教育改革への提言集第2集』東信堂　2003年

14 大学の大衆化と高等教育改革

天野郁夫『大学改革の社会学』玉川大学出版部　2006年
市川昭午編『大学大衆化の構造』玉川大学出版部　1995年
大崎仁『大学改革　1945〜1999』有斐閣　1999年
海後宗臣・寺崎昌男『戦後日本の教育改革9　大学教育』東京大学出版会　1969年
喜多村和之『現代の大学・高等教育——教育の制度と機能』玉川大学出版部　1999年
久保義三ほか編『現代教育史事典』東京書籍　2001年
黒羽亮一『戦後大学政策の展開』玉川大学出版部　1993年

T. J. ペンペル　橋本鉱市訳『日本の高等教育政策』玉川大学出版部　2004年
細井克彦『設置基準改訂と大学改革』つむぎ出版　1994年
マーチン・トロウ　天野郁夫・喜多村和之訳『高学歴社会の大学——エリートからマスへ——』東京大学出版会　1976年
文部科学省編『文部科学白書　平成16年度』2005年

15　障害者と教育

大泉溥『障害者の生活と教育』民衆社　1981年
大久保哲夫・藤本文朗『障害児教育学入門』青木書店　1985年
毛利子来ほか編著『障害をもつ子のいる暮らし』筑摩書房　1995年
兼松功『障害者に迷惑な社会』晶文社　1994年
稲富眞彦編著『人間が輝く障害児教育——高知から南風にのせて』かもがわ出版　1996年
佐伯胖ほか編集『講座現代の教育5　共生の教育』岩波書店　1998年
「今後の特別支援教育の在り方について」（文部科学省，特別支援教育の在り方に関する調査研究協力者議会報告）2003年
小笠毅編著『学びへの挑戦——学習困難児の教育を原点にして』新評論　2000年

16　教員養成制度の改革

文部科学省編『文部科学白書　平成15年度～同17年度』　2004～2006年
教員養成部会（中央教育審議会　初等中等教育分科会）専門職大学院ワーキンググループ（第8回）議事録・配布資料

17　生涯学習社会と学習機会

香川正弘・宮坂広作編著『生涯学習の創造』ミネルヴァ書房　1994年
子安増生『生涯発達心理学のすすめ』有斐閣　1996年
中央教育審議会生涯学習分科会「審議経過の報告」2004年
新海英行・竹市良成編『生涯学習概説』勉誠出版　2003年
渡邊洋子『生涯学習時代の成人教育学——学習者支援へのアドヴォカシー』明石書店　2002年

厚生労働省編『厚生労働白書　平成17年』　2005年
日本教育制度学会編『教育改革への提言集第4集』東信堂　2005年

18　教育改革への試行―教育特区の実践から―

下村博文『学校を変える！「教育特区」――子供と日本の将来を担えるか』大村書店　2003年
佐藤修司「規制緩和と教育行政――教育特区構想とは？」『季刊教育法』第135号　2002年12月
長谷川玲「『特区』って，何？〈教育特区〉で何が実現するの？」『総合教育技術』第57巻第16号　2003年3月
豊田奈津子「イマージョン教育で小学校から英語で授業」『教育ジャーナル』第43巻第11号　2005年1月
鮫島真生「『英語漬け』の学校に熱い視線――構造改革特区に『ぐんま国際アカデミー』が誕生」『内外教育』第5564号　2005年5月
中﨑隆司「英語教育特区の開放型・小中高一貫校――学校法人太田国際学園ぐんま国際アカデミー」『日経アーキテクチュア』第800号　2005年7月
青木朋江「小中高一貫校の中で英語のイマージョン教育を進める――教育特区太田市『ぐんま国際アカデミー』」『悠』第22巻第8号　2005年8月
関原美和子「不登校児童・生徒対象のジュニアマイスター・スクール――東京都八王子市」『総合教育技術』第57巻第16号　2003年3月
高倉ひでみ「不登校児童・生徒のための体験型学校特区――不登校児童・生徒のための公立小中一貫校」『学校運営』第47巻第6号　2005年9月
青木朋江「不登校児童・生徒のための八王子市立高尾山学園――教育特区第1号，柔軟なカリキュラムを組んで」『悠』第22巻第9号　2005年9月
桐山禎晃「わが町の教育特区の取組み」『地方議会人』第34巻第7号　2003年12月
鳥海十児「株式会社立・朝日塾中学校」『学校運営』第47巻第6号　2005年9月
山下勇「文化のまちの心の教育特区――いきいきと輝く人づくりを目指した少人数学級の取組」『学校運営』第47巻第6号　2005年9月

19　高度情報社会と教育

久保田賢一・水越敏行編『ディジタル時代の学びの創出』日本文教出版　2002年
水越敏行・生田孝至編著『これからの情報とメディアの教育』図書文化　2005年
富田眞治・藤井康雄編著『情報社会とコンピュータ』昭晃堂　2005年
関口礼子編著『情報化社会の生涯学習』学文社　2005年
神田浩路ほか「公衆衛生におけるE-ラーニングの現状…スーパーコース・ジャパンの展開…」『保健医療科学』54(3)　国立保健医療科学院　2005年

20　国際化と教育

堀尾輝久ほか編『講座学校3　変貌する社会と学校』柏書房　1996年
佐伯胖ほか編集『講座現代の教育11　国際化時代の教育』岩波書店　1998年
『教育に関する答申——臨時教育審議会第一～第四次（最終）答申』1988年
日本比較教育学会編『比較教育学研究』第31号　2005年
文部科学省編『文部科学白書　平成15年度～平成17年度』2004～2006年
大津和子・溝上泰編集『国際理解　重要用語300の基礎知識』明治図書　2000年
西岡尚也『開発教育のすすめ』かもがわ出版　1996年
江原裕美編『開発と教育——国際協力と子どもたちの未来』新評論　2001年

21　現代教育のひずみ

藤原正範『少年事件に取り組む』岩波新書　2006年
奥地圭子『不登校という生き方』NHKブックス　2005年
高橋祥友『自殺予防』岩波新書　2006年
内閣府編『青少年白書　平成17年版』2006年
文部科学省編『文部科学白書　平成17年度』2006年

22　「子どもの権利条約」

喜多明人『新時代の子どもの権利』エイデル研究所　1990年
永井憲一・寺脇隆夫編『解説・子どもの権利条約』日本評論社　1990年
増山均『「子どもの権利条約」と日本の子ども・子育て』部落問題研究所　1991年
永井憲一編『子どもの権利条約の研究』法政大学現代法研究所・法政大学出版局

1992年

日本子どもを守る会編『子どもの権利条約――条約の具体化のために』草土文化　1995年

澤田治夫・和田真也・喜多明人・荒牧重人編『子どもとともに創る学校――子どもの権利条約の風を北海道・十勝から』日本評論社　2006年

索　　引

ア　行

愛国心　82,83
アカウンタビリティー(結果責任)　97
明石附小プラン　60
朝日塾中学校　160,161
遊び　26-28
新しいタイプの高校　125
アレルギー疾患　25
生きる力　83,150,151,171
育児支援(子育て支援)　111,112
意見表明権　200,201
いじめ　117,187,188
イタール(Itard, J. M. G.)　45
一斉指導　73,74
『一般教育学』　36
遺伝論　18
異年齢集団　27
異文化理解(の)教育　179
イリッチ(Illich, I)　47,48
インクルージョン思想　138
インターネット社会　171
インターンシップ制度　151
インテリジェントスクール　172
ヴィゴツキー(Vygotsky, L. S.)　26
英語イマージョン教育　159
NIE運動　173
NPO　111,152
『エミール』　11,35,36
LD　139
遠隔教育(e-Learning)　172
及川平治　73
オーエン(Owen, R.)　37
大阪市立思斉学校　137
親義務の共同化　38

カ　行

海外子女教育　179-181
介護体験等の実習　90
(教員養成の)開放制(性)　90,146

核家族(化)　24,111
学習　17
学習環境の情報化　172
学習指導要領　61,66-68,73-75,82,83,103,
　　125,150,161,171,185
学習塾　25,27,73
学習のための網状組織(learning web)　48
「学制」　52
「学力低下」問題(学力低下)　67,75,106
柏学園　137
課題提起教育　48
価値の制度化　47
学級崩壊　23
学校(週)5日制　25,26,67,104
学校から「合校」へ　104,119
学校教育法　61,68,106,111,132,137
学校施設整備指針　172
学校(の)スリム化　104,106
学校設置義務規定　53
学校選択(制)　105,117
『学校と社会』　46
学校内暴力　23,103,189
「学校の未来のための基本・計画法」(フィヨン法)　98
カッシーラー(Cassirar, E.)　10
家庭科の男女共修　67
家庭内暴力　103,189
可能的発達水準　19
科目等履修生　152
カリキュラムの諸類型　59
カリフォルニア・プラン　60
環境論　18
関連カリキュラム　59
『危機に立つ国家』　96
帰国子女教育　179,180
基礎学力　45,75
基礎教育　52,118
期待される人間像　82
義務教育費国庫負担　106,118
義務教育無償制　53,54,118

索引

教育委員会　39,68,105,106,145
教育改革国民会議　83,105
教育課程審議会(の)答申　67,73
教育課程編成の原則　61
教育機会　37,52,124
教育基本法　54,61,68,83,103,105,137
(大学の)教育研究の高度化　133
教育職員免許法　90,144
『教育に関する若干の考察』　35
教育ニ関スル勅語　54,81
教育の自由化(論)　103,117
教育の生活化＝生涯化　49
教育バウチャー制度　96,117
教育費受益者負担　53
教育目標の基準　96
教育遊具(恩物)　36
教育用コンピュータ　172
「教育を変える17の提案」　83
教科書　68
教科中心のカリキュラム　59
教科用図書検定調査審議会　68
教師聖職者論　89
教師の社会的地位　88
教職大学院　146
教職の専門性　89
教師労働者論　89
競争原理　96,97
京都盲啞院　137
銀行型教育　48
近代公教育　52,53,118
グローバル化　179,180
ぐんま国際アカデミー　158
ケイ(Key, E.)　45
経験中心のカリキュラム　59
経済協力開発機構(OECD)　12,75,98,125,152
形式的「卒業者」　54
系統学習　46,75
ゲゼル(Gesell, A. L.)　17
結晶性知能　17
『ゲルトルート児童教育法』　36
現下の発達水準　19
研究開発学校　119,161
顕在的カリキュラム　59
県費負担教職員制度　161
〈権利としての義務教育〉　54

コア・カリキュラム(core curriculum)　60
広域カリキュラム　60
公開講座　152
後期中等教育機関卒業率　125
後期中等教育の柔軟化　125
高機能自閉症　139
『公教育に関する5つの覚書』　38
公教育の原則　37
公教育のスリム化　105,106
『公教育の全般的組織に関する報告および法案』　38
公教育への市場化・民営化政策　97
合計特殊出生率　110
高校三原則(総合制・男女共学制・小学区制)　124
高校全入運動　124
高校中途退学者　124
合自然の教育　11
工場法　37,53
構造改革特区　133,157,158,187
校則　201
高等教育在学率　131
高等教育の拡大過程　131
高等教育の個性化　133
高等教育の大衆化　131
公民科　82
功利主義的教育観　53
国際化　67,103,150,179-181
国際教育到達度評価学会(IEA)　75
国際競争力　132
国際障害者年行動計画　137
国際障害分類改訂版　138
国際理解(教育)　179-181
国分一太郎　89
国立大学の法人化　133
国連人権規約　199
心の教育　83
個食(孤食)　24,25
(教育目的の)個人的側面　11,89
「国旗・国歌」　103,201
子ども(児童)の権利条約　46,199-201
子どもの権利宣言　199
子どもの自殺　189,190
子どもの発見　35
コメニウス(Comenius, J. A.)　34
今後の教員養成・免許制度の在り方について

索　引　219

　（2004年10月諮問）　144
今後の子育て支援のための施策の基本的方向
　について（エンゼルプラン）　111
コンドルセ（Condorcet, M. A. N. C.）　38

サ　行

「サービスとしての教育」　105
在日外国人子女の教育　181
札内北小学校　201
資格試験　185
自己点検・自己評価　132,133
仕事（労働）　11,28,36,46
私事の組織化　39
市場原理　96,97,117
自然主義の教育　11
市町村費負担教職員　162
実験学校　46
指導困難校　124
児童生徒の出席停止処分　105
児童中心主義　45
『児童の世紀』　45
児童労働　53
清水小学校　162
JICA（国際協力機構）　52
社会科　66,82
社会教育施設（公民館、図書館、博物館等）
　39,152
『社会契約論』　35,36
社会人講師　145
社会人特別選抜　152
（教育目的の）社会的側面　11,89
社会的ひきこもり　23
就学義務規定　53,54
修学費無償説　118
就学前の子どもに関する教育、保育等の総合
　的な提供の推進に関する法律　112
就業体験機会　125
自由研究　60,66
習熟度別指導　73,74
修身教育　81,82
「集団主義」教育論　37
受益者負担主義　39
授業時数　67
授業料不徴収の原則　53
授業料無償説　118
受験年齢制限の緩和　145

シュテルン（Stern, W.）　18
ジュネーブ宣言　199,200
生涯教育（学習）　13,48,49,106,150-152,
　179
生涯学習審議会　83,152
生涯学習推進センター　152
生涯学習ニーズ　132
障害者機会均等化標準規則　139
生涯発達観　150,151
（教員の）条件付採用期間制度　145
少子化　110,112
小中連携・一貫教育　119
少人数学級（少人数制の授業）　159,161,162
少年非行　23,190
情報化　103,150,179
情報教育体系化　171
情報・消費（型）社会　24,28
情報ネットワーク　172
情報バリアフリー　173
職業教育の活性化　125
「初等中等教育における国際教育推進検討会
　報告書」　179
初任者研修（制度）　90,145
初発型非行　190
私立在外教育施設　180
新教育運動　45,46
新教育基本法（ジョスパン法）　98
新自由主義的制度改革　105
人的能力開発政策　124
スクーリング・サポート・ネットワーク整備
　事業（SSN）　187
スクールカウンセラー　160,187
スーパー・イングリッシュ・ランゲージ・ハ
　イスクール　126
スーパー・サイエンス・ハイスクール　126
性格形成学院　37
成熟　17
成熟優位説　17,19
成人教育推進国際委員会　49,171
生成カリキュラム（経験カリキュラム）　61
世界人権宣言　199
『世界図絵』　35
セガン（Seguin, E. O.）　45
絶対評価　185,186
戦後（の）教育改革　81,124,137
全国共通の学力テスト（ナショナル・アセス

メント・テスト) 97
全国子どもプラン 83
潜在的カリキュラム(隠れたカリキュラム) 59
専修学校制度 131
選抜試験 185
選抜方法の多様化 125,185
専門職大学院(制度) 133,146
創意工夫を生かした教育活動 67
総額裁量制 118
総合学科 125,126
総合的な学習の時間(総合学習) 46,67,74,104,150,185
相互作用説 18
相対評価 185
(大学の)組織運営の活性化 133

タ 行

第一次ベビーブーム世代(ベビーブーマー) 110,124
大学基準 132
大学設置基準の大綱化 132,133
大学等への「飛び入学」制度 105
大学と教育委員会の連携 144
大学「冬の時代」 131
(入所)待機児童 111,112
『大教授学』 34
第三者評価制度 133
大正新教育運動 73
滝野川学園 137
確かな学力の向上のための2002アピール(学びのすすめ) 68,73
脱学校化 47,48
『脱学校の社会』 47
単位制(高校) 105,125,126
単線型の学校制度 35
地域総合高校 126
地方教育行政の組織及び運営に関する法律(地方教育行政法) 61,106
チャーター・スクール(charter school) 97
注意欠陥多動性障害(ADHD) 23,139
中央教育審議会(中教審) 68,74,83,119,144,146,171,179
中学生サポート・アクション 190
中学校生徒指導要録 186

中高一貫教育校 105,125,126
中高連携 119
中等教育学校 126
直観教授 36
通学区域制度の弾力的運用 117
通信教育 152
適応指導教室 186
デジタル・ディバイド 173
デューイ(Dewey, J.) 46
デュルケム(Durkheim, É.) 11,81
テレビゲーム 27
田園教育舎 45
「転校」措置の弾力的運用 188
電子メディア 25,26
東京市立光明学校 137
統合教育 138
『道徳教育論』 11
「道徳」の時間 82
「当面の緊急保育対策等を推進するための基本的な考え方」 111
特殊教育 137-139
特殊教育から特別支援教育へ 139
特色ある学校づくり 125
特別支援教育コーディネーター 139
特別ニーズ教育における原則、政策および実践に関するサラマンカ宣言 139
特別非常勤講師制度 90,145
ドモラン(Demolins, E.) 45
トロウ(Martin, A. Trow) 131

ナ 行

仲間集団 27
ナショナル・カリキュラム 97
21世紀教育新生プラン 73,83
21世紀COEプログラム 133
21世紀を展望した我が国の教育の在り方について 104
日本国憲法 54,61,118,137
日本人学校 180
ニュー・カマー 181
『人間』 10
『人間のための教育』 90
『人間はどこまで動物か』 10
認定こども園 112
ネットワーク社会の孤独 173
脳研究(科学) 12,13,18

脳の可塑性　13
能力主義の教育　73
ノーマライゼーション　138

ハ 行

ハヴィガースト（Havighurst, R. J.）　19
白紙（タブラ・ラサ）　35
バージニア・プラン　60
八王子市立高尾山学園　159
発達課題　19,150
発達観の変遷　17
発達段階　19,26,171,173
発達の「最近接領域」　19,27
万人のための教育に関する誓約　139
ピアジェ（Piaget, J.）　19
ピザ・ショック　98
避止義務　53
非侵襲的脳機能イメージング法　13
「日の丸」、「君が代」　103,201
評価尺度の多元化　125,185
『被抑圧者の教育学』　48
開かれた学校づくり　145
広く社会に開かれた高等教育　152
敏感期　17,19
ファカルティ・デベロプメント（FD）　133
複線型（学校）体系　98,119
輻輳説　18
不登校（登校拒否）　23,159,186,187
不登校児のための家庭学習支援　172
フランス革命期の公教育構想　38
フリードマン（Friedman, M.）　117
フレイレ（Freire, P.）　47,48
フレーベル（Fröbel, F.）　36,45
分科カリキュラム　59
文化のまちの心の教育特区　161
分団式動的教育法　73
分離教育　137,138
ペスタロッチ（Pestalozzi, J. H.）　36,45
ヘルバルト（Herbart, J. F.）　36
ヘルバルト派教育学　45
保育所　111,112
包括教育　138,139

奉仕活動の義務化　105
放送大学　152
補習授業校　180
（教育目的の）保守性と進歩性　11,89
ボランティア活動　152
ポルトマン（Portmann, A.）　10
ポール・ラングラン報告　150

マ 行

マーカス（Marcus, G.）　18
マン（Mann, H.）　39
民間人校長　145,146
無月謝学校　39
無償範囲法定説　118
メディア・リテラシー　171
盲学校及聾啞学校令　137
問題解決学習　46,75
モンテッソーリ（Montessori, M.）　45
文部科学省認定技能審査　152

ヤ 行

（大学院の）夜間部・昼夜開講制　152
ユージーン案　60
ゆとり（教育）　67,74,75,103
養護学校の義務制実施　138
幼稚園　36,111,112

ラ 行

ラングラン（Lengrand, P.）　48,49,171
リーツ（Lietz, H.）　45
リカレント教育　152
領域編成　67
臨界期　19
臨時教育審議会　82,103,117,125,150,171
ルソー（Rousseau, J. J.）　11,35,36
レディ（Reddie, C.）　45
レディネス　19
労働と教育の結合　36,37
ロック（Locke, J.）　35

ワ 行

ワトソン（Watson, J. B.）　17

編　者

篠田　弘　名古屋大学名誉教授

執筆者 ＜執筆順。（　）は執筆担当箇所＞

篠田　弘（1・9・16）編　者
井上　知則（2・5・8・12・13・15・17・20）愛知学院大学教養部
寺澤　幸恭（3・4―1・10―1）岐阜聖徳学園大学短期大学部
藤井　基貴（4―2）静岡大学教育学部
志村　廣明（6・7―1）中部大学全学共通教育部
内田　純一（7―2・18）愛知県立大学教育福祉学部
堀　浩太郎（10―2・11）熊本大学教育学部
吉川　卓治（14・22）名古屋大学大学院教育発達科学研究科
高木　靖文（19）元愛知学院大学教養部
羽場　俊秀（21）愛知学泉大学家政学部

2007年5月20日　初版発行	**資料でみる教育学**
2017年3月15日　第10刷発行	改革と心の時代に向けての

編 著 者　篠　田　　　弘

発 行 者　石　井　昭　男

発 行 所　東京都文京区湯島 2-14-11
　　　　　　福村出版株式会社

郵便番号　113-0034

電　　話　03-5812-9702

東港出版印刷　協栄製本

Ⓒ Hiromu Shinoda 2007
Printed in Japan
ISBN978-4-571-10137-3　C3037
定価はカバーに表示してあります。

福村出版◆好評図書

沼田裕之・増渕幸男 編著
教育学 21の問い
◎2,800円　ISBN978-4-571-10148-9　C3037

現代日本教育のあるべき姿を，教育の理想や価値という規範にかかわる21の「問い」で考え，模索する。

佐々木正治 編著
新 初等教育原理
◎2,500円　ISBN978-4-571-10169-4　C3037

今日的課題もふまえ，初等教育の基礎的知見をわかりやすく解説。次世代を育てる原理と理念を明らかにする。

佐々木正治 編著
新 中等教育原理
◎2,200円　ISBN978-4-571-10154-0　C3037

中等教育の基礎的な知見を，今日的課題をふまえ原理に基づきわかりやすく解説。中等教師のあるべき姿も展望。

鈴木昌世 編著
「家庭団欒」の教育学
●多様化する家族の関係性と家庭維持スキルの応用
◎2,800円　ISBN978-4-571-10175-5　C3037

家族形態が多様化した現代で，教育の場としての家庭団欒を見直し，子どもが幸せに育つ家庭のあり方を考察。

小笠原道雄 編
教育的思考の作法 [5]
教育哲学の課題「教育の知とは何か」
●啓蒙・革新・実践
◎3,500円　ISBN978-4-571-10171-7　C3037

近代教育学の諸思想の再考から現代教育学の実践まで，多様な視点から教育哲学の意義と課題に迫る論考集。

R.F.アーノブ・C.A.トーレス・S.フランツ 編著／大塚 豊 訳
21世紀の比較教育学
●グローバルとローカルの弁証法
◎9,500円　ISBN978-4-571-10168-7　C3037

グローバル化した世界における学校と社会の関係を，ローカルで多様な局面でとらえる最新の研究第4版。

R.L.ローレンス 編／立田慶裕・岩崎久美子・金藤ふゆ子・佐藤智子・荻野亮吾・園部友里恵 訳
身体知
●成人教育における身体化された学習
◎2,600円　ISBN978-4-571-10174-8　C3037

人は，なぜ，どのように，身体を通して学ぶのか。成人教育における身体の持つ教育的意義とその実践の方法を説く。

◎価格は本体価格です。